Johannes Gans

# Wandererlebnis
# BUCKLIGE WELT

Johannes Gans

# Wandererlebnis BUCKLIGE WELT

NP

Verlag Niederösterreichisches Pressehaus
St. Pölten–Wien

Die Karten wurden mit freundlicher Genehmigung
des Bundesamtes für Eich- und Vermessungswesen (Landesaufnahme)
in Wien, Zl. L 70032/95, vervielfältigt.

1. Auflage 1995



Umschlagentwurf: Atelier Rendl, Wien

Gesamtherstellung:
Niederösterreichisches Pressehaus
Druck- und Verlagsgesellschaft mbH
A-3100 St. Pölten, Gutenbergstraße 12

ISBN 3 85326 020 9

# Zum Gebrauch dieses Wanderführers

Im ersten Abschnitt des Buches werden die Routen im einzelnen vorgestellt. Der **Routenbeschreibung** voran steht jeweils ein **Infoblock** mit Hinweisen auf

- die Länge der Route
- den Routenverlauf in Stichworten
- Varianten
- Abkürzungen
- Abstecher
- Empfehlungen in Form praktischer Tips (günstigste Jahreszeit, Schulausflug, Bekleidung usw.)
- Einkehr- und Übernachtungsmöglichkeiten
- Kartenmaterial
- Informationsstellen
- Bahn- und Autobusverbindungen
- Radtouren

**Wegmarkierungen** (z. B. *blau, E 10*) werden im Text in *Kursiv*schrift wiedergegeben.

Textpassagen, die mit dem Symbol STOP versehen sind, machen auf mögliche **Orientierungsprobleme** aufmerksam.

Das Zeichen ☛ vor fett gedruckten Begriffen (z. B. ☛ **Bad Schönau**) verweist auf den zweiten Abschnitt des Buches, in dem, nach Stichwörtern alphabetisch geordnet, **Sehenswertes, Wissenswertes** aus dem Feld der Geschichte, der Sagenwelt, der Kunst und der Natur geboten wird.

Jede Routenbeschreibung wird von einer **Wegskizze** begleitet, die auf der Basis der für das Wandergebiet relevanten Zonen der Österreichischen Karte 1:50 000 des Bundesamtes für Eich- und Vermessungswesen maßstabgetreu erstellt wurde und folgende Informationen enthält:

Hauptroute
Variante
Abkürzung
Abstecher
STOP Orientierungsproblem

Das umfangreiche **Literaturverzeichnis** dient dem Zweck, sich mit der Buckligen Welt näher zu beschäftigen, das **topographische Register** der raschen Orientierung.

Der Inseratenteil **Zu Gast in der Buckligen Welt** am Ende des Buches liefert zusätzliche nützliche Informationen, um den Aufenthalt in diesem schönen Landstrich so angenehm wie möglich zu gestalten.

Hochwolkersdorf, im Februar 1995 *Johannes Gans*

# Inhalt

Bad Schönau – Tiefenbach – Bad Schönau

# Vom Heilbad zum Jungbrunnen

Eine angenehme Tageswanderung in der Obhut eines renommierten Kurortes

**Länge:** 16 km.

**Route in Stichworten:** Bad Schönau (*gelb, E 9, RWW 2*), Leitenviertel (*blau, E 10,* dann *rot, E 11*), Zöbernbach (*grün, E 8* und *E 6*), Tiefenbach (*rot, 902,* später *grün, G 2*), Krumbach (*blau, E 5*), Bad Schönau

**Abkürzungen:** Nach Umrundung des Leitenviertels auf *E 8* zum Ausgangspunkt, im Tiefenbachtal beim Haus Strobl (*E 21*) zum Lindenhof.

**Abstecher:** Spaziergang in Krumbach, ab Sägemühle rechts der Zöbern!

**Empfehlung:** In der warmen Jahreszeit kann man mit entsprechendem Schuhwerk (Badeschuhe) im Tiefenbach talaufwärts wandern.

**Einkehr/Übernachtung:** Herbergsbetriebe in Bad Schönau, Gasthaus Buchegger in Tiefenbach.

**Karten:** Ausgezeichnete örtliche Wanderkarte, Österreichische Karte Blatt 137 und 106 (1:25 000 oder 1:50 000), Freytag & Berndt WK 422.

**Information:** Gemeindeamt 2853 Bad Schönau, ☎ 02646-2389 (8284)-0.

**Zug/Autobus:** ÖBB bis Wiener Neustadt oder Edlitz-Grimmenstein, von dort Bundesbus, Mikes oder Gästeabholdienst.

**Radtouren:**

1) Bad Schönau, Tiefenbach, Lindenhof. Länge: 16 km.
2) Bad Schönau, Tiefenbach, Krumbach (Freilichtmuseum). Länge: 16 km.
3) Bad Schönau, Höhwirt (Hutwisch), Krumbach, mit allerdings schweißtreibender Steigung über Wenigreith, Almen, rasante Abfahrt zur Bundesstraße. Länge: 16 km.

Das Schwierigste ist, aus der Fülle an markierten Spazierwegen und Wanderrouten die richtige Wahl zu treffen. Geht es doch von hier auf den Hutwisch, zum Schloß Krumbach oder einfach nur durch eine schöne Landschaft. Man genießt auf Schritt und Tritt das touristische Knowhow eines Kurortes. Die Routen rund um den Ort sind durchwegs als Spazierwege gestaltet und mit freundlichen Holzwegweisern bezeichnet. Aber auch abseits des Ortes sorgen ausgezeichnete Markierungen dafür, daß sich kein Gast verlaufen kann und oder sich gar bei seiner Kur überanstrengt.
Die Runde, die in diesem Buch vorgeschlagen wird, ist abwechslungsreich zusammengestellt: eine Bergtour gleich zu Beginn, ein leichte Talwanderung im Mittelabschnitt und eine weite Panoramastrecke als Abschluß.
Bevor Sie von ☛ **Bad Schönau** aufbrechen, sollten Sie zwei sehenswerten Gotteshäusern einen Besuch abstatten: der im modernen Stil errichteten Pfarrkirche und, oberhalb davon gelegen, der ehrwürdigen Wehrkirche mit der Befestigungsanlage und dem Pfarrhof.
Bei diesen Kirchen beginnt auch unsere Tour. Sie führt durch die Maierhöfenstraße (*gelb, E 9,* Straßenwegweiser) zu einem der hübschen Holzwegweiser, der uns den Kleinen Leitenweg (*gelb* und *RWW 2*) empfiehlt. Über eine Wurzelstiege wandert man bergan, kommt durch ein Wildgatter und trifft an dessen oberem Ende schon auf den nächsten Wegweiser (*RWW 2*, Kleiner Leitenweg rechts). Vom Ort selbst ist hier oben nur mehr der Friedhof zu sehen.
Die nächste Entscheidung wird beim ersten Bauernhaus fällig. In unserem Fall lautet sie: Rechts den Höhenweg entlang (*blau, E 10*)! Mit dem Marterl an dieser Stelle – der Baumstumpf daneben hat auch damit zu tun – verbindet sich eine rührende Geschichte, die Sie unter dem Stichwort **Marterl bei Schönau** nachlesen können.
Später, im Leitenviertel, genießen Sie die Aussicht auf Ungerbach und ein Stück weiter, bei einer bizarren, vom Wind zerzausten Föhre (schlangenförmige Äste, in dichter Gesellschaft von Eberesche, Holler, Rosen und einem Kirschbaum), einen herrlichen Rundblick (Ruine Landsee im Nordosten).
Über *rot, E 11* führt steil ein Waldweg in die Tiefe. Die rote Markierung wird im Tal, so nah dem Ausgangspunkt, von *grün, E 8* und *E 6* abgelöst. Diese Markierungen begleiten Sie den Zöbernbach entlang Richtung Kirchschlag bis zur Mündung des Tiefenbaches.
Unser Weg führt nun über *E 6* ins sonnige Tiefenbachtal. Es verläuft fast ausschließlich Süd-Nord und geizt mit Schatten. Abschnittsweise, soweit es die Vegetation an den Ufern eben zuläßt, kann man allerdings das kaum merklich ansteigende Tal hinauf im Bachbett wandern (Badeschuhe mitnehmen!). Der Weg verleitet zum Meditieren und beschert einem eventuell den Anblick eines Schwarzstorches.
Eine mögliche Abkürzung, über *rot, G 2* oder *E 21*, ist nicht zu empfehlen, weil Sie auf diesem Weg den Ort ☛ **Tiefenbach** mit seiner prächtigen Raststation, dem Gasthaus Buchegger, und dessen Jungbrunnen versäumen würden.

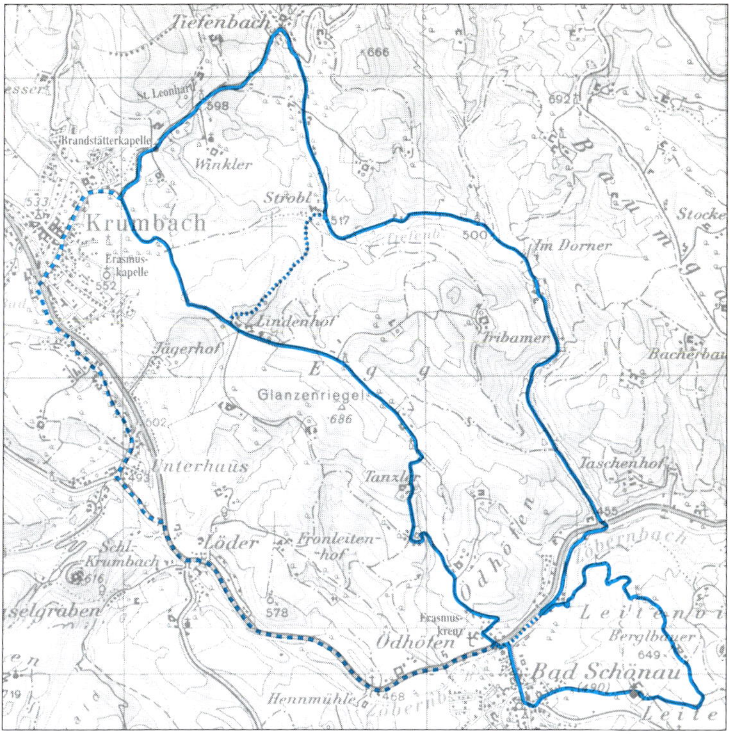


Rasten Sie dort ausgiebig, denn ein hartes Stück Arbeit wartet in der Folge auf Sie. Natürlich können Sie das Tiefenbachtal zurückgehen und über den angebotenen Abschneider zum Lindenhof wandern, doch bringt das nicht allzu viel. Also nehmen Sie die Straße nach Krumbach, lassen sich jedoch nicht von der Markierung verwirren. Denn beim Aufbruch heißt es *rot, 902,* später wird daraus *grün, G 2*. Aber die Tiefenbacher Straße bleibt trotzdem eine Straße, wie der Name schon sagt, ist demnach asphaltiert und einigermaßen stark befahren.

Zwei Kleindenkmale lockern den Hatscher auf. Das erste zeigt den heiligen Leonhard in Lebensgröße, und bei dem zweiten handelt es sich um die Brandstätterkapelle.

Nach Egg zweigt knapp vor ☛ **Krumbach** von dieser Straße ein schmäleres Asphaltband ab, Markierung *blau, G 2, G 1* und unser *E 5*. Was einst ein Feldweg war, ist heute ebenfalls eine Straße und wegen ihrer Steilheit ein Prüfstein für Radfahrer. Der Wanderer füge sich in das Unvermeidliche, obwohl ihm im Tal ab der Sägemühle rechts der Zöbern ein Wanderweg Richtung Bad Schönau zur Verfügung stünde. Als Trost beschert der Aufstieg einen fotopflichtigen Blick zurück auf Krumbach mit der ☛ **Erasmuskapelle** am Friedhofshügel.

Neben der Straße verlaufen schattige Waldwege, aber wer weiß, wohin diese uns führen. Wem allerdings nach Schwammerlsuchen zumute ist, sollte hier trotzdem sein Glück versuchen. Als Treffpunkt kann der

Lindenhof oder das Marterl oberhalb des Tanzlerhofes vereinbart werden. Beides ist auf der Bad Schönauer Wanderkarte (1:25 000) eingezeichnet.
Die Markierung führt unbarmherzig die Straße entlang, vorbei an einer Hofruine wie auch an einer Kapelle, und nimmt den mehr oder weniger erfolgreichen Schwammerlsucher beim Marterl oberhalb des Tanzlerhofes gerne wieder auf. Der Ausblick von hier ist geradezu erhebend: Tiefe, breite Gräben zwischen den Bergrücken, aufgelockert von Waldzungen zur linken Hand, rechts wie auf einer Reliefkarte dargestellt das Zöberntal mit dem ☛ **Schloß Krumbach** und dem Ziel der Wanderung, Bad Schönau, fast zu Füßen.
Man könnte nun den Weg wählen, der noch auf den meisten Wanderkarten eingezeichnet ist. Unsere Markierung folgt jedoch weiterhin der Straße, die über Ödhöfen hinab ins Tal führt und uns problemlos zurück nach Bad Schönau bringt.
Auf der Heimfahrt, so sie über Krumbach geht, sollten Sie vom Auto aus dem halbversunkenen ☛ **Erasmuskreuz** an der Bundesstraße (200 Meter westlich der Autobushaltestelle rechts) noch einen kurzen Blick schenken.

Bernstein – Stuben – Rettenbach – Bernstein

# Die Hexe im Speckkammerl

## Kurze Wanderung rund um Bernstein

| | |
|---|---|
| **Länge:** | 8,5 km. |
| **Route in Stichworten:** | Bernstein (*blau*), Speckkammerl, Stuben, Rettenbach (*rot*), Bernstein.<br>Variante: Stuben – Dreihütten – Rettenbach. |
| **Abkürzung:** | Vom Speckkammerl auf *gelb* zurück nach Bernstein. |
| **Abstecher:** | Vom Ort aus Kienbergweg (10 km, *orange*), Keltengräber (*gelb*), Naturlehrpfad nach Redlschlag (über *orange* oder *blau* zu erreichen). |
| **Empfehlung:** | Diese Route ist eine ideale Ergänzung bei Schulausflügen nach Bernstein, handelt es sich doch um eine Halbtagsrunde.<br>Ein Wanderpaß mit Wanderstein kann erworben werden. |
| **Einkehr/Übernachtung:** | Gasthäuser und Privatunterkünfte in Bernstein (Jugendherberge), Stuben (Zum Hohenstein), Dreihütten (Niederl) und Rettenbach (Ulreich, Hermann). |
| **Karten:** | Informationsblatt der Gemeinde Bernstein, Wanderkarte Stuben, Freytag & Berndt WK 422, Österreichische Karte Blatt 137. |
| **Information:** | Gemeindeamt 7434 Bernstein, ☎ 03354-6502, Gewerbe- und Fremdenverkehrsverein, ☎ 03354-6504. |
| **Zug/Autobus:** | Bundesbus, Blaguss. |
| **Radtour:** | Bernstein, Steinstückl, Kalteneck, Stuben, Hochtann-Gamauf, Dreihütten, Rettenbach, Bernstein. Länge: 15 km.<br>Das Teilstück Stuben – Hochtann ist durch seine Steigung anspruchsvoll. Die Straßen sind aber durchwegs gut asphaltiert. |

Nach dem Besuch der ☛ **Burg Bernstein** und des ☛ **Felsenmuseums** brechen wir vom Hauptplatz in ☛ **Bernstein** auf. In der Gasse namens Graben findet sich eine Reihe von Wanderfarben, was die Auswahl schwierig macht. Grün und orange markiert ist der Weg auf den 805 Meter hohen Kienberg. Orange führt weiter zum Wenzelanger, durch den Pechgraben und an den Römergräbern vorbei wieder nach Bernstein zurück.

*Blau* ist vorläufig unsere Farbe. Sie bringt uns nach einem kurzen Aufstieg zum ☛ **Speckkammerl**. Der Zugang vom blau markierten Weg ist mit einem Hinweispfeil deutlich gemacht. Von dort könnte man auf *gelb* (schmaler Farbstreifen) über einen Fußsteig bald wieder nach Bernstein zurückkehren. Wer aber mehr vorhat als nur einen kleinen Spaziergang, bleibt auf der *blauen* Markierung und wandert über einen Forstweg steil hinab nach ☛ **Stuben**. Zu den gebräuchlichen Markierungen kommen dort örtliche Wegweiser hinzu, kleine numerierte Holztäfelchen des Verschönerungsvereines Stuben. Obwohl Stuben zur Großgemeinde Bernstein gehört, wird auf diese Weise dem fremden Wanderer eine gewisse Eigenständigkeit demonstriert.

Einer dieser „eigenständigen" Stubener Wanderwege sei hier vorgestellt – ein asphaltierter Radweg für „Gemsen", Markierung *gelb:* Am südlichen Ende der Ortschaft, bei der Ausfahrt zum Sportplatz, steigt eine schmale Straße unvermittelt nach Hochtann auf.

Es gibt gute Gründe, diesen Weg mit dem Rad zu fahren. Erstens wäre es zu Fuß eine Schinderei, denn oben geht es wenn auch eben, so doch wieder asphaltiert links nach ☛ **Dreihütten** (Rastmöglichkeit im Gasthaus Niederl). Als Radfahrer hat man sich bald wieder soweit erholt, daß man die herrliche Aussicht über die Bucklige Welt im Westen und das Burgenland im Osten wirklich genießen kann. Als Fußgänger hingegen sehnt man sich auf diesen freien, meist windigen Höhen lediglich nach dem Schatten.

Ein weiteres Argument, das für eine Radtour spricht, ist die Abfahrt nach Rettenbach über eine kaum befahrene Straße, die auch auf neuesten Karten nur als Fahrweg eingezeichnet ist. Kurz nach Dreihütten, nach etwa einem Kilometer, zweigt der Wanderweg von der Straße in den Wald ab, die Auszeichnung ist jedoch mangelhaft, und der Abstieg nimmt den Charakter einer Expedition an. Da es logischerweise bergab gehen muß, kann man sich zwar nicht verirren, sich aber sehr wohl im dichten Gebüsch das Gesicht zerkratzen.

Zu guter Letzt spricht für das Fahrrad der Rückweg nach Stuben, denn zwischen Rettenbach und dem Ziel gibt's auf rund zwei Kilometern wieder nur Asphalt.

Wohl bleibt einem dieses Straßenstück nicht erspart, auch nicht auf unserer Wanderroute, man absolviert es aber in der entgegengesetzten Richtung: Von Stuben her fällt die Straße ganz leicht und macht so das Gehen am Straßenrand erträglich.

Kurz nach der Ortschaft findet sich rechts neben der Straße über dem Stubenbach ein Sauerbrunnen, der auffällig nach Eisen schmeckt. Der Zugang ist eigens mit einer Holztafel gekennzeichnet.

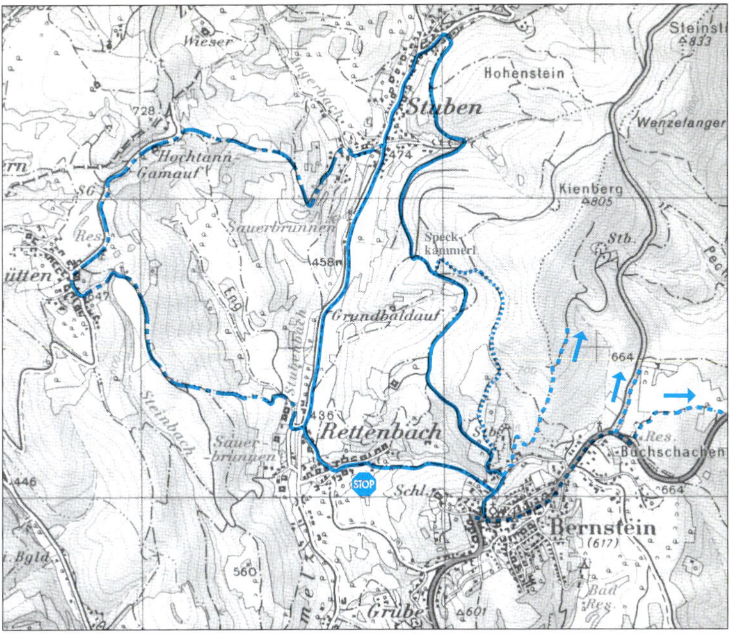


In Rettenbach gibt es gleich zwei Einkehrmöglichkeiten. Man sollte eine davon nützen, denn das letzte Stück steigt unbarmherzig an.

Am Kriegerdenkmal vorbei in den Klaftergraben führt uns von jetzt an die *rote* Markierung zurück nach Bernstein, auf einem Weg, der im Winter als Rodelbahn benützt wird.

STOP Der Weg ist zwar gut markiert, aber allzu leicht kann es geschehen, daß man zu früh nach rechts abbiegt und dann im Hof eines der Bauernhäuser steht. Die richtige Abzweigung wird durch einen eigenen Wegweiser deutlich gemacht.

Blumau – Karl – Weingraben – Landsee – Blumau

# Die Kirche als Schmugglernest

## Grenzwanderung im Osten der Buckligen Welt

**Länge:** 17,5 km.

**Route in Stichworten:** Blumau (*gelb, D 1*), Hofstatt, Rehbauern (*blau*), Geißmühle, Karl (*rot*), Weingraben (*orange/gelb*), Landsee (*rotweißrot*), Blumau.
Variante: Wanderung an der „Grenze im Bach" von Blumau durch das Rabnitztal zur Geißmühle und über Lembach retour.

**Abkürzung:** Von der Sperrmülldeponie Karl (*orange/rot*) zum Saverakreuz.

**Empfehlung:** Die Variante durchs Rabnitztal ist absolut lohnend, sollte jedoch geführt begangen werden, da es keine Markierungen gibt und der Streckenverlauf nicht offensichtlich ist. Führungen können in Kirchschlag am Gemeindeamt angemeldet werden (nach Herrn Franz Waldherr fragen).
In Karl gibt es die Möglichkeit zum Erwerb einer Wandernadel.

**Einkehr/Übernachtung:** Gasthäuser in Lembach, Karl, Weingraben und Landsee.

**Karten:** Freytag & Berndt WK 422, Österreichische Karte Blatt 106 und 107 (1:25 000 und 1:50 000).

**Information:** Gasthaus Lackner in Karl, ☎ 02617-2246,
Gemeindeamt 7341 Markt St. Martin,
☎ 02618-2239,
Gemeindeamt Weingraben (Dienstag vormittag),
☎ 02617-2207.

**Radtour:** Blumau, Stang, Lembach, Schlag, Straße nach Karl, Weingraben, Kaisersdorf, Markt St. Martin, Neudorf, Landsee. Länge: ca. 35 km.
Bedingt durch die vielen Steigungen keine einfache Route, die aber durchwegs auf asphaltierten, wenig befahrenen Straßen führt und bei etwas Vertrauen in den Orientierungssinn über gut ausgebaute Güterwege frei gestaltet werden kann.

Wenn Sie in ☛ **Blumau** angekommen sind, stellen Sie Ihr Auto links des Spratzbaches, also auf der burgenländischen Seite, ab. An einem Lichtmasten finden Sie mehr Markierungen, als notwendig sind: D 12 (BW), gelb, und rotweißrot, später auch RWBW. Für unsere Wanderung ist allerdings nur *gelb* relevant.

Am Sägewerk vorbei folgen Sie der Straße Richtung Kirchschlag. Vis-à-vis befindet sich eine Bus-Haltestelle, allerdings eine trügerische: Bei genauem Studium des Fahrplanes erkennt man nämlich, daß nur an jedem ersten Samstag im Monat auf dieser Strecke ein Linienbus verkehrt. Dafür gibt es einen ausführlichen Wegweiser: Landsee – Stang, über 902/07, Zentralalpenweg 02, Grenzlandweg 07, Dreiländerweg; uninteressant für uns. Erst nach der Thalbachbrücke zeigt ein Holzwegweiser nach Lembach, über Kirchschlag (*gelb, D 1* und *RWBW*). Es geht kurz entlang dem Talgrund. An der ersten Kreuzung biegt man nach rechts hinauf ab.

In der Folge bleiben Sie, auch wenn die Markierung nicht vorhanden ist, immer auf dem, wie ich ihn bezeichne, logischen Weg, bis man in der Hofstatt aus dem Wald tritt.

STOP An der nächsten Kreuzung, einer T-Kreuzung, wenden Sie sich nach links! Die Markierung mit einem aufgemalten Pfeil ist verwirrend. Dazu kommt, daß Wege, die in der Karte mit verschiedener Wertigkeit eingezeichnet sind, in der Realität gleich breit und gleich befahren sind.

Man ist gut beraten, wenn man hier nicht krampfhaft nach irgendwelchen Markierungen sucht.

Nahezu eben und auf der direktesten Verbindung gelangt man auf einem in der Karte verzeichneten Karrenweg zu den Rehbauern. Von dort führt, *blau* markiert, links ein Weg hinab ins Rabnitztal zur Geißmühle.

Im Rabnitztal wandern Sie leichten Fußes flußabwärts bis Karl (*blau*). Ein kleines Abenteuer gilt es zu bestehen: Der Fluß ist auf einer Pfadfinderbrücke zu queren, das heißt, Sie balancieren schlicht auf Baumstämmen. Allerdings ist der Zustand dieser Behelfsbrücke schon so schlecht, daß Sie besser beraten sind, wenn Sie barfuß durch die seichte Furt waten.

Am Waldrand könnte man quer über eine Wiese entlang von Traktorspuren nach Karl gehen. Wer nicht das Herz hat, den Kühen ins Essen zu steigen, bleibt bis kurz vor der Sperrmülldeponie von Karl am Waldrand und wandert dann die Wiese entlang in den Ort. Auffällig dicht wächst hier der ☛ **Rainfarn**.

STOP Bei besagter Mülldeponie kann man den Weg auf reizvolle Art abkürzen und Weingraben umgehen, was jedoch keine Abwertung dieser freundlichen Ortschaft bedeuten soll. An einem Stadel und einem Kirschbaum findet sich zu dieser Abkürzung die *orange/gelbe* Markierung des Burgenland-Weitwanderweges.

Der Aufstieg erfolgt durch einen Hohlweg, und danach wandern wir auf weichem Boden durch Mischwald aus Buchen, Eichen und Föhren zur Waidmannssäule, die auch Saverakreuz genannt wird. Warum sie so heißt, verrät der auf dem Kreuz dargebotene Text. Selten ist eine Geschichte an Ort und Stelle so genau zu lesen, und dort, wo üblicherweise eine Heiligenfigur steht, findet sich ein Foto von den Jägern, die darin eine Rolle spielen.

Diese Stelle ist kritisch, denn sie verleitet trotz guter Wanderkarten dazu, einem Forstweg zu folgen, der nichts als in die Irre führt. Gegen jegliches Orientierungsgefühl muß man also geradeaus gehen und trifft schon nach wenigen Metern auf den Weg zum Weißen Kreuz.

Das Problem stellt sich erst gar nicht, wenn Sie in Karl Station machen. Möglicherweise reicht die Energie auch noch aus für einen zusätzlichen Spaziergang, zum Beispiel den Kreuzweg hinauf oder zum Karbühelkreuz, um die Wandernadel zu erwerben. Informationen darüber finden Sie auf einer Orientierungstafel an der ersten Kreuzung im Ort, doch gibt man Ihnen auch im Gasthaus Lackner gerne Auskunft.

Wer bis zum Abend zu Hause sein will, folgt der Rabnitztalstraße durch den Ort, bis er zu einer Umgangskapelle, einem recht kahlen Marterl links an der Straße, kommt.

Die Markierung führt nun *rot* über einen pannonischen Höhenrücken nach Weingraben. Zur Orientierung: Das mächtige Gemäuer genau im Norden ist die Ruine Landsee.

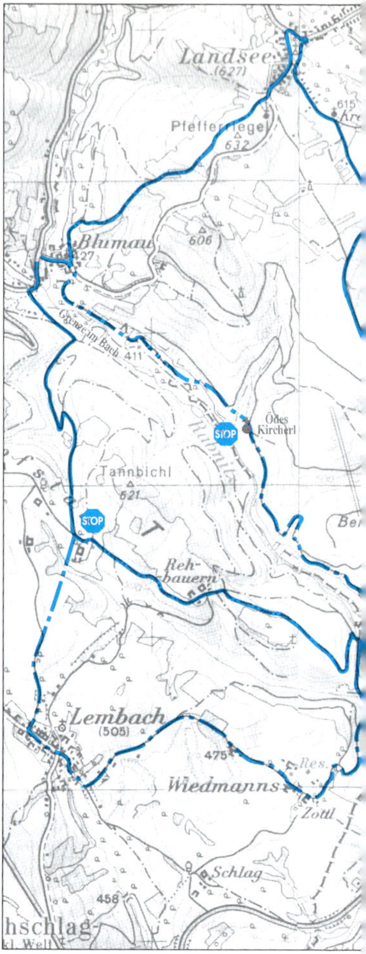


Im Ort **Weingraben** bleiben Sie zunächst auf der Hauptstraße, biegen dann links in die Landseer Gasse ein (*orange/gelb*, Burgenland-Weitwanderweg Richtung Landsee, Kobersdorf) und wandern an der Volksschule vorbei aus dem Ort hinaus zur baumumstandenen Dreifaltigkeitskapelle und dem Marterl mit der knappen Angabe: *Katharina Weber, 1888 bis 1915.*

Die Markierung, um den Stamm eines der Bäume gemalt, überläßt es Ihrem Gefühl, dem richtigen Weg zu folgen. Keinesfalls jedoch auf eine Forststraße hereinfallen! In der Folge ist bis zum Weißen Kreuz ausgezeichnet markiert.

Nach einem guten Stück besten Wanderweges gibt es eine Abzweigung links weg zur „Eiche“. Der uralte, mächtige Baum mit einem Kreuz ist in der Tat beeindruckend, und man möchte schon die Druiden um seinen Stamm tanzen sehen, wäre da nicht die strenge Anweisung der Esterházyschen Forstverwaltung, wie man sich im Wald zu benehmen

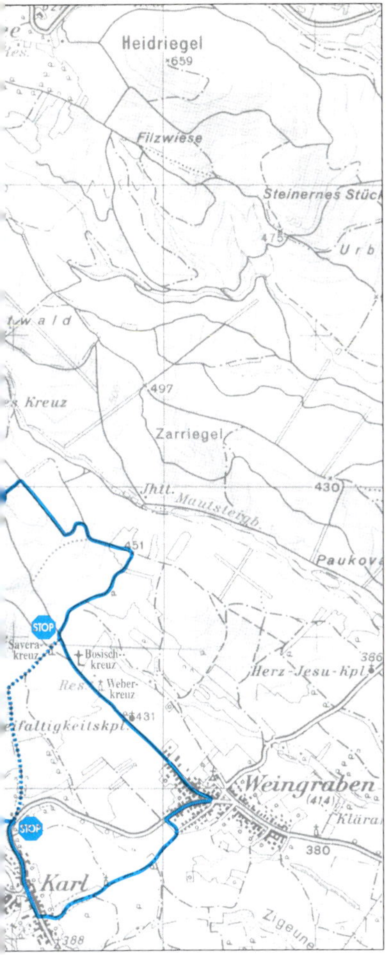


hat. Hat man gelesen und sein Gewissen erforscht, folgt man einfach der Markierung rechts zum Weißen Kreuz, das mit einer kunstlosen Hinterglasmalerei zum Thema St. Hubertus eher enttäuschend ausfällt.

Die kürzeste Verbindung nach ☛ **Landsee** stellt der zweite nach dem Weißen Kreuz nach rechts abzweigende Weg dar; er ist nicht markiert. Sie kommen allerdings auch auf dem markierten Weg zu ihrer Rast in Landsee, wenngleich dieser einen Umweg bedeutet.

Bei der Kreuzkapelle (1866), einem angenehmen Rastplatz, wachsen im Herbst Unmengen von Bovisten und Champignons.

Nun sind es nur mehr ein paar Schritte in den Ort. Das erste bemerkenswerte Gebäude ist die Kirche. Man fragt sich, wie der Brückenheilige Nepomuk hierher gekommen ist und warum er auf einem Sockel steht, der als Burg gestaltet ist. Keine Fragen läßt hingegen das ☛ **Steinmuseum** mit den Serpentinarten, Basaltbomben, Kalken und Quarziten, Grünschiefer- und Sandsteinbrocken offen.

Nach der Rast „fliegt" man regelrecht nach Blumau hinab. „Abflug" ist rechts vom Friedhof, bei einem Statuensockel aus Stein, den eine romantische Landschaft ziert.

Wieder gibt es hier jede Menge an Wegweisern und Markierungen. Mit der großartigen Aussicht an dieser Stelle kommt beim Durchlesen Fernweh auf: der Ost-Steirische 07, 02, der Zentralalpenweg 02 Feldkirch – Hainburg.

Ein wunderschöner, gut markierter Weg führt durch Feld und Wald nach Blumau.

## Variante

Die ☛ **Grenze im Bach** kann man von Blumau aus trockenen Fußes verfolgen. Der Bach hat sich längst ein neues Bett gesucht und nur mehr eine mäandernde Bodenvertiefung hinterlassen. Hier verlief der alte

Schmugglerweg durch das Rabnitztal. Man sollte sich jedoch von der Blumau bis zur Geißmühle führen lassen, denn es gibt keinen durchgehenden Weg mehr durch das Tal (☛ *Empfehlung*).
In Blumau muß man zurzeit (Dezember 1994) noch eine Furt durchqueren. Ein Feldweg führt bachabwärts quer durch die Auwiese an der „Grenze im Bach".
An einem Fischteich geht man links vorbei den Waldrand entlang. Der Teich ist eingezäunt, was aber die ☛ **Graureiher** kaum am Fischen hindern dürfte. Am Ende des Zaunes gilt es das ☛ **Öde Kircherl** zu suchen. Es liegt links oben gut versteckt im Wald. Ein Hinweispfeil wurde zugesagt.
STOP Von der Kirchenruine führt unsere Route auf einem schmalen Waldweg abwärts zu einem Bach. Ein Forstweg, der sich bei der Ruine ebenfalls anbietet, würde auf dem Weg zur Geißmühle bloß einen Umweg bedeuten.
Weniger einfach ist das ☛ **Öde Schlößl** zu finden. Ohne Führung ist die unscheinbare Wallanlage kaum zu entdecken.
Den Hang entlang führt in der Folge ein Forstweg talwärts. Rechts sieht man die Reste der Hacklmühle und gelangt nach kurzer Wanderung zur Geißmühle. Man geht durch das Anwesen, vorher allerdings auch über Rinderweiden, und kann sich dann entscheiden, ob man über Lembach-Einschicht und Lembach (*grün/gelb, D 2*) weiter über die Hofstatt (*RWBW, D 12, gelb* und *rotweißrot*) in die Blumau zurückkehrt oder auf *blau* über Karl, Weingraben und Landsee die Route über das Weiße Kreuz fortsetzt.

Edlitz – Lichtenegg – Edlitz

# „Zur schönen Aussicht"

Nach kurzem Aufstieg überwältigender Fernblick und intensives Buckelerlebnis ohne unnötiges Auf und Ab

**Länge:** 13 km.

**Route in Stichworten:** Edlitz (*rot, K 5*), Handlerhof (*gelb*) , Dermakapelle (*rot*), Maria Schnee (*gelb, L 1, L 3*), Lichtenegg (*rot, L 0*), Prägart (*rot* und später *violett, K 3*), Edlitz.

**Abkürzungen:** Vom Handlerhof nach Edlitz (entweder *gelb, RWBW* oder *rot, K 5*); Kaltenberg – Bahnhof Edlitz-Grimmenstein (*rot*).

**Abstecher:** Von Lichtenegg über den Tschudiweg zum Tschudihof (*RWBW*), 2 km.

**Empfehlung:** Einen Tag mit möglichst klarer Fernsicht wählen (Frühjahr und Herbst, im Hochsommer ist es meistens „koachig").

**Einkehr/Übernachtung:** Gasthäuser in Edlitz, Reitergasthof Handler, Gasthaus Neumüller in Kaltenberg, Gasthäuser in Lichtenegg.

**Karten:** Örtliche Wanderkarte (ausreichend), Österreichische Karte Blatt 106 (1:25 000 oder 1:50 000).

**Information:** Gemeindeamt 2842 Edlitz, ☎ 02644-7250.

**Zug/Autobus:** Aspangbahn bis Edlitz-Grimmenstein, Bundesbus.

**Radtouren:** Edlitz, Sonnberg, Panoramastraße, Kaltenberg, Lichtenegg, Tschudihof, Amlos, Wiesfleck (Wetterkreuzriegel), Weißes Kreuz (Gasthaus Gamauf), Thomasberg. Länge: 25 km.
Kräftige Steigungen, für die aber die großartige Aussicht auf einer relativ ebenen Höhenstraße voll entschädigt.
Wehrkirchenstraße: Edlitz, Krumbach, Hochneukirchen, Bad Schönau, Kirchschlag, Lichtenegg, Hollenthon, Wiesmath, Hochwolkersdorf, Bromberg, Scheiblingkirchen, Pitten, Ofenbach, Katzelsdorf. Länge: ca. 110 km.
Führt durchwegs auf wenig frequentierten Asphaltstraßen.

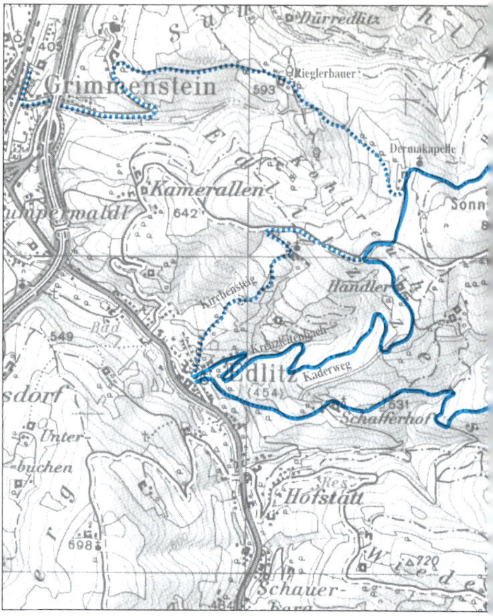


Die Nepomuk-Kapelle an der Hauptstraße in ☛ **Edlitz** ist nicht zu übersehen. Von hier startet unsere Wanderung. An der Hausecke gegenüber findet sich eine Reihe von Markierungen, unter anderem gelb mit dem BW-Rundwanderweg mit Wegweiser zum Dermahof und nach Kaltenberg, grün, violett, rot. Die Entscheidung darüber, welche Farbe wir wählen, fällt erst nach ein paar Schritten, beim Taferl *K 5*, dem örtlichen Rundwanderweg.

*Gelb* zweigt nach links ab über eine Brücke und führt auf einem ☛ **Kirchensteig** ebenfalls zu unserem ersten Ziel, dem Gasthaus Handler. Doch beachte man: Was für die Kirchgeher früherer Tage gangbar war, ist für Familienwanderungen längst nicht mehr zu empfehlen.

Man spaziert also besser geradeaus den Kreuzleitenbach hinauf. Bei der prächtigen alten Einfahrt des Pfarrhofes am Ende der Ortschaft zeigen hölzerne Wegweiser zum Handlerhof (*K 5, rot*), unserem nächsten Ziel, und nach Prägart (*K 2, grün*). Von dort kehren wir wieder hierher, an diese Stelle, zurück.

In weiten Serpentinen führt unsere Route, der Kaderweg, durch einen Hochwald hinauf zum Handlerhof mit der Paradieswiese. Hier wird der Hausname „Zur schönen Aussicht“ mehr als bestätigt. Die Versuchung, die Wanderung auf dem Rücken eines Pferde fortzusetzen, ist groß und keineswegs abwegig. Denn die Reitspuren sind nicht zu übersehen, sollten auch nicht übersehen werden, weil auch Pferdemist in den Rippen der Schuhsohlen unangenehm riecht.

Am Gasthaus vorbei geht man nach vor bis zur Panoramastraße, dann rechts auf der Straße weiter durch den Raintalwald (*gelb, RWBW*) und biegt bei der Zufahrt zum Dermahof, dem nächsten Bauernhaus, links ab. Oberhalb des Hauses, an einem Edelkastanienbaum, leuchten gemeinsam wieder die Farben *gelb* und *rot*, dazu findet sich das Taferl *RWBW*. Bei der ☛ **Dermakapelle** endet aber die gelbe Markierung. Ab nun „spaziert“' man über *rot* bis zur Straße nach Kaltenberg und ☛ **Maria Schnee**.

Der Weg zum friedlichen Wallfahrtsort führt allerding durch den Räuberwald (Krumbacher Herrschaftswald, Hofwald oder Raintalwald). Schauerliche Geschichten um den ☛ **Holzknechtseppl** sollen sich hier zugetragen haben.

Nach der Rast im Gasthaus von Kaltenberg und dem lohnenswerten Besuch der Wallfahrtskirche wandern wir auf *L 1, L 3, gelb* Richtung Lichtenegg.

Sogar auf dieser bestens markierten Strecke heißt es achtgeben: Man kommt vor einem Bauernhaus (Maierhöfen 8) aus dem Wald heraus, geht ungeniert über einen gut gepflegten Privatgrund und biegt dann nach rechts ab, hinunter zum „Stöckel“. Zwei Pfeile etwas unterhalb des Hauses beim Stöckel helfen bei der weiteren Orientierung. Mitten im Wald, knapp vor **Lichtenegg**, wurde freundlicherweise ein Spielplatz angelegt. Vor Lichtenegg sieht man bereits die nächsten Stationen unserer Wanderung, den Lindenhof und die Häuser von Prägart. Dazwischen liegt allerdings ein tiefer Graben, der überwunden werden muß.

Bei der Stroblkapelle – benannt nach dem Bauernhaus in der Rotte Wieden – trifft man auf eine Straße, die nach Lichtenegg führt.

An der dem Judas Thaddäus geweihten Kapelle vorbei geht's zum Pfarrhof (mit einer Rauchkuchl) und weiter, unter den Arkaden des neuerbauten Gemeindehauses, zur Wehrkirche und zum Tschudiweg. Er führt den Friedhof entlang zum **Tschudihof**.

Wir aber wandern noch vor dem Friedhof (*L 0*), beim **Fernheizwerk**, über die Felder steil hinab in die dunkle Lindenau, wobei wir nach einem kürzen Stück Weges wieder auf die *rote* Markierung stoßen.

Der Platz lädt dazu ein, den Rucksack abzunehmen und sich neben dem glucksenden Bächlein auf einem Teppich aus Fichtennadeln zur Rast auszustrecken. Eine solche scheint mir auch angebracht zu sein, denn der Weg steigt auf den nächsten Metern ziemlich direkt aus dem Graben an.

Trotz ihrer Tiefe ist die Lindenau der Höhepunkte unserer Wanderung, zeigt sich auf dieser die Bucklige Welt doch von ihrer buckligsten Seite. Die Au hat ihren Namen übrigens vom Lindenhof, zu dem man jetzt hinauf steigt. Dieser Pfad war seinerzeit der **Kirchensteig** nach Lichtenegg.

Nach **Prägart** folgen Sie immer der *roten* Markierung, und beim nächsten Wegweiser – ihn zieren übersichtlich angeordnete hölzerne Tafeln – geht es dann über *K 3, violett*, nach Edlitz. Sie durchschreiten zwar noch einen Graben, jedoch ohne großen Ab- und Aufstieg. Beim Schafferhof sollten Sie einen Zwischenstop machen: Kapelle, Bäume

und Bauernhaus sind hier zu einem Ensemble von seltener Stimmigkeit zusammengefügt.
Nach dem Schüttboden des Schafferhofes verliert sich die Markierung irgendwo, aber das tut nichts zur Sache. Wenn Sie Glück haben und den kürzesten Weg erwischen, führt er Sie durch einen Hohlweg zum Pfarrhof, dem Ausgangspunkt unserer Wanderung. Wenn nicht, so halten Sie sich einfach an den Waldrand und erreichen über steile Wiesen schließlich auch Ihr Ziel.

Forchtenstein – Rosalia – Forchtenstein

# Durch Kastanienhaine und Erdbeerfelder

## Eine bukolische Wanderung zum höchsten Punkt des Rosaliengebirges

**LÄNGE:** 13,5 km.

**ROUTE IN STICHWORTEN:** Forchtenstein (*blau*), Burg Forchtenstein (*rot, rotweißrot* und *orange/rot*), Rosalia, Forchtenstein; Variante 1: Eichenweg (*902 A, rotweißrot*), Variante 2: Hotterweg (*blau*).

**ABKÜRZUNG:**: Burg Forchtenstein (Start- und Umkehrmöglichkeit)

**ABSTECHER:** Rosalia – Hochwolkersdorf (*901 A, 902*), Rosalia – Sieggraben (*blau*).

**EMPFEHLUNG:** Idealer Schulausflug (Burgbesichtigung mit anschließender Wanderung zur Rosalia). Die Burg ist in den Wintermonaten allerdings gesperrt.
Nicht vom Spazierweg am Beginn der Route verleiten lassen!
An manchen Stellen braucht man trittfeste Schuhe!

**EINKEHR/ÜBERNACHTUNG:** Gasthäuser und Heurigenbetriebe in Forchtenstein, bei der Burg und auf der Rosalia; Jugendherberge bei der Burg.

**KARTEN:** Örtliche Wanderkarte (ausreichend), Österreichische Karte Blatt 106 und 107 (1:50 000 oder 1:25 000).

**INFORMATION:** Gemeindeamt 7212 Forchtenstein, ☎ 02626-63125.

**ZUG/AUTOBUS:** Mit der Bahn bis Mattersburg, Bundesbus oder Blaguss.

**RADTOUR:** Forchtenstein, Burg Forchtenstein, Schreinermühle, Wiesen, Forchtenstein. Länge: 32 km.
Diese an Steigungen und Abfahrten reiche Route ist nur eine von vielen Möglichkeiten, sich auf wenig befahrenen Straßen in der Umgebung von Forchtenstein umzusehen.

☛ **Forchtenstein:** Vom Parkplatz vor der Aufbahrungshalle am Friedhof marschieren Sie durch die Antonigasse zum Kalkbrennweg und zum Reitsteigweg, hinaus zu den Feldern mit den Erdbeeren und Kirschbäumen. Die Wegbezeichnungen sind auf blau umrandeten weißen Tafeln aufgemalt (Markierung *blau*).

Dennoch – man verliert ganz ohne Mühe diesen Reitsteigweg, braucht sich daraus aber nichts zu machen, denn durch einen Edelkastanienhain umgeht man den Hausberg an seiner Nordseite, bis zur Hausberggasse. Eine kleine Orientierungshilfe: Ein Marterl linker Hand ist die fünfte Station (Simon von Cyrene hilft Jesus das Kreuz tragen) eines Kreuzweges (☛ **Kalvarienberg**), der über diesen Berg führt. Es folgt in unserer Richtung die vierte Kreuzwegstation.

An der Kreuzung Hausberggasse/Schloßberggasse trifft man wieder auf den Reitsteig. Er hat den Hausberg von der anderen Seite her umrundet, war aber schon ein gutes Stück eins mit der lebhaft befahrenen Schloßbergstraße. Der ungewollte Abschneider hat Ihnen dieses Straßenstück erspart.

Schräg vis-à-vis vom Gasthaus Schaller zweigt die Burggasse ab. Vom Autoverkehr nicht belästigt, wenn auch auf Asphalt und in der Direttissima, geht's nun hinauf zur ☛ **Burg Forchtenstein.**

Von der Burg weg durchquert man am besten den kleinen Park mit der Matthiassäule und verläßt beim Hotel Wegscheider wieder die Straße. Der Blick zurück fällt notgedrungen auf einen riesigen Steinbruch. Rechts lockt ein Stiegenaufgang zur Einkehr ins Gasthaus Sauerzapf.

Ab dem letzten Haus nennt sich unser Weg wieder Reitsteigweg oder kürzer: Rittsteig, mit einer Fülle an Markierungen: *blau* wie bisher, *rot*, *rotweißrot* und *orange/rot*.

Verdächtig flach ist dieser Weg. Er schlängelt sich den Hang entlang durch das Quellgebiet der ☛ **Wulka**, schattig, feucht und kühl auch an heißen Tagen. Erst knapp vor den Rosalienhäusern steigt er steil an, gnä-

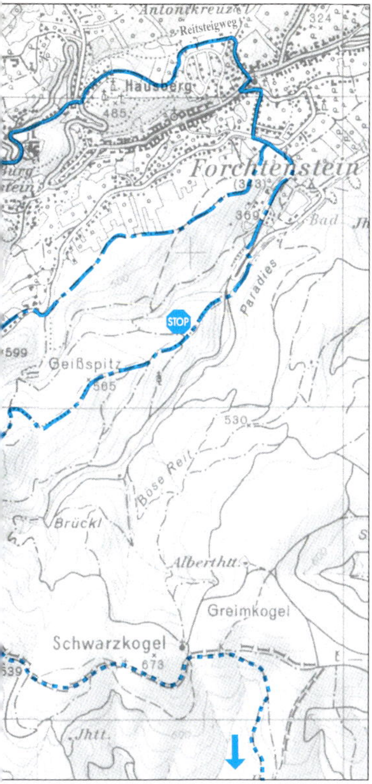


digerweise aber im Wald und über eine naturgewachsene Wurzelstiege. Beim Aussichtsplatz, der an klaren Tagen sogar die südlichen Stadtteile von Wien schauen läßt, erklimmt man keuchend die Straße in der Siedlung Rosalienhäuser.

Ausgerechnet an diesem Punkt zeigt ein Wegweiser (902 A, rotweißrot) zurück zum Badestausee in Forchtenstein. Was diese Verlokkung nach einem rasanten Aufstieg bei sommerlichen Temperaturen bedeutet, braucht man nicht näher zu erläutern.

Zum Umkehren ist es aber noch zu früh, denn der Besuch der **Rosalienkapelle** auf dem Heuberg ist obligat. Außerdem wartet ein schattiger Gastgarten auf Sie.

Für den Rückweg stehen zwei Möglichkeiten offen, in beiden Fällen aber geht man ein Stück neben der Straße Richtung Hochwolkersdorf.

*Variante 1:* Bereits in der ersten Rechtskurve kann man in einen Forstweg einbiegen, sieht links oben im Wald den „Rauhen Stein", eine Gneisformation, und trifft in Bälde, wenn man sich nur immer schön rechts hält, auf den oben erwähnten Wanderweg *902 A, rotweißrot*, den man rechts weitergeht.

STOP Auf der örtlichen Wanderkarte ist für diese Variante der „Eichenweg" eingetragen. Ich habe seinen Beginn trotz Nachfragen nicht entdeckt, was aber für die Wanderung ohne Bedeutung war. Man kann den Eichenweg nicht verpassen. Er vereinigt sich an einer nicht näher bezeichneten Stelle mit unserem Weg. Seinem Namen wird er ohnehin erst nach der Theresienbergsiedlung voll gerecht.

Eindrucksvoll ist von hier der Blick zur Burg. Sie zeigt sich von ihrer breitesten, wuchtigsten Seite. Unten im Tal nimmt man die Spitze des Kirchturms von Forchtenstein und das Dach eines **Klosters** aus. Den Horizont begrenzt das Leithagebirge.

Bei der Höhenstraße hat man wieder die Ortschaft Forchtenstein erreicht. Man kann nach rechts zum Badestausee gehen und sogar ins „Paradies", so heißt die Flur hinter dem See.

Der kürzeste Weg zu unserem Ausgangspunkt führt aber von der Höhenstraße durch eine Gasse, die sich „Siedlung" nennt, bis zur Stauseegasse und an der Friedhofsmauer nach links um die Aufbahrungshalle herum zu unserem Ausgangspunkt.

*Variante 2:* Sie biegen erst bei der Kreuzung an der Landesgrenze, beim ☛ **Markstein**, ab. Ein Weg zum Entspannen: lichter Wald, grüner Waldboden, die *blaue* Markierung ist in weiterer Folge ausgezeichnet, und bis knapp vor Ende der Wanderung geht es immer nur sanft bergab.
STOP Es gibt an dieser Kreuzung eine ganze Reihe von Wegweisern. Zu unserem Ziel, dem Hotterweg, zeigt aber keiner – abgesehen von einer *blauen* Markierung, die aber geradesogut nach Kobersdorf führen könnte. Des Rätsels Lösung: Dort wo sich die zwei blau markierten Wege trennen, nehmen Sie den linken!
Nach etwa 750 Metern weist ein Schild auf einen „Toten Mann" und bestätigt uns so nebenbei endlich schwarz auf weiß den ☛ **Hotterweg**. Nach dem Geißspitz (565 m) öffnet sich durch Kahlschläge der Wald und gibt den Blick frei auf Mattersburg sowie hinüber zum Leithagebirge. Im Vordergrund schimmert zwischen den Bäumen der Badestausee durch.
STOP Man gewöhnt sich rasch an den Forstweg; muß ihn aber verlassen. Ein Wegweiser, den man leicht übersehen kann, zeigt diese Stelle an. Auf einem steilen Pfad steigt man zur Straße ab. Rechts geht's zum Stausee, links, auf der Höhenstraße, zu unserem Ausgangspunkt.

Gleißenfeld – Warth – Witzelsberg – Gleißenfeld

# Bodendenkmale für Anfänger

## Auf den Spuren frühen Bergbaues in der Buckligen Welt

**Länge:** 13 km.

**Route in Stichworten:** Bahnhof Gleißenfeld (*blau* und *grün*), Waldkapelle (*blau*), Hochstraße über den Hartberg (*rot*), Varinate 1: Rehgartlkreuz über den „Hohlen Stein“ (*gelb*), Witzelsberg oder Variante 2: über Thann (*grün*) und Warth (*rot*) nach Witzelsberg (*gelb*), Gleißenfeld.

**Abkürzungen:** Von der Hochstraße führen immer wieder Wege zurück nach Gleißenfeld.

**Abstecher:**
1) Nach Wartmannstetten, zurück über Straßhof, Weibnitz, Kulm nach Thann.
2) Von Thann geradeaus nach Kirchau (*gelb*) und über den Entweg zurück zum Zottlhof.
3) Klettersteig (Schwierigkeitsgrad 2 bis 5, Markierung *schwarz*) oder Fußweg (*gelb*) zum Türkensturz.

**Empfehlung:** Einen Blick auf die Mostwirtshaustermine riskieren.
Für den Klettersteig – er möge Geübten vorbehalten bleiben! – sind Aufstiegshilfen erforderlich.

**Einkehr/Übernachtung:** Gasthäuser in Gleißenfeld, Gasthaus Reisenbauer in Scheiblingkirchen, Mostwirtshäuser.

**Karten:** Österreichische Karte Blatt 106 (1.50 000 oder 1:25 000), Wanderatlas Region Pittental-Hochwechsel.

**Information:** Gemeindeamt 2831 Warth, ☎ 02629-2245, oder Fremdenverkehrsverband Pittental-Hochwechsel, 2870 Aspang, ☎ 02642-2470.

**Zug/Autobus:** Aspangbahn.

**Radtouren:**
1) Gleißenfeld, Natschbach, Ramplach, Wartmannstetten, Hafning, Thann, Warth, Witzelsberg oder
2) Straßhof, Gramatl, Haßbach, Kirchau, Warth, Gleißenfeld. Länge: jeweils ca.18,5 km.

Auf keiner der beiden Strecken bleibt Ihnen der Berg erspart, beide Strecken bieten aber viel Abwechslung und schöne Landschaft.

Die Anreise erfolgt am besten mit der ☛ **Aspangbahn**, wenn auch in ☛ **Gleißenfeld** die Personenzüge nur im Zweistundentakt ankommen. Man hat die Wahl, vom Rastplatz des Naturparks (etwa 100 Meter nach dem Kinderspielplatz führt eine Brücke über die Pitten) aus den ☛ **Türkensturz** zu besteigen (*gelb* oder Klettersteig) oder sich weniger zu plagen, dafür aber mehr zu wandern.

Von der Bahnstation geht es ein paar hundert Meter rechts entlang der Bundesstraße. Aber schon der erste Weg, der gegenüber von der Straße weg unter der Autobahn durchführt, ist unser Einstieg in eine nahezu vollkommen asphaltlose Wanderung (vorerst zwei Markierungen: *blau* und *grün*).

Herrlich ist das Gefühl, auf einem Weg zu wandern, der nicht gehfreundlicher sein könnte. Das monotone Brummen der Motoren da oben stört kaum. Es entfernt sich rasch, je weiter man im Fichtenhochwald vorankommt, immer geradeaus, *jedoch nicht der Markierung nach!* Diese folgt aus unerfindlichen Gründen einer Forststraße, die sich nach rechts aus dem Tal wendet. Bleiben Sie am Bach, sonst umgehen Sie eine bemerkenswerte Idylle! Idylle, das Wort ist nicht übertrieben. Es trifft genau die Stimmung an der ☛ **Waldkapelle**. Rechter Hand plätschert in der Lichtung der Hubertusbrunnen. In der Mitte rauscht ein Kastanienbaum, unter dem sich eine Bank befindet. Links, etwas erhöht, ragt wie aus dem Boden gewachsen ein Kirchlein, die besagte Waldkapelle.

Hier findet sich wunderbarerweise auch wieder die *blaue* Markierung. Auf einem *Wegweiser* ist der Ort Ramplach – er liegt auf der anderen Seite des Höhenrückens – angegeben. Der Aufstieg ist leicht, und kaum hat man sich ans Bergauf gewöhnt, wird es wieder flach. Man hat die ☛ **Hochstraße** erreicht. (Ab nun *rote* Markierung, Wegweiser: *Seebenstein – Kulmriegel*) Man kommt flott weiter auf der Hochstraße, wenn man sich nicht ablenken läßt von den vielen Heidel- und Preiselbeeren bzw. den Schwammerln im lichten Föhrenwald, dem Klosterwald oder, wie er auch genannt wird, dem ☛ **Kart(h)**.

Dabei wird man immer wieder auf Bodendenkmale – in diesem Fall längst überwachsene ☛ **Lehmgruben** – stoßen. Die Lehmschicht läßt das Wasser nicht versickern; das erklärt, weshalb einem sogar im Hochsommer Wasserlachen auf dem Weg zum Ausweichen zwingen und es hier oben, am Bergrücken, einen Teich – oder soll man sagen: einen Sumpf? – gibt. Man findet ihn zwischen dem Hartberg (510 m) und dem Rehgartlkreuz links neben dem Weg.

Am Rehgartlkreuz teilen sich wieder einmal die Wege. Schon vorher hätte man oft genug die Möglichkeit gehabt, die Wanderung – über markierte Wege – nach Westen zu erweitern oder nach Osten zu verkürzen. Auf der Neunkirchner Seite, also westlich, gäbe es unter anderem die spärlichen Reste der ☛ **Tobelburg** bei Hafning (4 km Umweg über Thann zum Rehgartlkreuz) zu entdecken, oder die sagenumwobene „versunkene" Burg ☛ **Grabensee** westlich von Gramatl. Sie liegt, vielmehr lag an einem im Mittelalter wichtigen Weg vom Schwarzatal nach Haßbach. Beide Anlagen sind jedoch nicht leicht zu finden und weder durch Wege noch durch Hinweisschilder erschlossen.



*Wegkapelle bei Edlitz*

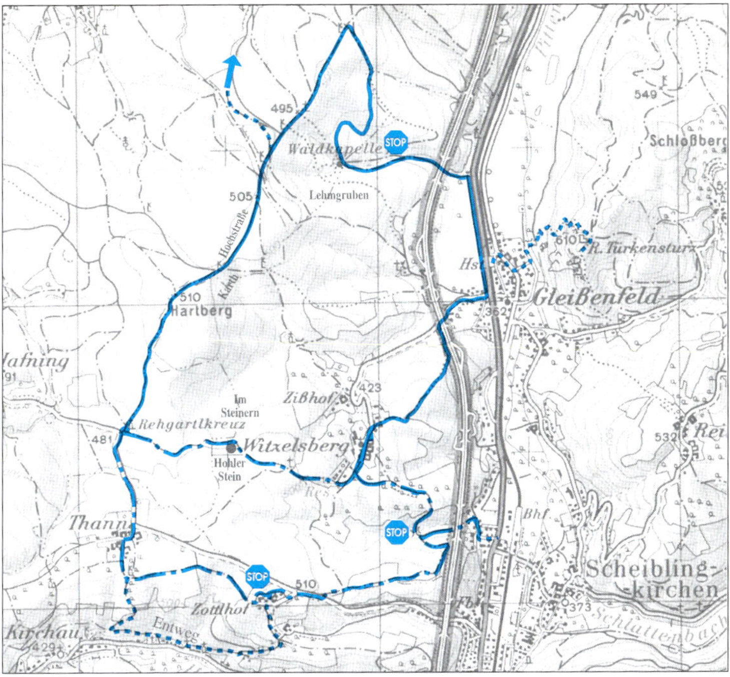


Nicht zu verfehlen ist, wenn man den Umweg über die Straße nicht scheut, die Ortschaft **Straßhof** mit interessanter Kirche und einem sehr bemerkenswerten Denkmal früherer Gerichtspraxis.

Um Rechtgeschichte geht es auch beim **Rehgartlkreuz**, zu dem wir wieder zurückgekehrt sind. Man hat nun die Wahl, nach Thann über den Zottlhof nach Scheiblingkirchen oder direkt (*gelb*) nach Witzelsberg zu gehen.

Beide Routen haben ihre Reize: Die fotoverdächtige Fassade des Bauernhauses Nr. 11 in Thann, nach dem Ort eine stimmungsvolle Obstbaumallee – und dann diese Aussicht! Sie gibt den Blick frei auf den westlichen Teil der Buckligen Welt. Vor sich hat man den **Kulmriegel** in seiner ganzen Pracht.

Sie kommen nun zu einer Kreuzung markierter Wege. Wenn Sie hier geradeaus Richtung **Kirchau** gehen, zweigt ein Stück vor der Ortschaft, noch im Wald, links ein Weg ab. Er führt zur Straße nach Warth, biegt aber beim nächsten Wegkreuz wieder links ab, hinauf zum Zottlhof. Dieses Wegstück ist ein kleiner Teil der geheimnisvollen **Entwege**.

Andere Spuren der Geschichte – Bodendenkmale – finden sich, wenn Sie an der eben genannten Kreuzung bei Thann dem *grün* markierten Weg nach links folgen. Der Waldboden ist hier ein einziges **Bingenfeld**, das der Erzabbau früherer Zeiten hinterlassen hat.

STOP Beim Zottlhof sperrt der Wildzaun eines Damwildgeheges unvermittelt den markierten Weg und zwingt Sie – *linksherum!* – zu einem kleinen Umweg um das Gehege.

*Oben: Wehrkirche von Edlitz. Unten: Burgruine Kirchschlag*

Der Abstieg nach Warth könnte sich flotter gestalten, als Sie es eigentlich vorhaben. Das letzte Waldstück ist nämlich sehr steil und mit seinen Baumwurzeln auch voller Fußangeln. Sie gelangen, hoffentlich nicht mit der Nase voran und auf dem Bauch rutschend, auf die Straße nach Witzelsberg, halten sich rechts und genießen schließlich die längst verdiente Rast im Gasthaus Reisenbauer in Scheiblingkirchen.
Weiter nach ☛ **Witzelsberg** führt die *rote* Markierung (teilweise NÖ Landesrundwanderweg).
STOP Die kaum befahrene Straße von Warth nach Witzelsberg ist anfänglich nicht markiert. Erst nach ein paar hundert Metern findet sich in einer Rechtskurve ein Schild des NÖ Landesrundwanderweges und später, vor einem Aussichtsplatz, die *rote* Markierung, die in Witzelsberg auf den *gelb* bezeichneten Weg der zweiten Variante trifft.
Diese Direttissima vom Rehgartlkreuz nach Witzelsberg (*gelb*) ist nicht nur eine Abkürzung der ohnehin kurzen Route. Man wandert auch hier an den nur allzu deutlichen Spuren längst eingestellten Bergbaues vorbei zum ☛ **Hohlen Stein**. Bezeichnenderweise heißt diese Gegend ☛ **Steiner Wald** oder **Im Steinern**. Mit ein wenig Phantasie verwandeln sich die vom Wasser und dem Wetter geformten Steine längs des Weges in die sonderbarsten Gestalten, etwa in einen Entenfuß, eine überdimensionale Käseecke oder in einen wohlgerundeten Elefanten.
Am Waldrand oberhalb von Witzelsberg kehrt man aus dieser verzauberten Welt in die Wirklichkeit zurück – beim Heimkehrerkreuz, das zum Dank für die heile Rückkehr aus Gefangenschaft nach dem Zweiten Weltkrieg errichtet worden ist.
In Witzelsberg findet sich für eine letzte Rast auf dieser Wanderung leider kein Gasthaus mehr. Das ehemalige Wirtshaus, der ☛ **Stanglhof**, hat schon in den achtziger Jahren seine Pforten geschlossen. Aber zum Ausgangspunkt unserer Wanderung ist es ohnehin nur mehr ein Katzensprung. Sie haben die Möglichkeit, entweder über den Höllgraben auf der Straße oder über einen angenehmen Waldweg, *gelb* markiert, nach Gleißenfeld zurückzukehren.

Grimmenstein – Urbankapelle – Hochegg – Grimmenstein

# Der steile Aufstieg zur sagenhaften Weltenuhr

Ein Weg, so recht zum Wandern bestimmt

**Länge:** 15 km.

**Route in Stichworten:** Grimmenstein (*blau*), Kulmriegel (*rot*, dann *blau*), Eben (*Hochwechsel-Rundwanderweg Nr. 5*), Heißenhof, Urbankapelle (*grün/rot*), Hochegg (*Gemeindewanderweg Nr. 6*), Grimmenstein.

**Abkürzungen:** Vor Eben durch den Kunst(Kunz-)graben (*rot*) nach Grimmenstein; von Eben auf der Straße über Himberg nach Hochegg.

**Abstecher:** Zum Gipfel des Kulmriegels (*blau*), von der Urbankapelle nach Ödenkirchen zum Gasthaus Fally (*gelb*), nach Hollabrunn (*gelb*).

**Empfehlung:** Proviant und Sackerl zum Schwammerlsuchen mitnehmen.

**Einkehr/Übernachtung:** Gasthaus Kogelbauer in Hollabrunn, Gasthaus Fally in Ödenkirchen.

**Karten:** Sehr gute örtliche Wanderkarte, Österreichische Karte Blatt 105 und 106 (1:50 000 oder 1:25 000), Wanderatlas Region Pittental-Hochwechsel.

**Information:** Gemeindeamt 2840 Grimmenstein, ☎ 02644-7203-0.

**Zug/Autobus:** Aspangbahn.

**Radtouren:**
1) Eine Spritztour über Grimmenstein, Kunst-(Kunz-)graben, Eben, Hochegg oder
2) eine beschauliche Radwanderung von Grimmenstein über Eben, Heißenhof, Ödenkirchen, Tannhof, Kirchberg/Wechsel, Wanghof (Bundesstraße). Länge: 25 km.

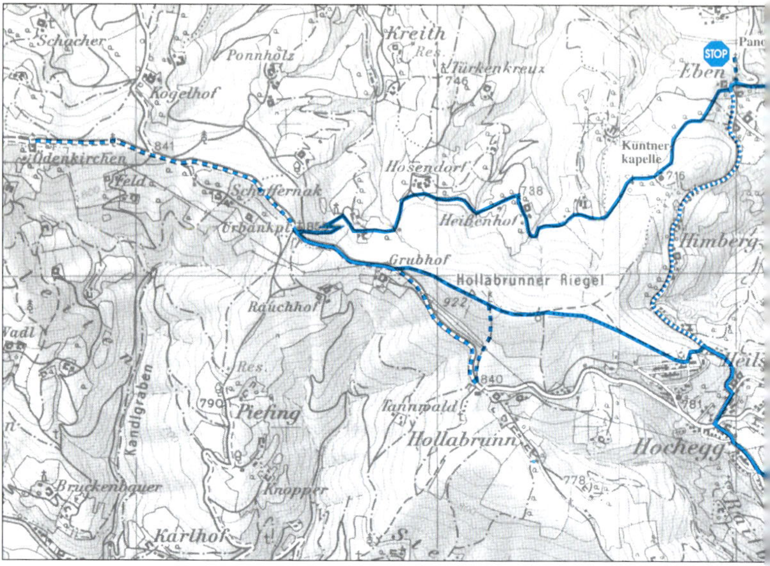


Im Bahnhof Edlitz-Grimmenstein steigen Sie aus dem Zug der ☛ **Aspangbahn** und gehen flott durch die Schulgasse (*blau*) bis zur Kapelle (Jahreszahl 1900) beim Kunstgraben (auf manchen Karten „Kunzgraben"). Das eigentliche Wandererlebnis beginnt hier, bei einem lapidaren Hinweis auf die „Grotte" und dem Wegweiser „Kulmriegel, Eben, Haßbach". Sie könnten auch die rote Markierung weitergehen und damit den ☛ **Kulmriegel** abschneiden. Ich rate Ihnen jedoch, den *blau* markierten *Gemeindewanderweg Nr. 6* zu wählen. (Die Stelle hier am Eingang zum Kunstgraben wäre ebenfalls ein idealer Ausgangspunkt für diese Rundwanderung.)

Durch einen Hohlweg geht es aufwärts bis zum nächsten Wegweiser, der bereits die Ruine Grimmenstein verheißt. Vorher gibt es aber noch die besagte Grotte zu sehen. Der Weg dorthin war möglicherweise die alte Auffahrt zur Burg. Man sieht noch die Wegbefestigung aus moosbedeckten Steinen. Übrigens, der Ort an der Bundesstraße, auf den man bereits von einer erstaunlichen Höhe hinunterschaut, ist Petersbaumgarten. Links neben dem Weg fällt eine mit Steinen eingefaßte Grube auf, vielleicht der Versuch, einen Brunnen zu graben.

Alles sieht hier nach Geheimnis aus, und kaum etwas davon ist gelüftet. Auch nicht, weshalb der Waldboden mit Steinbrocken übersät ist, als wären diese irgendwann einmal den Hang hinunter gekollert.

In einem stillen Tal tritt man aus dem Wald. Im Kalkstein wächst dort das Rindsauge, ein Korbblütler mit gelbsternigen Blüten, einmütig neben der zur Vorsicht mahnenden „Hinterlassenschaft" des echten Rindviehs, durch dessen Weide der Weg führt.

Ein steiler Anstieg bringt uns zu einem Wegweiser, der nach Grimmenstein, Petersbaumgarten und Kirchau weist. Wenige Meter rechts entdeckt man die ☛ **Grotte**, eine bizarre Höhle, die in jüngerer Zeit zu einer

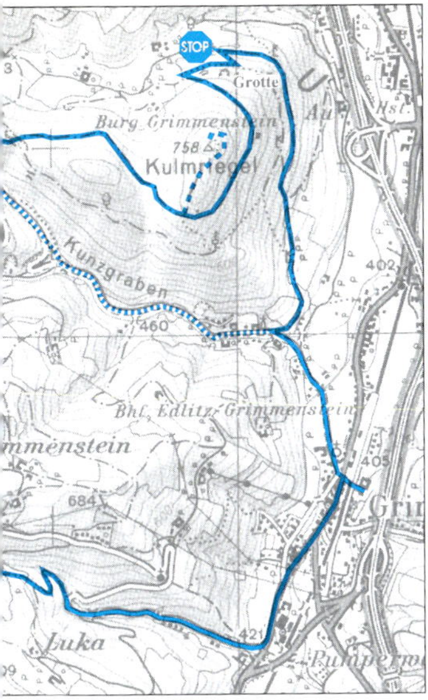


Lourdesgrotte umgewandelt worden ist.

STOP Die Fülle an markierten Wanderwegen am Kulmriegel verwirrt ein wenig, aber die Grotte selbst ist nicht zu verfehlen. Nach der Grotte einfach geradeaus weiter auf *Rot* bis zur *blauen* Markierung. Sie führt zur ☛ **Burg Grimmenstein**, die heute freilich nur mehr eine Ruine ist. Für Wanderer mit botanischem Interesse: Bei einem Strauch der Roten Heckenkirsche links abbiegen zur Burg.

*Blau* ist auch die Markierung, die uns nach der Ruine bis Eben begleitet. Der Burgweg zieht nahezu immer auf gleicher Höhe vorbei an einer Jagdhütte, und wer will, kann an einer der folgenden Kreuzungen (*blau*) abzweigen, um die 758 Meter des Kulmriegels zu vollenden und auf dem Gipfel die Reste der Veste Grimmenstein zu bewundern.

Man fragt sich, weshalb man von hier den weiten Weg zur Urbankapelle auf sich nimmt. Die Antwort: Weil es sich so gut geht. Es ist ein leichtes Dahinwandern auf einem wunderschönen Waldweg, zunächst durch einen Mischwald, dann im Föhrenwald vorbei an bizarren Felsgebilden und Steinbrüchen, an Feldrainen entlang, und mitten am Weg wachsen die schönsten und wohlschmeckendsten Pilze (Eierschwammerln, Rotkappen und Brätlinge).

In Eben, einer aus ein paar Bauernhäusern bestehenden Rotte, entspringt der Bach, der durch den Kunstgraben fließt. Ein hölzerner Wegweiser verspricht Panoramablick. Man muß allerdings Felder durchwaten, um einen solchen genießen zu können. Warum hat man keinen grasbewachsenen Rain gelassen? fragt man sich. Aber man braucht kein schlechtes Gewissen zu haben, weil der Pfad durch die Frucht längst schon von anderen ausgetreten wurde. Die Pestsäule auf der Anhöhe ist nicht sonderlich kunstvoll gestaltet. Eine Antoniusstatue scheint eher zufällig hier gelandet zu sein – vielleicht wollte man sie nicht wegwerfen. Die Aussicht, das versprochene Panorama, ist in der Tat einmalig: Rosalienberg im Nordosten, im Westen das Alpenvorland.

STOP Durch den Bauernhof in Eben hindurch und um den Bauerngarten herum gelangt man zur Straße Richtung Heißenhof.

Sie ist asphaltiert, man kann aber streckenweise links in den Wald ausweichen. Markierungen gibt es nicht, sieht man von einigen Tafeln des *Hochwechsel-Rundwanderweges Nr. 5* ab.

Beim ersten Bauernhaus auf der Heißenhofstraße lädt die Kuntnerkapelle (von den Großeltern des 1994 verstorbenen Wiener Weihbischofs Florian Kuntner erbaut) mit einem Bankerl zu einer Rast ein.

Am Heißenhof, wo der Asphalt für eine kurze Strecke aufhört, plätschert ein Brunnen; angenehm vor allem an Tagen, die man besser im Bad verbracht hätte. Der Überlauf dieser Quelle speist ein kleines Becken mit Forellen, die an Ort und Stelle entweder frisch oder geräuchert erstanden werden können.

Bald nach dem Heißenhof erreichen Sie eine Kreuzung. Der Weg von Haßbach, eine ☛ **Altstraße**, mündet hier in unsere Route und führt Sie, wieder auf einer Asphaltstraße, vorbei an Marterln, Wegkreuzen und einer modern gestalteten Lourdesgrotte (Steine in Beton, gut gepflegt, für die glückliche Heimkehr aus dem Krieg gestiftet) zur ☛ **Urbankapelle**. Hier kreuzen sich nicht nur Straßen und Wanderwege, sondern auch uralte Verkehrsverbindungen – zum Beispiel die Fortsetzung der ☛ **Blätterstraße**.

Haben sich bisher die Gasthäuser rar gemacht, so gibt es an dieser Stelle gleich zwei zur Auswahl – in etwa der gleichen Entfernung: Zwei Kilometer sind's nach Ödenkirchen und ebenso viele nach Hollabrunn. Von dort kommt man übrigens, von *gelber* Markierung begleitet, zurück zum Bahnhof Edlitz-Grimmenstein.

Wer beide Lokale verschmäht, hat den Hollabrunner Riegel (*grün/rot*) vor sich und erreicht auf den Spazierwegen der Patienten den Luftkurort ☛ **Hochegg**. Bei einem Sendemasten haben Sie noch einmal die Chance, zum Gasthaus in Hollabrunn abzubiegen. In Hochegg selbst gibt es aber mehr als genug Einkehrmöglichkeiten. Doch leider ist die Wanderung fast zu Ende, es fehlt nur mehr der Abstieg zum *Gemeindewanderweg Nr. 6* nach Grimmenstein oder, wenn Sie von dort aufgebrochen sind, zum Kunstgraben.

Gschaidt – Dreiländerstein – Gschaidt

# Drei Länder auf einem Fleck

„Rundkurs" auf gepflegten Wanderwegen

**Länge:** 11 km.

**Route in Stichworten:** Gschaidt (*blau*), Dreiländerstein (*blau*), Ofenegg (*blau*, dann *rot*), Burgerschlag (*rot*), Gschaidt.

**Abkürzung:** Von Loipersdorf über Grametschlag zum Binder-Marterl.

**Abstecher:** In die Willersdorfer Schlucht (*rot*).

**Empfehlung::** Eine Tour zu allen Jahreszeiten, die sich aber auch als Ergänzung zu Schulausflügen anbietet.
Lange Hosen sind unerläßlich.

**Einkehr/Übernachtung:** Gasthäuser in Gschaidt, Gasthaus zur Dreiländerecke in Ofenegg.

**Karten:** Örtliche Wanderkarte von Hochneukirchen (ausreichend), Österreichische Karte Blatt 137 (1:25 000 oder 50 000).

**Information:** Gemeindeamt 2852 Hochneukirchen-Gschaidt, ☎ 02648-206.

**Zug/Autobus:** Busse der Gruber KG und Mikes.

**Radtouren:** Auf dem Straßennetz der Gemeinde Hochneukirchen-Gschaidt können nahezu alle Sehenswürdigkeiten auch mit dem Rad erreicht werden.
Zum Dreiländerstein gelangen Sie über Schmiedrait. Sie biegen dort gegenüber dem Gasthaus rechts ab und können über einen teilweise asphaltierten Güterweg bis zum Dreiländerstein fahren. Für den Rückweg müssen Sie allerdings wieder denselben Güterweg benützen. Länge: 20 km.

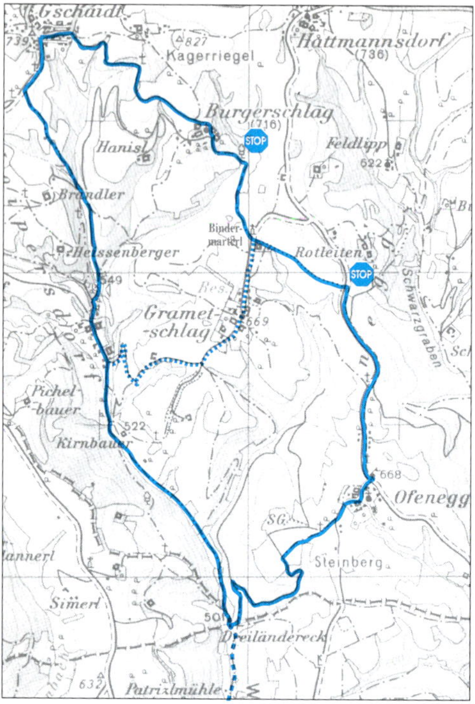


Wenn Sie aufbrechen, zeigt vom Hauptplatz in **Gschaidt** bereits einer der schönen hölzernen Wegweiser zu unserem Ziel (*blau*). Es sind keine hundert Meter und schon wandert man auf einem Waldweg talwärts.

Im Bachgrund kann es passieren, daß die Markierung kurzfristig verlorengeht – kein Malheur, sofern man lange Hosen trägt. Flankiert von mannshohen Brennesseln führt ein gut ausgetretener Steig – ich war scheinbar nicht der erste, der in die Irre ging – den Bach entlang, der Sie ebenfalls nach Loipersdorf bringt.

Von dieser kleinen Ortschaft geht es durch das Tal zum **Dreiländerstein**. Positiv fällt hier eine Einrichtung auf, die den vom Fremdenverkehrsverein Schmiedrait gut gepflegten Rastplatz vor anderen auszeichnet und die man als Wanderer durchaus zu schätzen weiß: ein Plumpsklo. Nach kurzer Rast heißt es Aufsteigen, und zwar nach Ofenegg (*blau*). Ein Waldweg und danach ein Forstweg führen ohne großen Umweg zum **Gasthaus zur Dreiländerecke**. Am gegenüberliegenden Hügel liegt die Ortschaft **Schmiedrait**, auffällig wegen seiner „Kirche".

Ein kurzes Stück Straße (*blau*, später *rot, F 5*) wird aufgelockert von einem strohgedeckten Haus (mit Nebengebäude).

STOP Bei der Abzweigung von der Straße in das Feld heißt es ein wenig aufpassen: Man verläßt die Straße, biegt am Feldrand aber sofort nach rechts hinauf, bis ein Weg durch die Felder Richtung Grametschlag führt. Beim Bauernhaus Binder quert man die Straße nach Grametschlag und erreicht beim Binder-Marterl wieder einen Feldweg. Auf pittoresken Stegen wandelt man über den Wassern des Quellgebietes unterhalb von Burgerschlag.

STOP Man kommt bei einem Bildbaum (Vogelkirsche) aus dem Graben und hat vor sich eine breite, aber steile Wiese, dann ein Feld und wieder eine Wiese, jedoch keine Markierung. Gehen Sie, wie es die Jahreszeit und der Zustand des Feldes gerade erlaubt, hinauf zum Haus. Dort feiern Sie ein Wiedersehen mit der *roten* Markierung, die Sie auf der Straße zurück nach Gschaidt begleitet.

Haßbach – Friedersdorf – Haßbach

# Das Rindvieh am Eselberg

## Über die Höhen der westlichen Buckligen Welt

**Länge:** 14 km.

**Route in Stichworten:** Haßbach (*blau, rotweißrot*), Hohenberg, Ödenkirchen (*gelb*), Eselberg, Karlshöhe (*rot*, später *grün*), Friedersdorf, Pyhra (*ohne* Markierung), Haßbachtal (*gelb*), Haßbach.

**Abkürzungen:** Von Ödenkirchen zur Urbankapelle und über Ponnholz zurück nach Haßbach.

**Abstecher:** Nach dem Tannhof Abzweigung nach Kirchberg (*grüner Punkt*), zur Strecke retour über Kreuzweg und Kernstockwarte zur Karlshöhe.

**Empfehlung:** Diese Runde ist geradezu prädestiniert für einen Schulausflug in der warmen Jahreszeit.
Ein Blick in den Terminkalender der Mostwirtshäuser erscheint ratsam.
Feldstecher mitnehmen, um die Aussicht so richtig genießen zu können.

**Einkehr/Übernachtung:** Gasthaus Maier in Haßbach (Mittwoch und Donnerstag Ruhetag), Gasthaus Fally in Ödenkirchen (Pension, Mittwoch Ruhetag), Gasthaus Pyhrahof.

**Karten:** Österreichische Karte Blatt 105 (1:25 000 oder 1:25 000), Wanderatlas Region Pittental-Hochwechsel.

**Information:** Gemeindeamt 2831Warth, ☎ 02629-2245 oder Fremdenverkehrsverband Pittental-Hochwechsel, 2870 Aspang, ☎ 02642-2470.

**Zug/Autobus:** Bushaltestelle in Haßbach (BB-Postautobus Neunkirchen – Kircherg/Wechsel), Aspangbahn bis Warth-Scheiblingkirchen.

**Radtour:** Haßbach, Schloß Steyersberg, Ödenkirchen, Rams, Friedersdorf, Schönstadl, Altendorf, Penk, Haßbach. Länge: 18 km.
Großteils gut asphaltierte Straßen, lange ebene Passagen auf den Höhen.

Vis-à-vis vom Gasthaus Maier in Haßbach treffen Sie auf unseren Wanderweg nach Ödenkirchen, Rams, Kirchberg (*blau* und *901*, *rotweißrot* und *NÖ Landesrundwanderweg*). Zu Beginn ist die Runde mehr als deutlich gekennzeichnet. Sie führt mit den beiden Markierungen *blau* und *rotweißrot* sowie der Tafel des *Pittental-Hochwechsel-Rundwanderweges (R) Nr. 5* ein kurzes Stück auf einem Forstweg zu einem Bildbaum mit eindrucksvollem Kreuz und zweigt dort in einen Waldsteig nach oben ab. Wenn der Steig wieder in den Forstweg mündet, sieht man vor sich im Dunkel des Waldes die Umrisse überwachsener Mauerreste auftauchen: Die romantische **Ruine der Burg Haßbach** kann man leicht übersehen, ist sie doch in keiner Karte eingezeichnet. Sie verlockt, weil eben so wenig mehr von der einstigen Veste übrig ist, zu abenteuerlichen Forschungen auf eigene Faust.

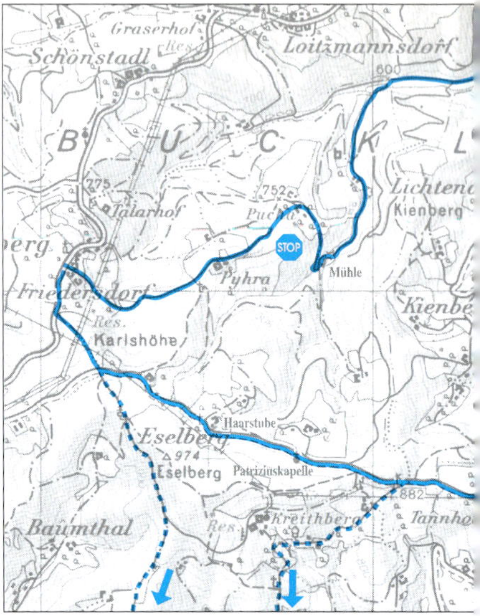


Es geht nun wieder auf einem Waldweg bergan Richtung Hohenberg (783 m).

Immer wenn ein Forstweg den Steig quert, gibt es mit der Markierung Probleme. Halten Sie sich stets geradeaus!

Auf Höhe der Siedlung Berg quert man bei einem Bildbaum mit einer Madonnendarstellung wieder einen Forstweg. An dieser Stelle fällt das völlige Fehlen von Markierungen auf. Ein paar Schritte weiter macht sich dieses Manko unangenehm bemerkbar, weil sich oberhalb des Forstweges im Wald der Weg gabelt. Die Lösung: Es geht an dieser Gabelung links weiter.

Auf der Suche nach dem richtigen Weg haben sich schließlich auch die Markierungen wieder gefunden – allerdings auf handlich geschnittenen Stücken in einem Brennholzhaufen. Der Platz, wo ich sie entdeckt habe, hat mich für den kleinen Umweg entschädigt: ein strohgedecktes Holzhaus mit der Jahreszahl 1780.

Der Wald wird, je weiter man hinauf kommt, immer lichter, und man genießt durch die hohen, glatten Baumstämme hindurch einen herrlichen Blick zurück auf Türkensturz, Schloß Seebenstein, Burg Pitten bis ins Steinfeld und im Osten auf die Bucklige Welt jenseits des Pittenflusses, mit dem Rosalienberg und der Ortschaft Hochwolkersdorf.

Die Baumgesellschaft vereinigt auf dieser Höhe alle vier Arten der Kieferngewächse (Föhre, Fichte, Tanne und Lärche).

Die Ankunft auf dem Hohenberg sollte einen fröhlich stimmen, hat man

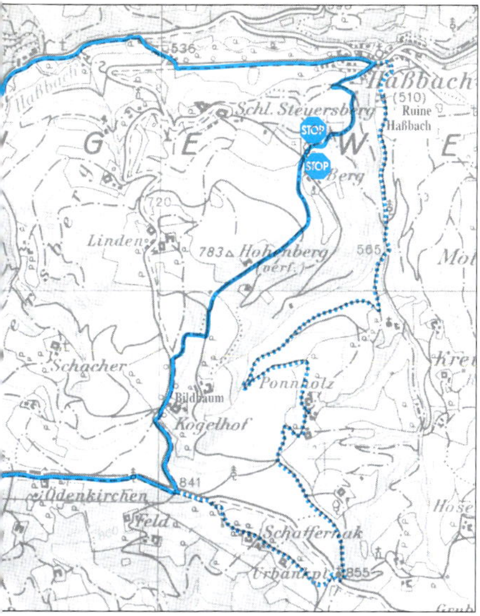


doch den Aufstieg endlich hinter sich gebracht. Die Freude wird aber vom Anblick eines ☛ **verlassenen Hauses** gedämpft.
Am Kogelhof vorbei geht man ein paar hundert Meter auf Asphalt. Der Hof ist an seinem Bildbaum erkennbar, einer Linde mit einer Tafel, einer Art Armeleutebibel, die in Bildern die Weihnachtsgeschichte erzählt.
Immer wieder – auch hier – sieht man Tafeln, die zu Rentier(!)-, Schaf- und anderen Züchtern weisen, die unter anderem mit so alternativen Produkten wie Stutenmilch aufwarten.
Vorläufiges Ziel ist das Gasthaus Fally in ☛ **Ödenkirchen**. Ein Schild dieses Gasthauses zeigt die Straße entlang. Wir aber biegen in einen weichen Waldweg ein, machen so einen kleinen Abschneider bis zur Straße, die von Grimmenstein heraufführt. (Ab nun *gelb*.)
Dieser Straße folgen wir bis zur Karlshöhe, einer deutlich markierten Kreuzung. Es ist schwer zu entscheiden, auf welcher Seite man von diesem Höhenrücken mehr Aussicht genießt: links auf den Wechsel, den Kampstein, die Ortschaft ☛ **St. Corona**, darunter das ehemalige Internat der Erzdiözese Wien: das Seminar ☛ **Sachsenbrunn**; rechts auf die Wiener Hausberge Schneeberg und Rax.
Tafeln mit der Aufschrift „Ab Dämmerung Wald meiden" haben fürsorgliche Waldbesitzer an den Bäumen angebracht – für umsichtige Wanderer eine ganz und gar unnötige Warnung.
Dort, wo von ☛ **Kirchberg** ein Weg heraufkommt – man kann ihn selbstverständlich auch für einen kleinen Abstecher nach Kirchberg mit der sagenumwobenen ☛ **Wolfgangskirche** benützen –, gibt es zusätzlich zur *gelben* Markierung eine örtliche Wegkennzeichnung: den *grünen Punkt*.
Unter den vielen Marterln, die uns auf dieser Tour begleiten, fällt an einer Kreuzung eine ☛ **gotische Steinsäule** und ein Stück weiter eine ☛ **Patriziuskapelle** auf.
Jedes Bauernhaus hier heroben hat sein Kreuz, nicht nur im übertragenen Sinn, und nahezu zu jedem Kreuz gehört auch der Kreuznagel am Ketterl. Auch am Eselberg fällt ein solches Kreuz auf. Es ist noch sehr neu und wurde dem vorherigen genau nachempfunden.
Weniger gut erhalten sind die Gebäude des Hofes gegenüber. Das hölzerne Gebäude unmittelbar an der Straße war eine ☛ **Haarstube**. Früher waren die Landwirte in allen Sparten ihres Berufes sozusagen zu Hause.

Heute sind sie Spezialisten, und das führt dazu, daß hier auf dem Hof am Eselberg ausschließlich Rinder gehalten werden.
Bevor man an der Kreuzung auf der Karlshöhe rechts über *rot* und später *grün* auf einem Waldweg nach Friedersdorf geht, gibt es einen weiteren Beweis für die in der Buckligen Welt immer noch lebendige Volksfrömmigkeit: ein modernes Marterl, das anläßlich einer Gebetserhörung in den Jahren 1944/45 errichtet worden war.
In Friedersdorf verlassen wir bei der ☛ **abgebrannten Linde** den markierten Weg. Eine Straße führt unter summenden und knisternden Hochspannungsleitungen (220 kV) durch zum Gasthaus Pyhrahof und an diesem vorbei in einen Wald.
STOP Bei der ersten Spitzkehre verläuft ein Waldweg geradeaus und bringt Sie in der Folge zu zwei Bauernhäusern. Dort treffen Sie wieder auf die Straße, die vom Pyhrahof herabführt. Sie folgen ihr bis ans Ende und wandern ab dem liebevoll restaurierten Stübel, Hausnummer 53, durch einen Hohlweg zum Bach, den Sie – nachdem Sie ihn überquert haben – noch ca. 50 Meter entlanggehen.
Unterhalb des Forstweges, der hier kreuzt, im Graben, liegt eine ☛ **Mühle** – ein idealer Rastplatz bei einer heißen Sommerwanderung. Die Kinder können hier herrlich im Wasser plantschen. An der Mühle selbst ist noch das alte Mühlrad zu bestaunen.
Der Weg bringt Sie, an Fischteichen vorbei – der Bach wird gewissermaßen über die Teiche umgeleitet –, zur asphaltierten Straße neben dem Haßbach.
Die *gelbe* Markierung führt nun auf der Straße (zuerst asphaltiert, ab dem ☛ **Sandwerk** offen, im Sommer aber staubig) bachabwärts. Man passiert ein Wegkreuz mit dem unvermeidlichen Kreuznagel und frisch aufgemaltem „Blut" an den Wunden des Heilands. Eine Hausruine, auf deren Grundmauern ein Imker seine Bienenhütte aufgestellt hat, gibt neuerlich ein kleines Rätsel auf.
Beim Haus Nr. 22, im Sommerfrischestil errichtet und mit einer Windfahne aus dem Jahr 1903 ausgestattet, gabelt sich die Straße. Man hält sich rechts in der Au, überquert den Bach, geht an der Hofmühle vorbei zur Straße, die vom ☛ **Schloß Steyersberg** herab nach Haßbach führt.
Bevor man am Ziel angelangt ist, wird man noch einmal verwirrt – von den kuriosen Jagdtrophäen an einem der neuerbauten Prachthäuser, die nach und nach aus dem Talgrund hinaus wachsen. Statt der Rehkrickel und Hirschgeweihe ragt ein Büffelkopf aus der Wand, flankiert von Antilopenköpfen; ein Anblick, den man freilich schnell vergessen sollte.

# Um den Hutwisch ...

... kommt nicht herum, wer in Hochneukirchen wandern will

**Länge:** 15 km.

**Route in Stichworten:** Hochneukirchen (*blau, F 4*), Abzweigung nach Maltern (*rot*), Maltern (*grün*), Hutwisch (*grün*), Hochneukirchen.

**Abkürzung:** Hochneukirchen – Maltern über Burgstall (*violett, F 3*).

**Abstecher:** Hutwisch – Höhwirth – Hochneukirchen (*gelb*).

**Empfehlung:** Kürzere Versionen der Route eignen sich besonders für Schulwandertage.
Die Route Hochneukirchen – Maltern – Hutwisch erfordert entsprechende Kondition. Ratsam ist die Mitnahme von Getränken und Proviant. Die günstigsten Jahreszeiten für diese Route sind das Frühjahr und der Herbst.

**Einkehr/Übernachtung:** Gasthäuser in Hochneukirchen, Gasthof Höhwirt und Gasthaus & Kaufhaus Kager in Maltern.

**Karten:** Eine ausgezeichnete örtliche Wanderkarte, Österreichische Karte Blatt 137 (1:25 000 oder 1:50 000).

**Information:** Gemeindeamt 2852 Hochneukirchen-Gschaidt, ☎ 02648-206.

**Zug/Autobus:** Verkehrsbetriebe Gruber KG, Bundesbus und Mikes bis Sägemühle, an Schultagen Anschluß nach Hochneukirchen.

**Radtouren:** Auf dem Straßennetz der Gemeinde Hochneukirchen-Gschaidt können nahezu alle Sehenswürdigkeiten auch mit dem Rad erreicht werden. Zum Hutwisch ist allerdings ein kurzer Fußmarsch erforderlich.

Daß in ☛ **Hochneukirchen** das Wandern hoch im Kurs steht, sieht man auf den ersten Blick. Ansprechend gestaltete Wegweiser aus Holz geben das Ziel und die Markierungsfarbe an, und nicht zu übersehen ist dabei auch der Stolz, den höchsten Berg der Buckligen Welt, den Hutwisch, im Gemeindegebiet zu haben. Entsprechend viele Wege führen denn auch dorthin:

1) Eilige, die im Vorbeifahren auch einmal von oben auf die Bucklige Welt schauen wollen, parken kurz am Rastplatz an der Straße nach Hochneukirchen und haben in längstens einer Viertelstunde den Gipfelsturm absolviert.

2) Vom Höhwirt führt über *gelb* ein „Verdauungsspaziergang" zur Aussichtswarte.

3) Von Hochneukirchen aus über die Promenadenstraße und den Kurzen Weg kommt man über *grün* direkt zur Hutwischhöhe. Am Rückweg gibt es auf dieser kurzen Tour eine Rastmöglichkeit: den ☛ **Höhwirt**. Auf *gelb* (*RWBW*) geht es durch das Quellgebiet des Hochneukirchner Baches in den Ort zurück. Länge: 5 km.

## Große Tour über Maltern

Wer sich Zeit nimmt und den Hutwisch als Höhepunkt einer Tageswanderung erobern will, marschiert vom Gemeindezentrum Hochneukirchen aus die Straße entlang Richtung Gschaidt bis zum Ortsende, biegt dort Richtung Maltern ab und begibt sich nach ein paar Schritten, beim letzten Haus (starke Bautätigkeit) der Ortschaft, auf einen rechter Hand liegenden abfallenden Feldweg.

STOP Den Wegweiser (Ofenegg, Markierung *blau*, *F 4*), der ursprünglich links des Weges angebracht war, habe ich erst nach hartnäckigem Suchen entdeckt. Er steckte verkehrt herum im Jägerzaun eines Hauses.

Man verläßt auch diesen Weg sehr bald und überquert auf ausgetretenem Pfad das Feld. Die erste Markierung leuchtet von einem Strommasten im Feld herauf, die nächste findet sich in einiger Entfernung an einem Obstbaum. Doch reicht dies alles aus, um sich auf dem „Roßbichl" – so heißt diese Flur – zu orientieren.

Der Höhenrücken links ist Buchstuck – ☛ **Burgstall**. Im Waldstück, das den Buckel abschließt, ist eine mittelalterliche Wallanlage zu sehen, die Sie auf *F 3, violett* erreichen.

STOP Nach dem Obstgarten fehlt einmal die Markierung. Weichen Sie nicht vom Grabenrand! Der ausgefahrene Weg wendet sich nämlich freundlich nach links ins Feld, verliert sich aber, je nach Jahreszeit, in der Frucht oder im Frischgeackerten. Es kommt, wenn Sie geradeaus gehen, wieder ein brauchbarer, sogar gut markierter Weg, der in den „Schwarzgraben" führt.

STOP Nach Überquerung des Baches wartet etwas abseits vom Weg der ☛ **Eckstein** auf Sie. Wie Sie ihn nicht verfehlen können? Ganz einfach: Sie

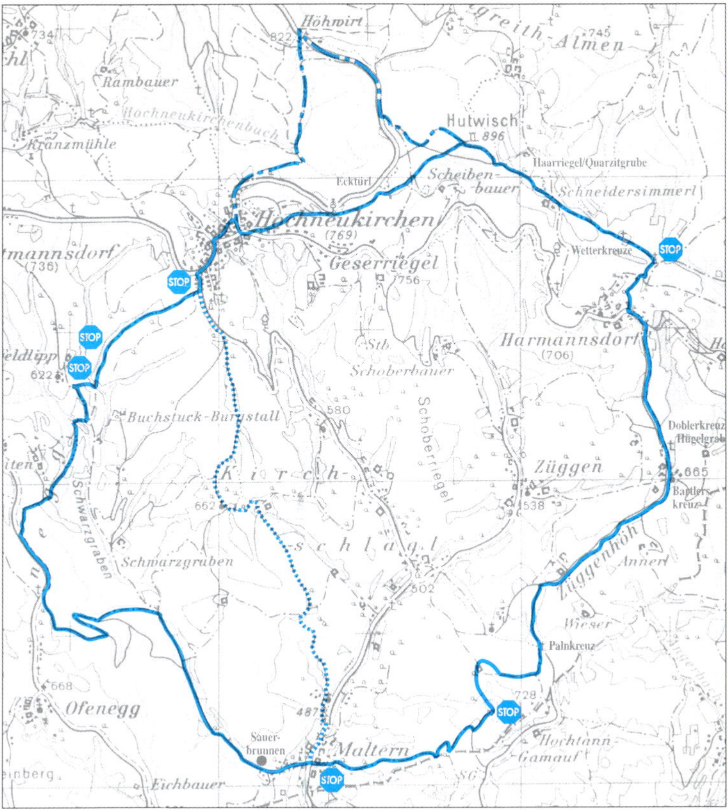


queren auf dem markierten Weg die Wiese. Am Waldrand führt ein Weg nach rechts hinauf zu einem Bauernhaus (Feldlipp), doch schon vorher zum „Eckstein". Zur Wanderroute gehen Sie ein Stück denselben Weg zurück, halten sich dann aber rechts und treffen in Kürze wieder auf die *blaue* Markierung. Links im Wald gibt es an dieser Kreuzung eine Miniaturausgabe des „Ecksteins".

Bis zur nächsten Straße, der Zufahrt zu den Häusern in der „Rotleiten", wandert man auf herrlichsten Waldwegen hügelan. Nach einem schwachen Kilometer auf Asphalt biegt man schon wieder in einen Forstweg ein (bemerkenswert gestaltetes Wegkreuz). Unsere Markierung lautet nun *rot, F 5*, Wegweiser Maltern.

Oberhalb dieser Kreuzung sieht man die Häuser von Ofenegg (☛ **Gasthaus zur Dreiländerecke**).

Über *rot* geht es auf einer Forststraße bergab noch einmal in den „Schwarzgraben", wenn auch ohne steiles Gefälle. Eine Vielzahl von Pilzen am Wegrand, bis hin zu den ersten Häusern von Maltern und dem ☛ **Sauerbrunnen**, heben die Wanderfreude.

Wen es interessiert, der hat kurz davor Gelegenheit, einen Tontaubenschießstand aus der Nähe zu betrachten.

Der Sauerbrunnen war, als ich dort vorbeikam, nicht eigens gekennzeichnet. Nur ein kleiner Steg führte über den Bach zu einem altmodischen Pumpwerk. Die Anlage soll aber ausgebaut werden.

In ☛ **Maltern** ist nach einem kleinen Kulturspaziergang eine ausgiebige Rast (im Gasthaus Kager) angesagt, denn die folgende Etappe über den ☛ **Hochtannriegel** (Wegweiser Hutwisch, *grün*) ist steil und beschwerlich. Was man vorher flott herabgeschritten ist, muß jetzt erbarmungslos in einem konditionsraubenden Aufstieg wieder ausgeglichen werden.

STOP Die „Ausfahrt" aus Maltern kann leicht verfehlt werden: Bei den letzten Häusern prangt an einer Straßenlampe die *grüne* Markierung. Sie ist strategisch gut angebracht. Daß man an dieser Stelle aber 90 Grad links zwischen den Häusern durchgehen muß, darauf gibt es keinen Hinweis. Die nächste Markierung findet sich erst wieder auf einem Obstbaum hinter der Häusergruppe. Das Problem: Ein guter Weg lockt einen hier geradeaus in einen schattigen Graben, und man merkt erst sehr spät, daß man auf falschen Pfaden wandelt.

STOP Wenn man mit hängender Zunge das erste Gehöft am Hochtann erreicht hat, stellt man fest – keine Markierung! Vor dem Bauernhaus geht es links ein asphaltiertes Sträßchen entlang: Das ist unser Weg!

STOP Die nächste Falle lauert keine fünfhundert Meter weiter: Kurz nach einem sehr gekonnt renovierten kleinen Bauernhaus, offensichtlich als Wochenendhaus genützt, biegt der Weg ohne Vorwarnung vom Waldrand weg rechts nach hinten in die Büsche. Man ist im flottesten Bergabgehen, und wenn man die kleine Schneise im Gesträuch übersieht, hat man mit ein paar Schritten wieder all die Höhe verloren, die man sich gerade erst mühsam erarbeitet hat.

Von nun an gibt es kaum mehr ein Verlaufen. Nach dem ☛ **Paln-Kreuz**, wo die *gelbe* Markierung aus dem Burgenland hereinkommt, wird der Weg bald zur Straße, was hier sonderbarerweise nicht weiter stört. Über die ☛ **Züggenhöh** mit Aussicht auf Schloß Bernstein trabt man über Scheiben Richtung Harmannsdorf, vorbei am ☛ **Bartlers-Kreuz** und dem ☛ **Dobler-Kreuz** mit keltischem Grabhügel.

Der Wegweiser auf der blumengeschmückten Tafel mit den Aufschriften „Herzlich Willkommen" und „Auf Wiedersehen" in Harmannsdorf ist nicht allzu hilfreich. Er zeigt die Wege nach Stuben und zurück zur Züggenhöh an. Unsere bereits vertraute *grüne* Markierung findet sich oberhalb des ersten Hauses. Bei einem modernen Marterl oberhalb von Harmannsdorf trennen sich noch einmal die Wege.

STOP Zum Hutwisch geht es nach links auf einem der beiden Feldwege, die sich jeweils unmarkiert anbieten. Man kommt so und so ans Ziel. Bleiben Sie auf dem rechten von den beiden Wegen, dann erreichen Sie nach kurzem Anstieg die ☛ **Wetterkreuze**. Über den Haarriegel mit einer Quarzitsandgrube führen nun alle Wege zum ☛ **Hutwisch** (896 m).

Von hier kann man noch einen Abstecher zum ☛ **Höhwirt** machen, mit dem alten Schanzgraben aus der Türkenzeit (gelb), und über den *RWBW* oder gleich vom Hutwisch über *grün*, vorbei am Ecktürl, einem Bildbaum, auf dem Panoramaweg über den Brunnenplatz zum Ausgangspunkt der Wanderung zurückkehren.

Hochwolkersdorf – Schlatten – Klingfurth – Hochwolkersdorf

# An der Wiege der Zweiten Republik

## Durch zwei Täler und viele Gräben

**Länge:** ca.16 km.

**Route in Stichworten:** Hochwolkersdorf (*rotweißrot*), Schlattental (*M 4*), Dreibuchenhöhe, Holzhof (*grün*), Klingfurth (*rot*), von hier fünf Varianten zurück nach Hochwolkersdorf: Straße durch Rosenbrunn; Almhof (*rot*); Geyereck (*A 8*); Lehrbauer (*grün*); Schauerleiten, Kuhwald (*rot*, mit Autobus retour); Schauerleiten, Geyereck..

**Abkürzung:** Dreibuchenhöhe (auf der Straße retour).

**Abstecher:** Sagenrunde, Bromberg (*rotweißrot*), Walpersbach (*rot*).

**Empfehlung:** Schul-, Betriebsausflug mit Besuch des Gedenkraumes in Hochwolkersdorf und Sagenrunde. Eventuell mit Busfahrplan ausrüsten.

**Einkehr/Übernachtung:** Gasthäuser und Privatzimmer in Hochwolkersdorf, Bromberg, Klingfurth, Walpersbach; Mostwirtshäuser. An der Strecke: Mosthütte Rothmann (sonntags geöffnet), Gasthaus Schlattentalhof (Oberger), Wirtshaus Holzhof (Mittwoch und Donnerstag Ruhetag), Gasthaus Fernblick (Montag und Dienstag Ruhetag).

**Karten:** Wanderkarte Bucklige Welt, Österreichische Karte Blatt 106 (1:25 000 oder 1:50 000).

**Information:** Gemeindeamt 2802 Hochwolkersdorf, ☎ 02645-8222.

**Zug/Autobus:** Stadtwerke Wiener Neustadt/Partsch.

**Radtouren:**

1) Hochwolkersdorf, Dreibuchenhöhe, Bromberg, Schlattental, Wiesmath. Länge: 22 km. Die Strecke zeichnet sich zu Beginn durch seine „Hochschaubahn“ aus, Richtung Wiesmath langer Anstieg.
2) Hochwolkersdorf, Schleinz, Walpersbach, Klingfurth, Rosenbrunn. Länge: 20 km. Der Anstieg nach Rosenbrunn führt durch einen romantischen Waldgraben; er ist an seinen steilsten Stellen jedoch nicht asphaltiert.

## Die Sagenrunde

(Die Sagen werden unter dem Stichwort ☛ **Hochwolkersdorf** erzählt.)

Ausgangspunkt dieser Wanderung ist die Übersichtstafel der Wanderwege an der Hauptstraße von Hochwolkersdorf. Sie folgen dieser Straße zirka 800 Meter in Richtung Wiener Neustadt, vorbei am Friedhof mit der Gruft der letzten Herren von Hochwolkersdorf, den Bourgeois. Auf dem Friedhofsberg zweigt ein Feldweg zum ☛ **Eisteich** ab. Bis zur Türkenkapelle bleiben Sie noch am Straßenrand, biegen aber dann bei den Wegweisern rechts in einen asphaltierten Güterweg ein (*rotweißrot*). Bei der nächsten Kreuzung, dort, wo die Straße anzusteigen beginnt, gehen Sie wieder rechts den ebenen Güterweg entlang, vorbei an einem Bauernhaus (Hammerl), und wandern hinab in den Totengraben.

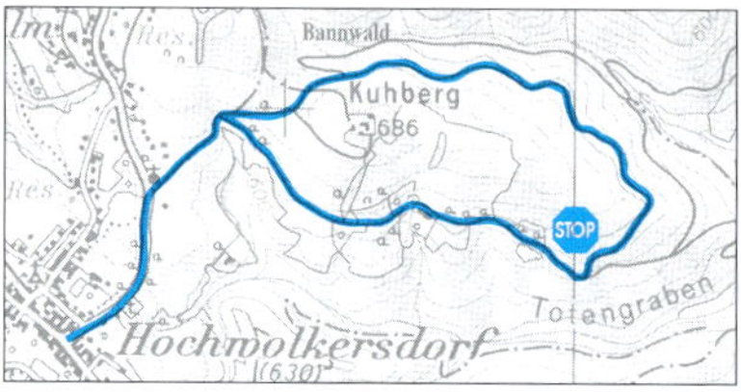


STOP Im Wald führen links immer wieder Wege den Hang hinauf. Einen davon nehmen Sie und umrunden so den Kuhberg mit dem Bannwald. Bei der Villa (ihr erster Besitzer war Ferdinand Porsche) verlassen Sie den Wald und genießen die herrliche Aussicht auf den Schneeberg. Den Rückweg kann man von hier fast zur Gänze überblicken.

## Die große Runde

Wer mit den Wanderschuhen im Gepäck angereist ist, geht von der Übersichtstafel vor dem „Lack'nwirt" durchs üppig markierte „Gassl" aus dem Ort hinaus (u. a. *rotweißrot*). Das Gebäude linker Hand ist das Schloß, heute Landesjugendheim.
Die Vielfalt der Markierungen schwindet schon bei der ersten Kreuzung. Man biegt rechts ab, findet die *rotweißrote* Markierung und bei der nächsten Kreuzung eine Tafel, die zum Laahof weist. Man passiert die „Mosthütte", die im Sommer sonntags geöffnet hat, und hält sich dann bis zum Laahof links. Es geht an diesem Gehöft vorbei zum verfallenden Stöckel (*A 6*) und über den Bach des Karnthals zum Hahnhof, einer Häusergruppe im Talgrund.
Rechts davon zieht ein Waldweg den Bach entlang zum Spritzengraben (*A 1, gelb, rotweißrot*). Der Boden ist hier mit dunklen Gneisblöcken übersät, besser gesagt, sie ragen wie Miniaturausgaben der Waldviertler Wackelsteine aus der Erde heraus und bestimmen das Erscheinungsbild des Waldes.
Am Spritzenhof kommt von rechts der Bromberger *M 4* zum *901 A* hinzu und begleitet den Wanderer ins Schlattental hinaus.
Vorsicht, die Straße durch das Schlattental ist relativ stark befahren! Es ist jedoch nicht weit bis zum Gasthaus Oberger (Schlattentalhof). Durch das Tal und die Au käme man nach ☛ **Bromberg**.

STOP Von der rechten hinteren Ecke des Gastgartens führt der Weg zur „Dreibuchenhöhe". Es gibt keine Hinweise darauf. Neben einem schmalen Eichenwäldchen zieht der Weg steil hinauf durch einen Mischwald und schließlich durch Felder bis zur ☛ **Dreibuchenkapelle** (599 m). Er ist nicht besonders hoch, dieser Gupf, aber er ist waldfrei und somit einer der großen Aussichtspunkte der Buckligen Welt.
Man kann hier die Runde abbrechen und auf der Straße nach Hochwolkersdorf zurückkehren.
Wer die Wanderung fortsetzt, wendet sich vor der Kapelle nach links, marschiert etwa 800 Meter Richtung Bromberg und folgt dann dem Hinweis „Stupfenreith" (*grün* und *blau*). Zum nahen Holzhof, einem urtümlichen Bauernwirtshaus, geht es durch den Wald ein paar Schritte die Straße hinunter.
An der Stadelwand finden sich die Markierung (*grün*) und ein Taferl mit der Aufschrift „Klingfurth", das mitten durch die Felder talwärts zeigt. Keine falsche Scheu! Immer bergab und immer am Feldrand gehen! Der Hohlweg bringt Sie verläßlich nach Klingfurth. Ein paar blaue Farbtupfer stiften eher Verwirrung, als daß sie helfen.
In Klingfurth stehen fünf Varianten zur Wahl, um den weiteren Tagesverlauf zu gestalten:

*Variante 1* wird durch einen Holzpfeil (Hochwolkersdorf) angezeigt. Am Gasthaus Stachl vorbei führt eine kleine Promenade und sodann eine großteils asphaltierte Straße durch Rosenbrunn direkt nach Hochwolkersdorf zurück.

*Variante 2* scheint mir von allen die interessanteste zu sein: Sie gehen auf der Promenade bis zur Abzweigung „Almhof", links. Ein Güterweg bringt Sie zu diesem alleinstehenden Bauernhaus, führt um dieses herum und endet einige hundert Meter dahinter (*immer links halten!*) im Wald. Rechts unterhalb des Weges laden die ☛ **Fuchsensteine** zum Kraxeln ein. Nach dem Umkehrplatz des Güterweges führt ein Steig an der „Hohen Leiten" vorbei hinauf zu einem Waldweg, bei dem sich *rot/gelb* (sehr sporadisch) und *rot* findet; er bringt Sie zum Rosenbründl.
Solange es Markierungen gibt, sollten Sie diesen folgen. Sie kommen auf ein offenes Feld und wandern dort links hinauf zu einem auffälligen doppelten Strommasten, und oberhalb eines Wasserreservoirs geleitet Sie wieder die *rote* Farbe (später auch *A 1*) quer durch den Wald hinauf zum Ortsteil Alm (an den Hausnummern ersichtlich) und zum Geyereck (Gasthaus Fernblick) vor Hochwolkersdorf.

*Variante 3* führt vom Gasthaus Radelbauer in Klingfurth über *grün* zu demselben Ergebnis.

*Variante 4* erfordert entweder einen Fahrplan oder gutes Orientierungsvermögen, um zum Ausgangspunkt der Wanderung zurückzufinden. An Markierungen verschiedenster Art gibt es keinen Mangel. Blau/grün, rot/gelb, irgendwelche Einzelfarben, aber nichts ist wirklich brauchbar geführt. Die einzige Baummalerei, die durchgehend ist und die man streckenweise nicht übersehen kann, stammt von den Bundesforsten: weiß mit schwarzem Rand. Damit wird klar und deutlich, doch etwas aufdringlich ärarischer von privatem Besitz getrennt. Entlang der hoheitlichen Grenzen ist nahezu jeder Baum mit dieser Kriegsbemalung versehen, und in gleicher Anzahl wachsen davor penibel durchnumerierte, strahlend weiße Grenzsteine aus dem Boden.

Vom Gasthaus Radelbauer steigt dazu über die „Behna“ ein *rot* gekennzeichneter Weg zur Schauerleiten hinauf. Auf der Höhe oben (504 m) geht es links auf dem Höhenweg zur Kalkgrube und weiter nach ☛ **Walpersbach**. Rechts führt die gleiche Markierung (*rot*) zum Kuhwald, einem längst aufgelassenen Waldgasthof. Es gibt dort eine Haltestelle für den Autobus entweder nach Wiener Neustadt oder nach Hochwolkersdorf. Dazu sollten Sie Ihren Tagesplan allerdings mit den Fahrplänen der Busse abstimmen.

Wer sich dieser Mühe nicht unterziehen will, kann – als *Variante 5* – auch auf einer kleinen, aber wunderschönen Expedition zum Geyereck kommen:

Nach einer auffälligen Kreuzung mit der (am Boden liegenden) Tafel „Forstwegbau Gansterer, Sinabel“ folgen Sie noch etwa 200 Meter der *roten* Markierung. Links unten im Wald beginnt ein Graben, und rechts

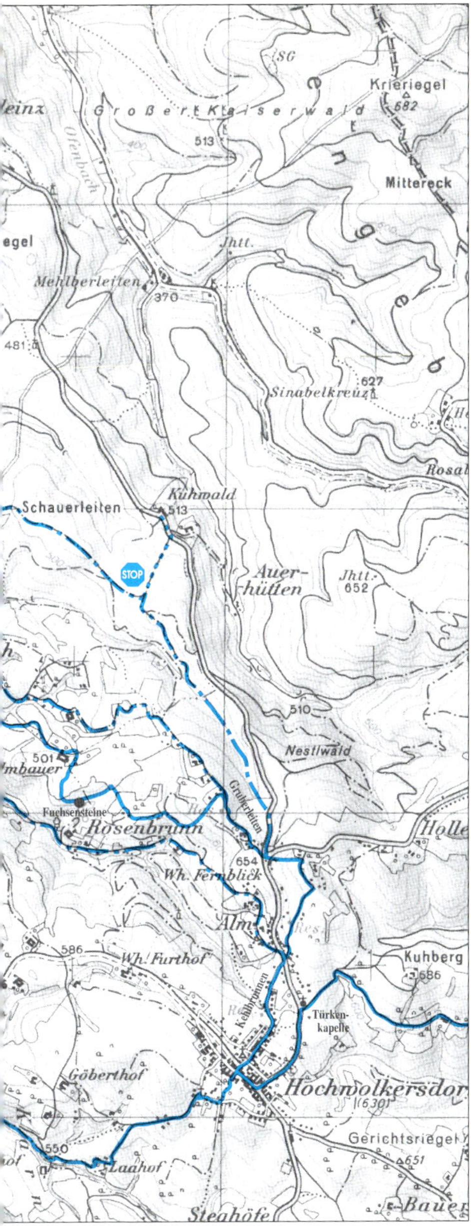


zweigt scharf ein Waldweg ab. Er beschreibt bald eine fast im rechten Winkel verlaufende Linkskurve und teilt sich dann. Sie wählen den rechten Ast und sollten zu einer Tafel „Forstwegbau Karner, Schreiner“ kommen, die eine *rot/gelbe* Markierung trägt.

Egal wie der Weg aussieht, Sie bleiben nun so lange diesseits des Baches, bis er leicht zu übersetzen ist. Am Gegenhang erwartet Sie ein Weg, der ebenfalls den Bach hinaufführt, bis zu dessen Quelle. Sie stehen hier an der Gruberleiten und sehen rechts oben einige Häuser.

Ein Wiesenweg ermöglicht den Zugang zur (stark befahrenen) Landesstraße, auf der Sie schon nach wenigen Schritten das Gasthaus Fernblick auf dem Geyereck erreichen. Sollten Sie sich verlaufen, bewahrt Sie das „Jägerbrot“, eine Distelart, vor dem Verhungern …

Ich nehme jedoch an, Sie schaffen den Fernblick und haben noch genug Energie für den Fitneßparcours, der oberhalb des Gasthauses im Wald angelegt ist (*A 8*). Der lichte Wald auf der Anhöhe heißt „Brenntföhren“, und in den letzten Jahrzehnten ist dort oben eine beachtliche Siedlung entstanden.

Auf der Zufahrtsstraße von Hochwolkersdorf her gehen Sie zu Tal, überqueren die Landesstraße bei einer Autobushaltestelle und kehren über den Kehbrunnen ins Dorf zurück.

Hollenthon – Stickelberg oder Spratzeck – Hollenthon

# Türkenhöhle und Galgenriegel

## Höllisches und Himmlisches auf wunderbaren Waldwegen

**Länge:**
1) Spratzeck-Route: 7 km.
2) Stickelberg-Route: 9 km.

**Routen in Stichworten:**
1) Spratzeck-Route: Hollenthon (*C 4, RWBW*), Horndorf, Hanslstein, Spratzeck, Straße nach Hollenthon.
2) Stickelberg-Route: Hollenthon (*C 2, blau/gelb*), Geretschlag (dazu *B 8*), Stickelberg (*C 3*), Fuchshof, Hollenthon.

**Abkürzungen:** Bei der Stickelberg-Route am Schlattenbach und auf der Straße Hollenthon – Bromberg über die Sagstuben zurück nach Hollenthon.

**Abstecher:** Wanderung um den Stickelberg (881 m) von Stickelberg über Knorrbauer (*L 4, C 3, C 5*) auf die Straße Tafern – Hollenthon bis zur Abzweigung über den Galgenriegel (*blau*).

**Empfehlung:** Bevorzugte Jahreszeit: Sommer und Frühherbst. Im Frühjahr und im Spätherbst sind die Waldwege oft unangenehm naß.
Für die Türkenhöhle Taschenlampe mitnehmen und entsprechende Bekleidung wählen.

**Einkehr/Übernachtung:** Gasthaus Spenger in Hollenthon, Gasthaus Groihofer in Geretschlag, Gasthaus Oberger in Stickelberg (Montag und Dienstag Ruhetag).

**Karten:** Österreichische Karte Blatt 106 (1:50 000 oder 1:25 000) kombiniert mit der Wanderkarte Bucklige Welt, Freytag & Berndt WK 422.

**Information:** Gemeindeamt 2812 Hollenthon,
☎ 02645-7200-0.

**Zug/Autobus:** Stadtwerke Wiener Neustadt/Partsch.

**Radtour:** Hollenthon, Wiesmath (Nußleiten), Stickelberg, Hollenthon. Herrlichstes Buckelbiken auf 16 km Länge.

## Spaziergang nach Spratzeck

Über Horndorf führt mit den Bezeichnungen *RW* und *C 4* zunächst eine nicht asphaltierte Straße, sodann zwischen zwei Bächen ein Waldweg zum ☛ **Hanslstein**. Vor dem Steingebilde selbst, das durch Bäume verdeckt ist, fällt eine Unterstandshütte aus Holz auf.
Fort von diesem teuflischen Platz bringt uns wieder ein Waldweg. Er geleitet Sie rechts vorbei am Stein über den Bergrücken hinauf nach Spratzeck, dem Ort mit dem berühmten ☛ **Schmerzensmann**.
Die dramatische Polarität von Gut und Böse, von Verdammnis und Erlösung hat zu dieser unbedingten Frömmigkeit geführt, der man in der Buckligen Welt auf Schritt und Tritt begegnet, auch bei den Marterln Johanneskreuz, Stockbauerkreuz (aus Schmiedeeisen, neu) und ☛ **Pfarrerkreuz**, an denen vorbei die Straße nach Hollenthon zurückführt.

## Wanderung nach Stickelberg

Die zweite Route ist zwar nicht viel länger, in ihren Anforderungen unterscheidet sie sich aber wesentlich von der oben beschriebenen Runde. Ausgangspunkt ist der Platz vor der Kirche in ☛ **Hollenthon**. Sie gehen die Straße Richtung Bromberg, vorbei an der Volksschule bis zum Fußballplatz außerhalb des Ortes. Nach 100 Metern zweigt von der Straße rechts ein Feldweg ab zu einem ☛ **Föhrenwald** (*C 2*). Rechts oben am Waldrand leuchtet in strahlendem Weiß eine erst vor kurzem renovierte Florianikapelle.
STOP In diesem Föhrenwald wartet ein kleines Suchspiel auf den Wanderer: die ☛ **Türkenhöhle**. Es gibt nämlich keinen Hinweis auf dieses Naturdenkmal. Sie finden die Türkenhöhle, wenn Sie nach der Kreuzung, von der Straße weg, am Waldrand bleiben. Der Wald umschließt hier von drei Seiten ein Feld. In der nächstgelegenen Ecke zweigt unser Wanderweg nach rechts ab in den Wald. Sie halten sich aber links wiederum an den Waldrand. In der gegenüberliegenden Ecke folgen Sie einem Waldweg etwa100 Meter bis zu einer Linkskurve. Sie biegen dort im rechten Winkel (genau nach Norden) in den Wald hinein ab. *Vorsicht!* Denn nach wenigen Schritten werden Sie unvermutet an einem Felsabbruch stehen. An der Unterseite dieser Gesteinsformation befindet sich der Eingang zur Türkenhöhle.
Nachdem Sie sich in der Höhle ein wenig umgesehen haben, gehen Sie denselben Weg wieder zurück zur oben erwähnten Ecke, wo Sie auf den markierten Wanderweg (verwittertes *Blau*, ein sonderbar blasser einfacher *gelber Streifen* und später ein *blauer Punkt* mit *gelbem Rand*) treffen. Das letzte Stück vor Geretschlag ist ein mit Dornengestrüpp „gesegneter“ Hohlweg, den man aber am Feldrand umgeht.
Sie erreichen nun die Häusergruppe Geretschlag an der Straße Hollenthon – Wiesmath. Entgegen manchen Karten, die einen Abschneider zwischen den Bauernhäusern hindurch versprechen, sollten Sie bis zum Gasthaus Groihofer auf dieser Straße bleiben. Gleich unterhalb des

Gasthauses wendet sich unser Weg wieder von der Straße ab nach links in eine asphaltierte Hofzufahrt (*B 8, C 2*).

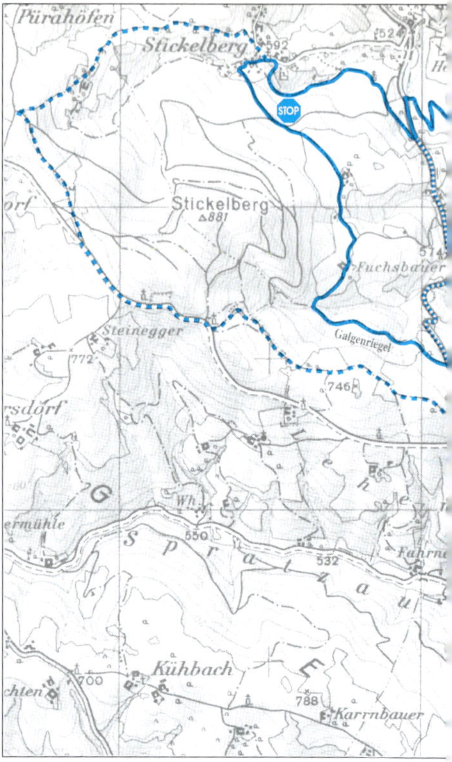


Bei meiner Wanderung lag der Pflock mit den Wegtafeln am Boden, und ich habe ihn nur durch Zufall entdeckt. Auf den nächsten paar hundert Metern machen sich die Markierungen an und für sich rar. Es ist nicht leicht, den richtigen Weg zu finden. Er zweigt von der besagten Hofzufahrt an der ersten Kreuzung rechts in die Felder hinauf ab. Markant an dieser Stelle: ein mit einer Betonplatte abgedeckter Brunnen linker Hand.

Bei einem Stadel am Beginn einer kleinen Obstbaumallee finden sich wieder die vermißten Markierungen (*B 8* und der *blaue Punkt* mit dem *gelben Rand*).

Der Weg ist zwar wunderschön zu gehen. Ihn aber zu finden, gleicht eher einer Lotterie. Bald ist die Tafel *B 8* verläßlich, dann wieder nur der *blaue Punkt* mit dem *gelben Rand*. Manchmal lassen beide aus, wie man so schön sagt. Fallweise hilft ein Blick zurück, um sich zu vergewissern, bisweilen führt eine eingehende Untersuchung der teilweise abgeblätterten Baumrinde zum Erfolg.

In flachen Serpentinen zieht der Weg Richtung Tal, zuerst durch Mischwald, dann durch reinen Föhrenwald, bis zum Bach, der an einer Furt überquert wird. Hier heißt es entweder die Schuhe ausziehen oder zu einem mächtigen Sprung ansetzen. In der warmen Jahreszeit sollte man sich die Zeit für ein erfrischendes Fußbad nehmen.

An der Straße Bromberg – Hollenthon geht es nun etwa 50 Meter weit Richtung Hollenthon zurück, bis zu einer einsamen Fichte. In einem spitzen Winkel zweigt dort unser Weg nach Stickelberg ab (*C 2* und der *blaue Punkt* mit dem *gelben Rand*).

Das Auge kann sich auf dieser Strecke endlich einmal an den verschiedensten Grüntönen sattsehen. So stellt man sich einen Waldweg vor: der Boden weich von den Nadeln und Blättern, der Rand bemoost und mit Farnen bestanden, und die Luft schmeckt frisch, weil immer wieder Quellen neben dem Weg entspringen.

Unterhalb der ☛ **Ruine Stickelberg** balanciert man über einen schmalen Steg, und schon hat man das Tagesziel, den Ort Stickelberg mit seiner modernen Fatimakirche und dem Gasthaus Oberger, erreicht.

Wenn sich Ihre Kinder auf dem Spielplatz vor dem Gasthaus ausgetobt haben, sind auch Sie genügend erholt, um die Wanderung fortzusetzen. Ehrlich gesagt, bisher war es nicht sonderlich anstrengend, also könnte man eine Umrundung des Stickelberges in Angriff nehmen (*Beschreibung im Infokasten*).

Die gemütlichere Art, nach Hollenthon zurückzukehren, führt aber über den alten ☛ **Kirchensteig**. Sie gehen am Schloßteich vorbei. Bei einer Mädchenhaarkiefer in einem Garten (Schild *C 3*) halten Sie sich links und biegen vor dem letzten Haus (auch hier das Schild *C 3*) bei einem meistens geöffneten Schranken in einen Forstweg ein. Es geht nun so lange in den Wald hinauf, bis sich der Forstweg bei einer Werkzeughütte in einer Serpentine nach rechts wendet. Wer es sich orientierungsmäßig zutraut, kann ihn weitergehen – und findet im Spätsommer weiter oben die herrlichsten Brombeeren der ganzen Gegend.

STOP Geradeaus auf unserer Strecke führt ebenfalls ein Forstweg, aber schon nach 20 Metern (!) schlängelt sich rechts in einem flachen Winkel ein unscheinbarer Waldweg den Hang hinauf. Die Markierung (*blauer Punkt* mit *gelbem Rand*) entdeckt man erst, wenn man, sagen wir so, die Rückseite der Bäume betrachtet.

Am folgenden Waldrand, bei einem Bankerl, versucht der sonderbar blasse *gelbe Streifen* neuerlich, uns zu verwirren: Er zeigt nach links. Das Schild *C 3* bestimmt aber klar den weiteren Weg geradeaus durch die Felder. Jetzt geht es an einem Bauernhaus vorbei, ein Stück auf der asphaltierten Hofzufahrt und an einer Kreuzung zum Fuchshof hinauf. Ein stattlicher Fuchs an der Hauswand und der aufgemalte Hausname verschaffen uns die Gewißheit, auf dem richtigen Weg zu sein. Durch den Hof und auf einem Feldweg bringt uns der Kirchensteig geradewegs in den Graben zum Bach, vorbei an einem kuriosen Bildbaum: In einem

morschen Baumstumpf steht eine moderne geschnitzte Marienstatue, geschmückt mit einer Plastikblume.
Jenseits des Baches hält man sich stets links an die nun wieder einmütig verlaufenden Markierungen (sonderbar blasser *gelber Streifen*, *blauer Streifen* und *blauer Punkt* mit *gelbem Rand*). Aus dem Steig wird zuerst ein Waldweg, dann ein Forstweg, ehe er ohne ersichtlichen Grund wieder zu einem Waldweg verkümmert und nach einer stimmungsvollen Eschenallee gegenüber dem Zehethof, unterhalb des ☛ **Galgenriegels**, in die Straße Bromberg – Hollenthon mündet. Auf dem knappen Kilometer zurück zum Ausgangspunkt der Wanderung bleibt uns leider die Straße nicht erspart.

# Im Eilschritt von Gipfel zu Gipfel

## „Wanderbares“ Katzelsdorf

**Länge:** 11 km.

**Route in Stichworten:** Katzelsdorf (*F, R, S, blau* und *rot*), Marienquelle (*R, rot*, später *blau*), Mitterriegel, G'spitzter Riegel (*R, blau*), Eichbüchl (*K*), Mühlbach (*A*), Katzelsdorf.

**Abkürzungen:** Über *F* bald nach dem Start zurück in die Ortschaft und vom Mitterriegel (*M* = Mitterriegelsteig) über das Kellerhaus.

**Abstecher:** Nach Neudörfl und an mehreren Stellen nach Bad Sauerbrunn; Fortsetzung der Wanderung über Frohsdorf zur Rosalienkapelle über den Gschaidweg (*rot*).

**Empfehlung:** Katzelsdorf ist mit dem Kulturspaziergang und der kurzen Wanderung ideal für einen Schulausflug.

**Einkehr/Übernachtung:** Gasthäuser in Katzelsdorf, Gasthäuser und Heurige in Eichbüchl.

**Karten:** Wanderwege-Sehenswürdigkeiten Katzelsdorf (Wanderkarte mit Beschreibung) ausreichend, eventuell Österreichische Karte Blatt 76 (1:50 000 oder 1:25 000).

**Information:** Gemeindeamt 2801 Katzelsdorf, ☎ 02622-78200.

**Zug/Autobus:** ÖBB (Haltestelle Katzelsdorf), Stadtwerke Wiener Neustadt/Partsch.

**Radtouren:** Katzelsdorf, Neudörfl, Wiesen, Burg Forchtenstein, Hochwolkersdorf-Geyereck, Schleinz, Frohsdorf. Länge: 35 km.
Günstig in der Streckenführung (kurzer steiler Aufstieg zur Rosalienkapelle, lange flotte Abfahrt nach Frohsdorf).

Rosalien*gebirge* – harmlos-liebenswürdiger Größenwahn spiegelt sich in dieser Bezeichnung, und demgemäß hat man die bescheidenen Höhen auch mit Gipfelbüchern bestückt.
Eine amüsante Wanderung erwartet Sie, auf der man der geballten Ladung Kultur in der Ebene für ein paar Stunden über sanfte Hügel entfliehen kann. Dennoch wird zuerst ein Kulturspaziergang serviert, der garantiert den überwiegenden Teil des Wandertages ausfüllt. Erst gegen Abend, vor dem Heurigenbesuch, treten Sie an zum Gipfelsturm auf zwei „echte" Fünfhunderter. Und wenn Sie rasch genug gehen, kommen Sie sogar ins Schwitzen.

## Kulturspaziergang

Er beginnt an der Hauptstraße, von Wiener Neustadt kommend, Markierung *K*, beim ☛ **Römergrab** und dem ☛ **Weißen Kreuz** oder Kelchkreuz. Von hier einfach durch die Ortschaft schlendern und, mit dem Plan aus dem Gemeindeamt „bewaffnet", von einer Sehenswürdigkeit zur anderen pilgern. Das fromme Wort ist nicht so weit hergeholt, da viele der Stationen religiösen Inhalt haben, zum Beispiel das ☛ **Redemptoristenkloster**, die Pfarrkirche, die ☛ **Nepomukkapelle** und die ☛ **Dorfkirche**. Weniger fromm, aber erfreulich ist die Tatsache, daß hierorts auch ein Wirtshaus zu den Sehenswürdigkeiten zählt: das ☛ **Kellerhaus**.

## Von Gipfel zu Gipfel

Aufbruch ist beim Gemeindeamt von ☛ **Katzelsdorf**. Raus aus dem Ort über den Mühlbach, durch eine Allee und über einen Steg, der die Leitha quert! Rechter Hand liegen die Sportplätze von Katzelsdorf, links findet sich ein Biotopteich, und dahinter breitet sich die Ebene des Steinfeldes aus. Das „Gebirge" ist noch nicht in Sicht. Mächtig wie es ist, kann es sich noch leicht hinter den Alleebäumen verstecken ...
Die erste Markierung, ein massives, knallrotes Holzscheit mit dem weißen Buchstaben *F*, verweist auf den Familienrundwanderweg. Sie findet sich an der von Neudörfl her kommenden Straße. Die Familie wandert am „Triftweg" abseits der Straße bis zum ersten „Anstieg" im Gänsemarsch weiter.
Der Ausgangspunkt für die „Bergwanderung" kann nicht verfehlt werden. Ein Parkplatz am Waldrand, ein Fitneßparcours und eine stattliche Linde sind zu auffällig, um übersehen zu werden. Die roten Holzklötze, diesmal mit *R* für Rundwanderweg und *S* für Sauerbründlweg, bestimmen das Programm der nächsten Stunde – wie auch der „Waldweg", der tatsächlich

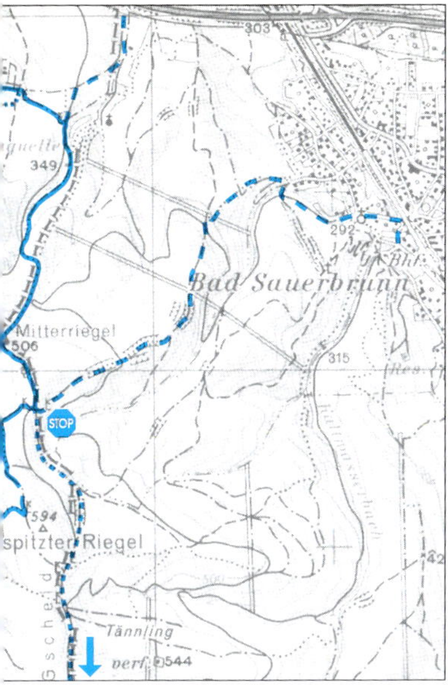


ein solcher ist. Er steigt sanft an und teilt sich zum erstenmal oben am Bergrücken.
Man könnte von hier nach Neudörfl zum Heurigen abzweigen. Wir aber wollen die Gipfel erleben, so ist es ausgemacht. Also gehen wir geradeaus weiter einer *blauen* und *roten* Markierung nach. Ein kurzes Stück danach, wenn man schon über dem Berg ist, könnte man nach Sauerbrunn ausweichen. Unser Wegweiser ist aber nach wie vor jener, der uns die Richtung zur Marienquelle, zum Gschaid und zum Mitterriegel, dem ersten Gipfel, anzeigt. Der Weg selbst ist *grün* markiert. Sehr idyllisch liegt links vom Weg die **Marienquelle**, auch Sauerbründl genannt. Von der Marienquelle an hält man sich an die Wegbezeichnung *R* und die Farbe *Rot*. Nach einem guten Stück Forststraße biegt *R* rechts in den Wald ab, vereinigt sich mit *M* (für Mitterriegelsteig) und zieht zwischen einer Unzahl von **Grenzsteinen** direkt zum Gipfel des **Mitterriegels** hinauf.

STOP An der nächsten Kreuzung heißt es aufpassen: Der *rot* markierte Forstweg führt geradeaus zur **Rosalienkapelle**. Zuerst trennt sich von ihm jeweils ein Weg nach Sauerbrunn und Katzelsdorf. Eine Kreuzung weiter zweigt unser Weg nach rechts ab, ohne diese Absicht sonderlich deutlich zu machen. Wir folgen schließlich der *blauen* Markierung nach *links (!), nicht* aber einem Wegweiser, der „Eichbüchl – Kleinwolkersdorf" anzeigt.

Bevor man den **G'spitzten Riegel** erreicht hat, biegt unser Weg scharf nach rechts in den Wald ab. Geht man geradeaus weiter, so sieht man nach etwa 200 Metern links zwischen den Bäumen eine Lichtung: Es ist der Gipfel! Man muß nach dem „Gipfelsturm" das kurze Stück zur *blauen* Markierung wieder zurückgehen, um auf dem kürzesten Weg nach **Eichbüchl** zum Heurigen zu kommen, vorbei am **Schloß Eichbüchl**. Im Weitergehen werfen Sie einen Blick auf die Nepomukkapelle aus dem 18. Jahrhundert und auf das **Franzensmarterl** an der Straßenkreuzung unterhalb des Ortes.

Unser Weg quert nun wieder die **Leitha** – je nach Wasserführung durch das Flußbett oder über einen Steg *A* (für Au-Romantik, so heißt nämlich der Weg). Zottelige Hochlandrinder mit ausladendem Gehörn und ein Kleinkraftwerk am Mühlbach, das sind die Sehenswürdigkeiten auf dem letzten Abschnitt der Wanderung.

Man spaziert an zwei **Holzbrücken** vorbei durch die Augasse zur Hauptstraße in Katzelsdorf.

Kirchschlag – Pilgersdorf oder Sechterleiten – Kirchschlag

# Die geheimnisvolle Ente am Römerweg

## Zwei Wanderungen auf historischen Pfaden

**Länge:** 1) Höhenweg: 19 km.
2) „Grenzpatrouille“: ca. 8 km.

**Routen in Stichworten:**
1) Höhenweg: Alte Karler Straße (*D 2*) bis Stangerstraße (*D 3*) mit Abstecher zum Radigundenstein über alte Höhenstraße (Römerweg, *rot*) durch Eckwald nach Pilgersdorf. Retour (*blau*) durch die Hofau auf dem Radwanderweg entlang dem Zöbernbach nach Steinbach und Kirchschlag.
2) „Grenzpatrouille“: Kirchschlag (*D 4*), Abzweigung Gschorholz (*blau,* später *grün*), Sechterleiten (*D 5, D 4*), Burgruine oder Waldlehrpfad, Kirchschlag.

**Abkürzung:** Mit dem Autobus von Pilgersdorf nach Kirchschlag.

**Abstecher:** Radigundenstein (*blau*), Martinibründl.

**Empfehlung:**
1) Höhenweg: Zu jeder Jahreszeit begehbar. Ideal für eine „große“ Wanderung mit Kindern, weil die Tour trotz ihrer stattlichen Länge kaum Ansprüche an die Kondition stellt.
2) „Grenzpatrouille“: Halbtageswanderung. Ideal für einen Schulausflug, weil die Tour nicht zu lang ist und mit der Ruine Kirchschlag und dem Waldlehrpfad genügend Wissenswertes bietet.

**Einkehr/Übernachtung:** Gasthäuser in Kirchschlag und Pilgersdorf, Jausenstation Sechterleitner.

**Karten:** Freytag & Berndt WK 422, Wanderkarte Kirchschlag, Österreichische Karte (1:50 000 oder 1:25 000) Blatt 106, 137 und 138.

**Information:** Gemeindeamt 2860 Kirchschlag, ☎ 02646-2213.

**Zug/Autobus:** Bundesbus und Mikes ab Grimmenstein.

**Radtouren:**
1) Mountainbike-Runde über Lembach. Länge: 8 km.
2) Leichte Radtour von Kirchschlag nach Glashütten. Länge: 40 km.

Bevor Sie zu Ihrer Wanderung aufbrechen, sollten Sie einen kleinen Kulturspaziergang durch ☛ **Kirchschlag** absolvieren. Pfarrkirche, ☛ **Torstüberl**, ☛ **Heldendenkmal**, ☛ **Michaelskirche**, der ☛ **Kreuzweg** und zu gegebener Zeit die ☛ **Passionsspiele**, das sind die Eckpfeiler einer örtlichen Kultur, in der eine schlichte, klare Frömmigkeit noch ihren zentralen Platz behauptet. Hilfreich ist dabei die örtliche Wanderkarte, die zusammen mit einem kleinen Kulturführer am Gemeindeamt erhältlich ist.

## Höhenweg-Route

Vom Hauptplatz in Kirchschlag wandern Sie Richtung Pilgersdorf auf der Günser Straße, vorbei am ☛ **Hofhaus mit der Büstenwand**, bis zur Alten Karler Straße. Ein übersichtlicher Holzwegweiser mit den Wegbezeichnungen D 2 und D 3 zeigt detailliert die möglichen Ziele dieses Wandertages an. Für Sie ist *D 3* relevant.
.Nach den Häusern endet der Asphalt, und es erwartet Sie ein kurzer Anstieg durch schattigen Mischwald mit auffällig vielen Eichen. Nicht den Blick zurück auf die imposante Burgruine von Kirchschlag versäumen (Fotomotiv)!
Am Geländer einer Brücke über ein nicht weiter bezeichnetes Gerinne findet sich zum erstenmal die *rote* Markierung. An der Straße nach Stang, auf der ☛ **Gmoa**, hat man den Anstieg auch schon hinter sich. Hier teilt sich der Weg – und eventuell auch die Wandergruppe: Radfahrer schwenken auf D 2 ein, in eine eigens für Mountainbiker ausgezeichnete Strecke, die über Lembach und die Flur ☛ **St.Wolfgang** nach Kirchschlag zurückführt.
*D 3* wendet sich nach rechts, ein kurzes Stück auf und entlang der Straße, am Rastplatz vorbei bis zur Kreuzung „Kirchschlag, Wiesmath, Karl". Mit einem Holzwegweiser (*Radigundenstein, Römerweg, D 3*) ist unser Weg wieder deutlich markiert.
STOP Die Gabelung unmittelbar dahinter braucht Sie nicht zu verwirren: Beide Wege treffen einander wieder nach wenigen Schritten beim ☛ **Türkenkreuz**, und es geht geradeaus weiter zum ☛ **Entenstein** und zum ☛ **Radigundenstein**.
STOP Am Entenstein läuft man leicht vorbei. Er steht, vom Gebüsch verdeckt, einige Schritte links vom Weg am Waldrand.
Einfacher zu finden ist der Radigundenstein (Abstecher nach rechts über ein *blaue* Markierung).
Man darf sich nur nicht beeindrucken lassen von der Fülle an Wegweisern unmittelbar nach dem Eintritt in den Wald (Wanderstempel für Wandernadel von Karl: 2, Entenstein). Holzpfeile und Blechtafeln geben Aufschluß über Wanderrouten nach Karl, zur Tafelbuche, nach Steinbach und nach Pilgersdorf, in den Schwendgraben und zum ☛ **Römerweg** (*rot*). Sie alle bezeichnen nichts anderes als Ihre Tour. Wer den Entenstein bisher nicht gefunden hat, für den gibt es an dieser Stelle einen eigens markierten Zugang.

Der Römerweg ist also nicht zu verfehlen. Er führt geradewegs und eben zum gut ausgestatteten Rastplatz bei der ☛ **Tafelbuche** auf dem 468 Meter hohen Elsriegel (Wanderstempel: 3, Tafelbuche) und von dort *geradeaus(!)* weiter Richtung Pilgersdorf (nach wie vor *D 3, Römerweg*).

Ein Tip für Pilzsammler: Im Oktober wächst hier mitten auf dem Weg büschelweise der Hallimasch.

Beim Erbwald – man sieht bereits die Ortschaft Pilgersdorf – bringt Sie rechts ein asphaltierter Güterweg durch Felder und über die alte Bundesstraße hinab in den Ort.

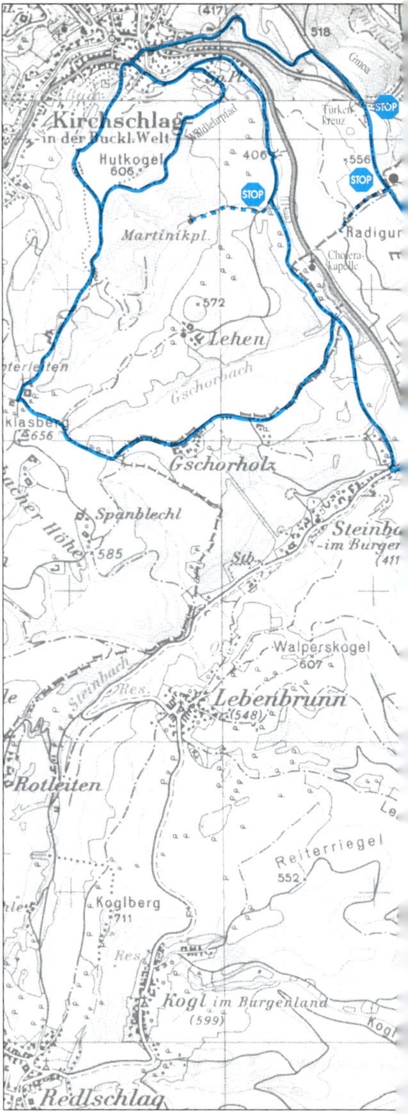


STOP Auf manchen Karten ist kurz danach noch ein Weg nach Pilgersdorf eingezeichnet. Er ist spurlos verschwunden.

Man könnte auch geradeaus gehen bis zur Verbindungsstraße Pilgersdorf – Unterrabnitz. Das steinerne Wegkreuz an dieser Stelle mahnt zur Besinnlichkeit: *Wanderer, steh still und denk an deinem* (sic!) *Gott, denn alle Wege führn zu ihm, wenn nicht früher, so im Tod.*

Das Etappenziel ☛ **Pilgersdorf** mit seinen beiden Gasthäusern ist nicht zu verfehlen. Sie brauchen nur mehr den schöneren Weg zu wählen.

STOP Der meiner Meinung nach reizvollste Weg ist allerdings nicht markiert: Sie biegen beim oben erwähnten Güterweg rechts in den nächsten Feldweg ein, wenden sich aber gleich wieder nach links und kommen so in der Ortschaft durch die Gasse „Pfarräcker" direkt zum Gasthaus Melchart. Bevor Sie dort einkehren, sollten Sie das ☛ **Marterl** vor dem Lokal eines Blickes würdigen.

Oberhalb des Burgenländerhofes, des zweiten Gasthauses in Pilgersdorf, sind die Reste der ältesten Kirche Ostösterreichs zu bewundern (Beschreibung im Abschnitt „Sehenswertes, Wissenswertes" unter *Pilgersdorf*).

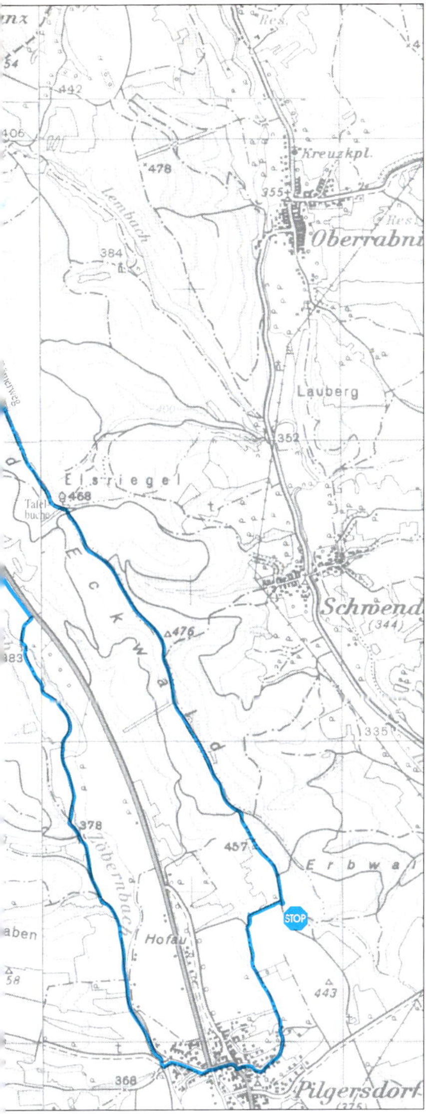


Der weitere Weg (Markierung *blau*) führt über die Bundesstraße und Am Anger weiter zur Brücke über die Zöbern und den Zöbernbach durch die Hofau hinauf. Wanderer und Radfahrer teilen sich diese Promenade. Ganz im Sinne der Pedalritter ist sie über weite Strecken asphaltiert.

Bis zur Ortschaft ☛ **Steinbach** „zieht" sich der Weg, wie man so schön sagt. An der Aufbahrungshalle und einem Antoniusmarterl vorbei schwenkt man wieder in die Promenade ein. Nach der Abzweigung ins Gschorholz kann man bei einiger Aufmerksamkeit an der Bundesstraße die ☛ **Cholerakapelle** sehen.

Vor Kirchschlag empfiehlt sich noch ein kurzer Abstecher zum ☛ **Martinibründl** mit der eindrucksvollen Kapelle.

STOP Den Weg dorthin bezeichnet an der Promenade ein Wegweiser mit der Aufschrift *Martini*. Man folgt den Pfeilen, nimmt die erstbeste Furt durch den Bach und hält sich dann auf einem Forstweg links. Wo dieser hinauf in den Wald führt, befindet sich links am Bach, unterhalb des Weges, das kleine hölzerne Brunnenhäuschen und daneben, von Büschen verdeckt, die dem heiligen Florian geweihte Kapelle.

Wieder zurück auf der Promenade, wird Ihr Orientierungsvermögen nicht mehr gefordert. Wenn Sie über die Brücke zur Bundesstraße gehen, stehen dort zwei geschichtsträchtige Marterln: das ☛ **Rote Kreuz** und der ☛ **Lutheranerbaum**. Über die „Venedigstadt", so heißt die Gasse, kommen Sie den Zöbernbach entlang zum Hauptplatz von Kirchschlag zurück.

Vom Hauptplatz weg folgen Sie der Hauptstraße Richtung Burgenland, gehen am ☛ **Hofhaus** und an der **Büstenwand** vorbei und biegen schließlich in die „Venedigstadt" ein, eine Gasse am Zöbernbach, die in eine Promenade mündet. Obwohl man dort im Eilschritt des ernsten Wanderers flanierende Spaziergänger überholt, sollte man am ☛ **Martinibründl** nicht achtlos vorbeilaufen.

STOP Wegweiser *Martini*, immer rechts halten, den Bach auf einer kleinen Furt durchqueren, einige Meter weiter findet sich links unten an diesem Bach das hölzerne Brunnenhäuschen und, von Büschen verdeckt, die sehenswerte Kapelle.

Sie treffen einander wieder, die Wanderer und die Spaziergänger, die unverständlicherweise hier bereits ihre erste Rast einlegen. Der Wanderer aber macht ausschließlich halt, um sich für ein paar Augenblicke der Kultur zu widmen. Nach Ablesen des Textes auf der Tafel „Kulturweg" wird erbarmungslos aufgebrochen.

Spätestens nach der Abzweigung Gschorholz (Markierung *blau, D 4*) setzt man sich gänzlich von den Spaziergängern ab: Die Grenze entlang geht es nämlich steil aufwärts. Man sollte mit ein wenig Mitgefühl an die alten Grenzer denken, die hier im Gschorholz, im Grenzwald, Patrouille gehen mußten.

Bei den ersten Häusern der Rotte Gschorholz hat man es geschafft, und der Atem kann sich auf der leichten Steigung, diesmal über eine *grüne* Markierung, bis zur Jausenstation an der Sechterleiten wieder beruhigen.

Hinter dem Wirtshaus führt rechts der Weg (Markierung *rot, D 5, D 4*) nach Kirchschlag zurück. Der Güterweg bergab zum Schloß ist nur zu Beginn asphaltiert. Genießen Sie den Rundblick: im Westen über die vielen, vielen Buckeln und im Osten über die weitläufigen Hügelketten des Burgenlandes. Die Häusergruppe jenseits des Grabens – sie ist Ihnen vielleicht schon vor der Rast aufgefallen – ist Lehen. Der Berg vor der Nase ist der Hutkogel (606 m).

Etwa ab der Mitte des Abstieges auf alten Karrenwegen bieten sich mehrere Varianten an. Es ist reine Geschmackssache, ob Sie über die ☛ **Burgruine** oder über den ☛ **Waldlehrpfad** in den Ort zurückkehren – es gibt da wie dort genug zum Anschauen.

Der Waldlehrpfad, der am „Seniorenweg" angelegt ist, kann auch über den Tränkgraben abgekürzt werden. Die Markierung ist ausreichend.

Kobersdorf – Landsee – Kobersdorf

# Der Judensteig am Vulkan

## Eine stimmungsvolle Tageswanderung am östlichen Rand der Buckligen Welt

**LÄNGE:** 18 km.

**ROUTE IN STICHWORTEN:** Kobersdorf (*907, 902*), Ruine Landsee, Landsee (*rot/orange*, *Burgenland-Weitwanderweg* und *RWBW*), Pauliberg, Waldsauerbrunn (*blau/gelb, rot/orange*), Raffeld (*BWW*), Kobersdorf.

**ABKÜRZUNGEN:** Waldhof – Waldmühle – Waldsauerbrunn – Raffeld (8,5 km.); Pauliberg (*gelb*) – Waldhof (Ersparnis: ca. 2 km.); Waldsauerbrunn – Waldmühle – Waldhof (Ersparnis: Anstieg zum Raffeld).

**ABSTECHER:** Landsee – Blumau – Ödes Kircherl.

**EMPFEHLUNG:** Ideal für Schulausflüge! Viele Variationsmöglichkeiten, die sich auf die jeweilige Tagesverfassung abstimmen lassen.
Bei der großen Runde Proviant mitnehmen, weil es nach Landsee keine Einkehrmöglichkeit mehr gibt.

**EINKEHR/ÜBERNACHTUNG:** Gasthäuser in Kobersdorf, Gasthaus Hofer in Landsee.

**KARTEN:** Freytag & Berndt WK 422, Österreichische Karte Blatt 106 und 107 (1:50 000 oder 1:25 000).

**INFORMATION:** Fremdenverkehrsstelle 7332 Kobersdorf,
☎ 02618-8213, sowie
Gasthaus Hofer,
☎ 02618-7201, in Landsee.

**ZUG/AUTOBUS:** Stadtwerke Wiener Neustadt/Partsch, Bundesbus oder Blaguss.

**RADTOUREN:** Ansprechendes, gut markiertes Radwegenetz in Kobersdorf.

Zur Einstimmung sei ein Kulturspaziergang im Ort **Kobersdorf** empfohlen: Von der Hauptstraße sind es nur ein paar Schritte zum Schloß, zur Synagoge, zum Judenfriedhof und zum **Heimathaus**.

Daß Kobersdorf zumindest im Osten Österreichs ein Begriff ist, verdankt es jedoch seinem **Waldsauerbrunn**. In einem kleinen Park am Schwarzbach kann man an einem öffentlichen Brunnen dieses Mineralwasser zapfen und die Proviantflasche damit füllen. Von seiner Quelle weg hat das Wasser bereits an die acht Kilometer zurückgelegt; für einen Spaziergang am Sonntagnachmittag die richtige Distanz. Für einen Wandertag wäre dies aber zuwenig. Deshalb gibt's den „kleinen" Umweg über Landsee.

Vis-à-vis vom Schloß, am Heimathaus vorbei, findet sich bald ein pittoresk gestaltetes Plätzchen mit grünem Teich, einem Kreuz und vor allem mit Wegweisern: *Lampelberg, Kirchfeld, Reinbachtal.*

Wenn es auch lächerlich klingen mag – das Schwerste an einer Wanderung ist immer noch, aus der Ortschaft herauszufinden und auf den richtigen Weg zu gelangen: In unserem Fall gehen Sie nach links hinauf zur Kirche. Die Allee vor der katholischen Pfarrkirche ist übrigens ein Naturdenkmal. Am Friedhof und an einem Betonmarterl (1981) vorbei führt unsere Route über die Felder zum Gasthaus Waldhof und von dort dem Mühlbach entgegen, bis zur Abzweigung nach Landsee, zum **Judensteig**.

Geradeaus bringt Sie der Abschneider über die **Waldmühle** zum Waldsauerbrunn. Die Straße ist nicht asphaltiert und angenehm zu gehen, weil sie kaum mehr befahren ist, seit die Waldquelle unten, beim Ort, abgefüllt wird.

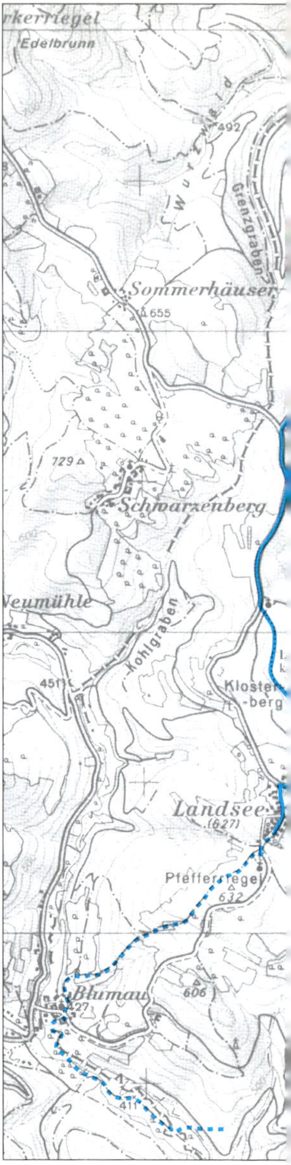


Unser Wegweiser nach dem Waldhof zeigt aber über den Mühlbach zum Hausgraben. Am Waldrand treffen zwei markierte Wege aufeinander, von denen uns nur der linke interessiert.

STOP Die Markierung ist nicht schlecht, sie läßt aber an einer kritischen Stelle aus, nämlich an der zweiten Kreuzung: Man sieht links Felder. Zu diesen führt nun, schmal und unscheinbar, unser Weg aus dem Wald hinaus in einen Hohlweg am Feldrand und weiter durch Esterházysche Forste.

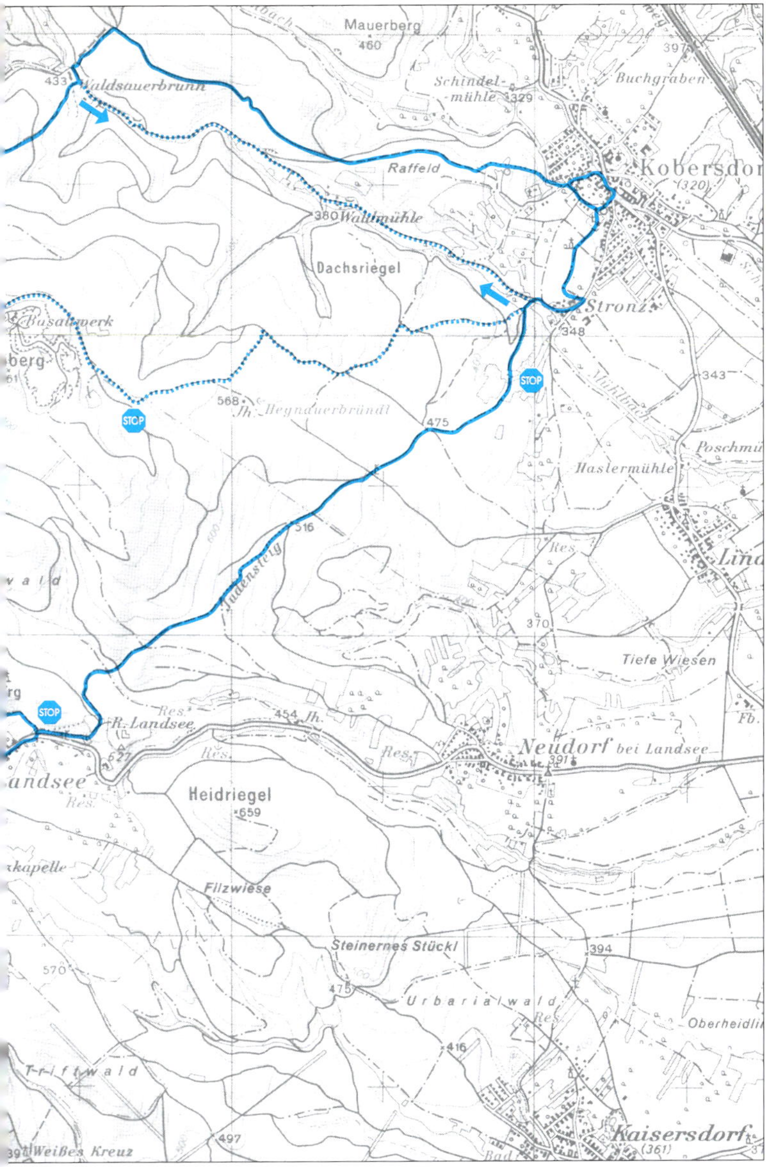


Dieser wildromantische Pfad wird in der Folge abgelöst von einer breiten Forststraße mit den Bezeichnungen *07* und *Österreichischer Weitwanderweg 902* (Thayatal – Rust – Radkersburg) sowie der Angabe „Ruine Landsee".

Auf schattigem Weg geht es leicht bergab über einen kleinen Bach (später der Tessenbach), wo Sie ein kurzer, aber steiler Aufstieg durch einen lichten ☛ **Buchenwald** direkt zur ☛ **Ruine Landsee** bringt.

Zwischen zwei mächtigen Bäumen – Ahorn und Eiche – betreten Sie den Turnierplatz, und der Blick fällt auf das mächtige Mauerwerk des Äußeren Tores. Dahinter befindet sich eine kleine Kassa, an der Sie sich nicht vorbeischwindeln sollten: Mit Ihrem Eintrittsgeld wird diese Ruine, so gut es geht, erhalten.
Vorbei am Alten Friedhof (er ist zwar schon geschlossen, wird aber nach wie vor gepflegt) gelangt man neben der Straße nach ☛ **Landsee** zum ☛ **Mida-Huber-Haus** und weiter zum Gasthaus Hofer. Wer auf eine kleine Einführung in die Geologie der Buckligen Welt Lust hat, kann sich im ☛ **Steinmuseum** (gegenüber der Pfarrkirche) umsehen.
Wenn von einer Ruine in Landsee die Rede ist, denkt man im allgemeinen an eine Burg. Daß es sich aber auch um die Reste eines Klosters handeln könnte, wissen die wenigsten. Hier sei es Ihnen verraten und gleich hinzugefügt, wie Sie die Ruine finden.
STOP Am Ortsanfang von Landsee biegt der Wanderweg Richtung Pauliberg ab. Nach einigen Schritten stoßen Sie auf einen Waldweg, der auf den ☛ **Klosterberg** (750 m) führt. Diesem Weg folgen Sie bis zu einer Waldkapelle (mit einem Bild St. Leonhards). Rechts von dieser Kapelle führt ein Pfad geradeaus hinauf zur Klosterruine.
STOP Vom Klosterberg kann man entweder zum Wanderweg zurückgehen oder bei der Waldkapelle rechts den Waldweg bis zur Straße wählen.
Bei einer Kapelle neben der Straße stehen zwei Wegweiser (Landsee über *rot/orange*, *Burgenland-Weitwanderweg* und *RWBW* treffen sich hier). Etwa zwei Kilometer marschiert man auf Asphalt Richtung Wiesmath und zweigt dann an einem Straßenwegweiser zum Basaltwerk ☛ **Pauliberg** ab.
Unterhalb des Betriebsgeländes teilt sich der Weg in den *rot/orangen* Burgenland-Weitwanderweg und in einen *gelb* markierten Abschneider, der Sie zurück zur Abzweigung nach dem Waldhof bringt.
STOP Die *gelbe* Markierung ist durchwegs gut, der Weg jedoch teilweise beschwerlich. Er zweigt unterhalb des Pauliberges von einer Forststraße rechts in dorniges Dickicht ab, nähert sich aber auf kotigem, verwachsenem Terrain nach geraumer Zeit bis auf ein paar Meter wieder der Forststraße. Bei ein wenig Aufmerksamkeit können Sie bis zu dieser Stelle auf dem besseren Weg verbleiben.
STOP Neben dem Weg liegen riesige Steinbrocken, die nach Sprengungen bis hierher gerollt sind. *Auf Sprengwarnungen achten!*
Auf dem *Burgenland-Weitwanderweg* geht es hinab zur Waldquelle. Daraus trinken kann man längst nicht mehr, doch wartet zum Ausgleich ein gut markierter Weg auf Sie: der *NÖ Landesrundwanderweg* (*blau/gelb*). Ein kurzer, aber steiler Aufstieg führt die alte Grenze entlang, bis der NÖ Landesrundwanderweg bei einem Schild mit der Aufschrift „Reiten verboten“ zur Schön nach Schwarzenbach abzweigt.
Unsere Route wendet sich nach rechts und verläuft jetzt ein gutes Stück auf einer großzügig ausgebauten Forststraße. Auf dem *Burgenland-Weitwanderweg* kehrt man auf angenehmste Art zurück nach Kobersdorf.

# Vom Steinkreis zum Golfplatz

## Ein Marsch zwar nicht auf staubigen, doch asphaltierten Straßen

**Länge:** Gut 20 km.

**Route in Stichworten:** Ortsmitte Krumbach (*G 1*), Schloß (*G 5*), Feichten, über *G 5*, *F 7* oder *209* zum Steinkreis (*gelb*), Pichl (*RW*), Schlag (*H 3*), Zöbern (*H 2*), Maierhöfen, Königsegg (*G 3*), Krumbach.

**Abkürzungen:** Nach dem Waldbauernriegel über Hochsenn und Prägart zur Sägemühle an der Bundesstraße; von Zöbern nach Krumbach mit dem Bus; von Zöbern zum Hotel Czerwenka über *H 2*; von Maierhöfen zum Bahnhof Aspang mit dem Bus.

**Empfehlung:** Man fährt diese Route besser mit dem Rad. Man gewinnt dadurch mehr Zeit, um sich den einzelnen Sehenswürdigkeiten und Angeboten an der Strecke eingehender widmen zu können.

**Einkehr/Übernachtung:** Gasthäuser in Krumbach, Zöbern, Hotel Czerwenka.

**Karten:** Wanderkarte Bucklige Welt, dazu die Österreichische Karte Blatt 106 und 137 (1:50 000 oder 1:25 000), Freytag & Berndt WK 422 und regionale Wanderkarten (Hotel Czerwenka).

**Information:** Gemeindeamt 2851 Krumbach, ☎ 02647-2238-0, Gemeindeamt 2871 Zöbern, ☎ 02642-8777, Hotel Czerwenka, ☎ 02642-8480 (8701).

**Zug/Autobus::** Busse der Mikes und Gruber KG.

**Radtouren:** Diese als Wanderroute beschriebene Strecke kann – sieht man von einer Passage beim Waldbauernriegel ab – auch mit dem Rad absolviert werden.

Ausgangspunkt für diese Wanderung ist entweder die Ortsmitte von ☛ **Krumbach** oder für jene, die mit dem Auto anreisen, der Parkplatz vor dem Schwimmbad. Hier haben Sie an einem sonnigen Sommermorgen die Wahl zwischen einem 20-Kilometer-Marsch und einem Tag im kühlen Naß. Wenn Sie sich für den Wandertag entschieden haben, wechseln Sie auf die gegenüberliegende Seite der Bundesstraße 55. In unserer Richtung, also Richtung Kirchschlag, gibt es nur diesen einen Gehsteig, auf der Wanderkarte Bucklige Welt als örtlicher *Rundwanderweg G 5* bezeichnet. Nach ein paar hundert Metern, wenn Sie vis-à-vis einen Wegweiser mit den Tafeln „Bürgerspital", „Heimatmuseum" und „Reingrub" sehen, wechseln Sie erneut die Straßenseite und gehen auf der sogenannten alten Straße weiter zum ☛ **Heimatmuseum**. An der alten Straße haben Sie wenig später links, in einem Gasthaus des Stadtteils ☛ **Unterhaus**, Gelegenheit, sich vor dem Aufstieg zum ☛ **Schloß Krumbach** (*G 7* und *Weitwanderweg 902*, *rotweißrot*) noch zu stärken Man sollte es bei so viel Asphalt nicht für möglich halten, aber der Fußweg zur Burg wird über einen Waldsteig geführt. Er trennt sich unmittelbar nach den Häusern von Unterhaus von der Straße und trifft erst wieder auf diese beim längst geschlossenen Schloßwirtshaus (in den Wanderkarten noch als „aktives" Gasthaus eingetragen!) unterhalb des Schlosses. Zur Burg selbst führt ein Abstecher hinauf.

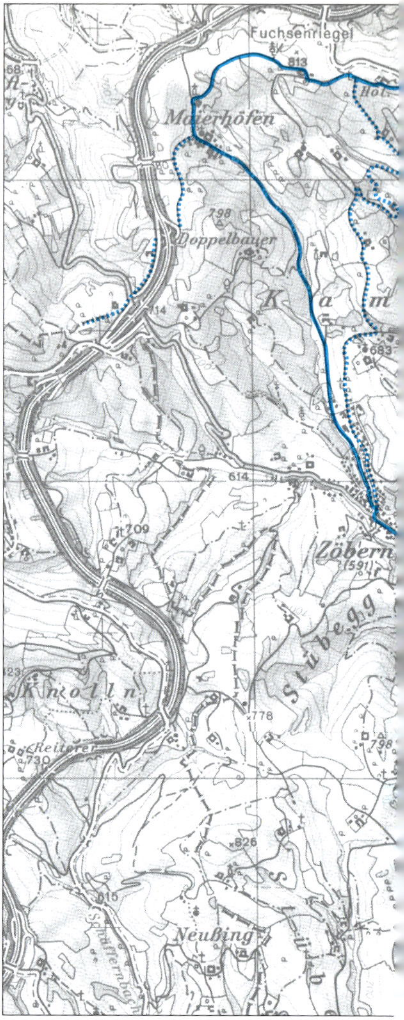


Der nun folgende Aufstieg ist sporadisch mit *G 5* und *rotweißrot* markiert. Ein Fitneßparcours des Hotels lockt geradeaus über einen weichen Waldweg in den Haselgraben. Unser Weg führt aber auf der Straße nach Feichten hinauf zu unserem nächsten Ziel, dem Waldbauernriegel mit dem Steinkreis.

STOP Es überrascht, daß der Wanderweg knapp vor der Rotte Feichten von der Straße weg durch das unwegsame Quellgebiet des Lahmbaches

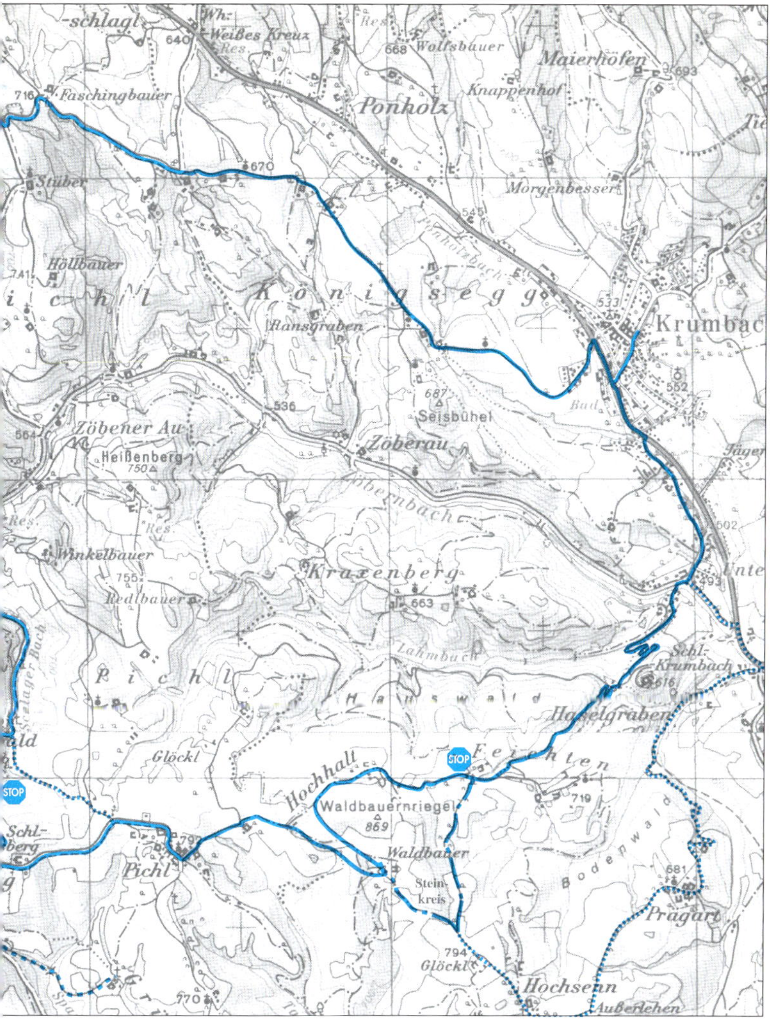


geführt wird, links an einer Viehweide entlang zum Marterl der Rotte Feichten.

An dieser Stelle scheiden sich die Wege, ehe sie sich beim Steinkreis dann wieder vereinen. Ob Sie sich für den *Weitwanderweg 02* entscheiden oder für den Umweg über *G 5* und *F 7* bis zum Waldbauern, sollten Sie von der persönlichen Einschätzung Ihrer Wandererfahrung und Ihres Orientierungssinnes abhängig machen.

STOP Der kürzere und auch reizvollere Weg zum Steinkreis führt über Hochhalt, also den *Weitwanderweg 902* entlang, vorbei an den Häusern dieser Rotte. Dann heißt es aufpassen! Im folgenden Hochwald biegen Sie an einer günstigen Stelle einfach halblinks in den Wald hinauf ab. Nach kurzem Aufstieg erreicht man einen Waldrand und findet dort einen angenehmen Weg vor. Diesem folgen Sie nach rechts bis zu seinem Ende. Das Bauerngehöft, das rechter Hand unterhalb des Weges liegt, ist der Waldbauer, und wenige Schritte vom Hof entfernt befindet sich links am Waldrand unter Buchen der ☛ **Steinkreis**.

Die Variante über *G 5* und dann *F 7* ist sicherer, wenn auch ein Umweg, der aber bekanntlich oft schneller zum Ziel führt als ein mißlungener Abschneider.

Nach der Schwelgerei in vorgeschichtlichen Phantasien darf man sich von einem kurzen Stück offenen Weges verwöhnen lassen – angeblich über *F 7*, *gelb* und *RW* – ich selbst habe nach dem Waldbauern freilich keine einzige dieser Markierungen entdecken können. Man passiert ein eindrucksvolles Wetterkreuz und schwenkt danach wieder in den dürftig gekennzeichneten *Weitwanderweg 902* ein.

Man kann beim Keltenkreis – eine andere Bezeichnungen für den Steinkreis – auch umkehren, über Hochsenn und ☛ **Prägart** zur Sägemühle (Gasthaus) und sodann über Unterhaus zurück nach Krumbach marschieren.

Unverzagte entschließen sich jedoch, nach ☛ **Pichl** zu wandern. Obwohl ein kurzes Stück nach dieser Ortschaft bereits ein Wanderweg durch Feld und Wald nach Zöbern abzweigt, muß ich Sie auf der Straße weiterführen, zum ☛ **Schloß Ziegersberg** und zu den Bio-Bauern in ☛ **Schlag**. Das örtliche Gasthaus lädt zur Rast ein, im Hofladen der ☛ **ÖBIOGEN** kann der Proviant ergänzt werden, und ein Golfplatz (in Pichl, von hier leicht erreichbar) lockt den sportiven Wanderer, sich zu moderaten Preisen wenigstens einmal in seinem Leben in diesem exklusiven Sport zu versuchen.

Wieder gibt es vorm Asphalt kein Entrinnen. Sie bleiben Ihrer Straße treu, andernfalls verpassen Sie die reizvolle ☛ **Ruine Ziegersberg**.

Der Fußweg zur Ruine ist gut markiert. Weicher Waldboden nimmt uns jetzt auf. Über eine Promenade (mit Teich und funkelnagelneuem Marterl) „trägt" er uns förmlich zur Burgruine.

STOP Wenn Sie an der Ruine vorbei Ihren Weg fortsetzen, werden Sie auf ein Hindernis stoßen: Der Weg endet vor einem jähen Abhang zur Straße, und nur ein winziger, unauffälliger Steig führt rechts zu dieser hinab. Mit Kindern oder mit Wanderkameraden, die nicht sehr trittsicher sind, empfiehlt sich nach dem Besuch der Ruine der Rückweg über die Promenade.

Die Straße führt nun direkt in die Ortschaft ☛ **Zöbern**. An der Kirche und an Gasthäusern vorbei geht es rechts neben der Schule zum Weg nach Maierhöfen (*H 1* und *RW, rot*, spärlich markiert). Der nette Rastplatz am Ortsausgang, mit Brunnen, Kreuz und schattenspendenden Bäumen, macht zwar einen Besuch in einer der Gaststätten keineswegs überflüssig, aber man kann vor dem Weitermarsch noch einen Schluck frisches Wasser trinken, die Schuhe festbinden und die Wanderkarte studieren.

Vor dem Musikheim (Kultur- und Veranstaltungshalle) zeigt uns ein Wegweiser den Fußweg nach Maierhöfen an. Nach der Kapelle von Maierhöfen kann man entweder an der Haltestelle auf den Autobus (Busunternehmen Gruber KG) nach ☛ **Aspang** warten oder – sich immer rechts haltend – weiterziehen. In diesem Fall führt uns *RW* auf den Fuchsenriegel, einen herrlichen Aussichtsplatz. Vor uns liegt im Westen das Wechselgebiet und der Alpen-Ostrand und im Nordosten die Wallfahrtskirche Kaltenberg.

Nicht zu übersehen sind in diesem Bereich die Hinweise zum Hotel ☛ **Czerwenka**.

Nach einer letzten Rast führt uns die Route (*H 2*) auf einer – wie kann es anders sein – asphaltierten Straße vorerst Richtung Weißes Kreuz. Sie zweigt vor einem Bauernhof nach links dorthin ab. Wir gehen über Königsegg (*G 3*), vorbei an einer Reihe von Marterln, Wegkreuzen, Kapellen und ☛ **Wetterkreuzen**, auf der alten Wegverbindung von Aspang ins Zöberntal zurück zu unserem Ausgangspunkt in Krumbach.

Lanzenkirchen – Schwarzenbach

# Grenzgänger auf alten Schmugglerpfaden

## Eine zügige Tageswanderung über die Höhenrücken des Rosaliengebirges

**Länge:** ca. 20 km.

**Route in Stichworten:** Frohsdorf (*blau*, später *rot*), Rosalienkapelle (*orange/rot* und vorerst auch *blau*), Sieggrabner Kogel, Schwarzenbach (*blau/gelb*, örtlicher Wegweiser).

**Kurztouren:** Spaziergang in Lanzenkirchen durch die Leitha-Auen und Urgeschichtlicher Wanderweg Schwarzenbach (Führung am Gemeindeamt anmelden).

**Abkürzungen:** Am Krieriegel (Tobiaskreuz) nach Ofenbach und zurück nach Lanzenkirchen (*gelb*); vom Heuberg übers Teuflsschlößl nach Ofenbach; vom Rosalienberg nach Hochwolkersdorf-Geyereck (*01 A, 02*); über Eggenbuch nach Schwarzenbach.

**Abstecher:** Vom Rosalienberg zur Burg Forchtenstein (*01 A, 02, 06, BW*), Urgeschichtlicher Wanderweg Schwarzenbach.

**Empfehlung:** Die Kurztouren sind ideal für Schulausflüge. Überhaupt eignet sich die gesamte Routenführung gut für Gesellschaftswanderungen, weil sie nicht allzu kraftraubend ist.

**Einkehr/Übernachtung:** Gasthäuser in Kleinwolkersdorf, Frohsdorf, am Rosalienberg und in Schwarzenbach.

**Karten:** Österreichische Karte Blatt 106 und 107 (1:50.000 oder 1:25.000), örtliche Wanderkarten von Forchtenstein und Sieggraben, Faltprospekt der Gemeinde Schwarzenbach.

**Information:** Gemeindeamt 2821 Lanzenkirchen, ☎ 02627-45432-0,
Gasthaus Ecker in Frohsdorf, ☎ 02627-45206,
Gemeindeamt 2803 Schwarzenbach,
☎ 02645-5201.

**Zug/Autobus:** Aspangbahn bis Kleinwolkersdorf-Lanzenkirchen, Autobus der Stadtwerke Wiener Neustadt/Partsch von Schwarzenbach zurück nach Kleinwolkersdorf (Fahrplan beachten!).

**Radtouren:** Frohsdorf ist für „Buckelbiker“ der Ausgangspunkt schlechthin: Betreut werden im Rad- und Seminarhotel Ecker Hobby- und Leistungssportler gleichermaßen. Man kann Fahrräder leihen und sich seine Sportlichkeit auch bestätigen lassen.

Aufbruch ist beim Bahnhof Kleinwolkersdorf-Lanzenkirchen. Wer sich auf einen Spaziergang beschränkt, schlendert gemütlich ins Ortszentrum von **Lanzenkirchen**, die Hauptstraße entlang bis zum **Bauernmuseum Lanzenkirchen** (Hauptstraße 5) und dann durch die Auen der Leitha zurück nach Kleinwolkersdorf.

Für die Tageswanderung führt der Weg (Markierung *blau*) vorbei am Gasthof Art. Man überquert die **Leitha** und gelangt so nach **Frohsdorf**. Vor dem Gasthaus Ecker müssen Sie sich entscheiden, ob Sie wandern oder einer Radtour unter dem Motto „Buckelbiken“ unternehmen wollen.

Der Fußweg folgt bis zum **Schloß Frohsdorf** der Hauptstraße, biegt dann links ab und führt rechts am Schloß vorbei durch den Park.

STOP Wenn Sie den Schloßpark bei der Rosentalstraße verlassen, gibt es vorerst keine Markierung. Gehen Sie nach links ein kleines Stück auf der Straße nach Eichbüchl! Die Markierung findet sich sehr bald wieder.

Von einem kleinen Platz zweigt der Rosalienweg von der Straße ab. Was will man mehr, die Rosalienkapelle ist unser erstes Ziel. Der Weg führt durch eine interessante Häuserzeile (**Kleinhäusler**) in einen Hohlweg mit tiefen Radspuren. Wenn sich die letzte Traktorspur ins Feld hinaus verabschiedet hat, wird es im Hohlweg zwar ein wenig abenteuerlich, aber nicht wirklich unangenehm. Man schlüpft unter hemmungslos wuchernden Stauden durch, findet dazwischen aber erstaunlich regelmäßig die brav erneuerte Markierung.

STOP Vor dem Ende des Grabens sollten Sie sich nicht von Ihrem Gefühl bestimmen lassen. Dieses strebt geradeaus. Wenn man bereits das Ende des Hohlweges sieht, der hier oben schon recht flach ist, biegt ein unscheinbarer, später sogar markierter Waldweg nach rechts ab. Gehen Sie ihm nach! Er führt Sie über einen kleinen Umweg um das unwegsame Ende dieses Grabens herum, quert einen verwachsenen Forstweg und führt dann geradeaus über Moospölster durch einen freundlichen Hochwald.

Nach den kleinen Verirrungen des Anfangs gibt es von jetzt an kaum mehr Probleme. Es ist ausgezeichnet markiert, stellenweise so dicht, daß die blauen Streifen an den Bäumen vor einem zu tanzen scheinen.

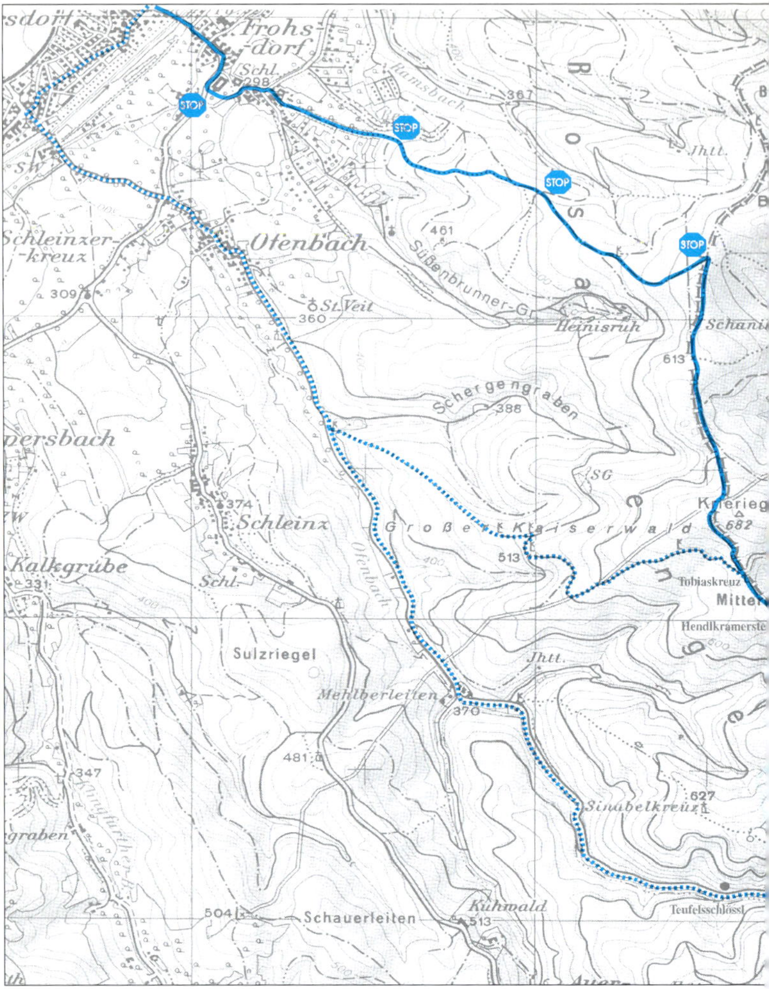


Trotzdem aufpassen, wenn Sie ein gutes Stück weiter an die Gabelung zweier Hohlwege kommen! Nehmen Sie den rechten! Die Markierung an dieser Stelle, an einem Stein, ist teilweise von Moos überwachsen.

Bei meiner Wanderung war dieser Weg kaum begangen, und die Waldpflanzen wucherten mitten am Weg. Auffällig ist die Belladonna, die Tollkirsche, mit ihren verführerischen, aber hochgiftigen Beeren. Ein weiteres Indiz dafür, daß Wanderer hier selten vorbeikommen, sind im Herbst die Parasole, ein Schirmpilz, der durch seine Größe auffällt und paniert wie ein Kalbsschnitzel schmeckt. Hier trocknen die schönsten Exemplare aus Altersschwäche ein.

An einer – übrigens bestens markierten – Kreuzung von Forstwegen mitten im Wald, fernab jeder Straße, findet sich ein kurioses Detail, eine

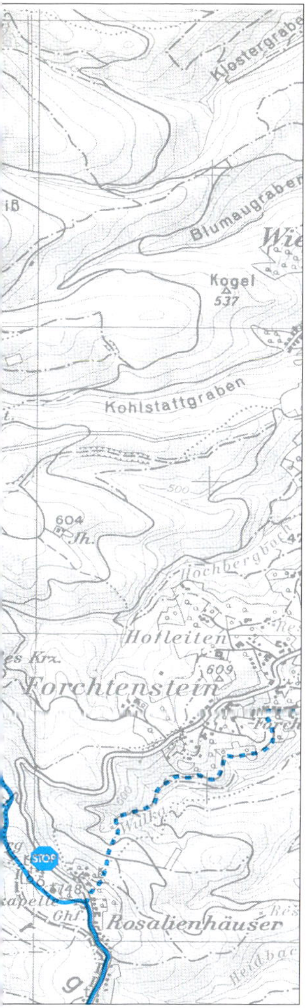


verwitterte Tafel mit der Aufschrift: *Achtung! Freiwillige Durchfahrt bis auf Widerruf bei Trockenheit gestattet.*

Wo die blaue Markierung endet, an der Einmündung in den Grenzweg unter dem Bauernmais (630 m), der *roten* Markierung *rechts (!)* nachgehen.

Nach dem Krieriegel (682 m), beim **Tobiaskreuz**, ginge es rechts nach **Ofenbach** (*gelb*) mit dem **Teufelsschlößl** und von dort zurück nach Lanzenkirchen.

Links käme man nach **Wiesen**.

Am Mittereck, 200 Meter nach dieser Stelle, passieren Sie den Hendlkramerstein, einen ehemals bekannten Schmugglertreffpunkt. Ab dem Weißen Kreuz gibt es dann zwei Markierungsfarben: *rot* und *blau*. Beide führen geradewegs vorbei an den Versuchanlagen der **Universität für Bodenkultur** (Lehrforstzentrum am Heuberg) und an geschichtsträchtigen **Grenzsteinen** zum Rosalienberg (748 m) oder zum Heuberg, wie die Erhebung offiziell heißt.

Auf der Forststraße, die vom Heuberg nach Ofenbach zurückführt, erwartet Sie das **Teufelsschlößl**.

Auf unserer Route aber – knapp unter der Kapelle – trifft man auf eine Gruppe von Wegweisern und die letzte Station eines Fitneßparcours, dann – unübersehbar – Sendeturm und Sendemasten des ORF.

Legen Sie an dieser Stelle eine kurze Rast ein! Der Blick ins nördliche Burgenland ist überwältigend, ein Bild wie von einem Meister komponiert: vorne links, im Goldenen Schnitt des Blickfelds, liegt die **Burg Forchtenstein**, in der aufwärtsstrebenden Linie die Stadt Mattersburg und oben, über die ganze Breite, der Neusiedler See. Den Vordergrund und Rahmen gestalten Büsche und der Waldrand.

Bei der **Rosalienkapelle** hat man etwa die Hälfte der Strecke gemeistert und sich eine Rast im Ausflugsgasthaus Wutzelhofer redlich verdient.

Unmittelbar nach dem Gasthaus, dort, wo der Fitneßparcours beginnt, könnte man die Wanderung über Hochwolkersdorf (*01 A, 02*) abkürzen: Vom Geyereck führt ein Bus nach Kleinwolkersdorf.

Reizvoller ist aber die längere Tour Richtung Sieggraben. Der Weg an Sieggraben vorbei bis Kobersdorf heißt im Volksmund **Römersteig** oder auf Teilstücken auch ☛ **Hotter-(Hutter-)weg**.

Von der Rosalienkapelle wandert man ein Stück neben der Straße nach Hochwolkersdorf; im Ort auf einem breiten, promenadenartigen Gehsteig, dann wenige Meter auf der Landesstraße – bis zur Kreuzung an der Bundesländergrenze, die eine Tafel ziert mit der Aufschrift „Willkommen im Burgenland"; auch die Wappensäule von Niederösterreich ist nicht zu übersehen.

An Markierungen und Wegweisern herrscht an dieser Stelle, am ☛ **Markstein** kein Mangel: Der *Zentralalpenweg Feldkirch – Hainburg 02*, *rotweißrot*, der *Burgenland-Weitwanderweg* mit *orange/rot*, nach Kobersdorf und Greimkogel, Sieggraben und nach Forchtenstein jedoch in schlichtem *Blau*.

Man hält sich an die *rechte(!), blaue* Markierung, die hier abwechselnd mit der *orange/roten* des *Burgenland-Weitwanderweges* denselben Weg anzeigt.

Hier, tief in den Wäldern des Rosaliengebirges, haben die Jäger das Sagen.

Am Schwarzkogel (673 m) erinnert ein Kreuz an einen ☛ **Weißen Hirsch**, und am Greimkogel, wo der Weg in einen freien Platz, die ☛ **Grüne Lacke**, mündet, steht an einem Forstweg (ca. 30 Meter nach links) eine der zahlreichen pompösen Hubertuskapellen. Sie wurde – wie die meisten ihrer Art – erst in den letzten Jahrzehnten errichtet.

STOP Der Wegweiser an dieser Stelle ist nicht auf der Karte eingezeichnet. Gerade aus diesem Grund kann er Verwirrung stiften, denn die Wege nach Sieggraben und Kobersdorf trennen sich erst nach 100 Metern beim nächsten (in der Karte eingezeichneten) Wegweiser. Unser Weg hat nach wie vor das Fernziel Kobersdorf (*orange/rot* und *Zentralalpenweg 02*). Die bis jetzt so treue *blaue* Markierung verläßt uns Richtung ☛ **Sieggraben**.

STOP Vor dem Marriegel (622 m) gibt es übrigens eine nicht markierte Abkürzung über Eggenbuch nach Schwarzenbach, einen Waldweg, der schräg rechts abzweigt. Informieren Sie sich vor der Wanderung, ob das Mostwirtshaus in Eggenbuch geöffnet hat. Wenn ja, dann ist diese Route zu empfehlen. Wie mir der Mostbauer versicherte, ist der rechte Weg nicht zu verfehlen.

Mit Wegweisern ist man nicht sparsam, aber auch nicht mit leeren Versprechungen, zum Beispiel der *grünen* Markierung zum Sieggrabner

Kogel. Sie ist nur zu Beginn vorhanden. Der Gipfel des Kogels (650 m) läßt sich dennoch leicht finden. Fast ebenso leicht ist der Abschneider vom Gipfel zurück zu unserem Wanderweg auszumachen; mit dem Kompaß überhaupt kein Problem. Halten Sie sich genau nach Westen, und Sie werden auf einen Weg stoßen, der Sie geradewegs zum *Burgenland-Weitwanderweg* (*orange/rot*) zurückbringt.

Bisher führte die Wanderung ausschließlich durch Hochwald. Vor Sieggraben gelangt man zumindest an den Rand des Waldes. Links, am gegenüberliegenden Berg, sehen Sie sehr nahe den Fernsehturm von Ödenburg-Sopron. Das Burgenland hat hier seine schmalste Stelle (nur 4 km breit).

Vor der Abzweigung nach Schwarzenbach geht es über den Königsbichl (608 m).

Der *Burgenland-Weitwanderweg* kreuzt danach einen tief eingeschnittenen Feldweg im Schölderl, mit der Tafel des *NÖ Landesrundwanderweges* (Markierung *blau/gelb*). Er führt vorerst in die Rotte Schölderl und verläuft dann rechts ein kurzes Stück auf der Verbindungsstraße Schwarzenbach – Sieggraben bis zu einem deutlich sichtbaren Wegweiser mit der Richtungsangabe „Königsbühel". Ein herrlich ebener Höhenweg bringt uns zu den Ausgrabungen auf dem Burgberg und zum Kreuzweg. Ein kleines Schild bei einer der späteren Markierungen nennt diese Verbindung über die Trift von Schwarzenbach auch den **Bregnerweg**. Er führt am Urgeschichtlichen Wanderweg vorbei in den Ort **Schwarzenbach**.

Der Urgeschichtliche Wanderweg Schwarzenbach eignet sich besonders für einen Sonntagsspaziergang als Ergänzung zu dieser Tour.

Falls Sie nicht vom Bregnerweg abgebogen und im Ort gelandet sind, ist der Ausgangspunkt vis-à-vis von der Tankstelle mit Hinweispfeilen deutlich angezeigt. Der **Kreuzweg** bietet einen besinnlichen Aufstieg vorerst bis zur wundertätigen **Bründlkapelle**. Von dort führt der Rundwanderweg in einer Schleife zu den wichtigsten Punkten einer früh- und urgeschichtlichen Siedlung auf dem **Burgberg** – nicht zu verwechseln mit dem Schloßberg am nördlichen Ortsende, auf dem die Ruine Schwarzenbach steht.

Archäologisches Wissen wird auf diesem Rundwanderweg mit einem **Waldlehrpfad** verbunden. Sogar auf den großartigen Blick über die Oberpullendorfer Bucht wird auf einer der Tafeln hingewiesen.

Zum Ort zurück geht es wieder auf demselben Weg, den Sie heraufgegangen sind.

Pitten – Stupfenreith – Erlach – Pitten

# Auf den Spuren der Sommerfrischler

## Ein großer Achter durch den Nordwesten der Buckligen Welt

**Länge:** 15 km.

**Route in Stichworten:** Pitten (*grün, roter Punkt im weißen Feld* und *R 2*), Weinberg (bei Abzweigung *grün/rot*), Grafenkreuz (*blau*), Leiding (*grün* und *roter Punkt*), Grubenhäusl, Stupfenreith (*blau* und *roter Punkt*), Vorderbrühl (*rotweißrot*), Weinberg, Burg Pitten (*rotweißrot* oder *gelb*).

**Abkürzungen:** Von Weinberg über Schloßberg retour, Leiding – Pitten (*grün*), Leiding – Weißjackl (*blau*), Weinberg über Inzenhof nach Leiding, von Stupfenreith über Harrathof nach Erlach (*blau*, Aspangbahn).

**Abstecher:** Von Stupfenreuth über Harrathof nach Erlach (Aspangbahn).

**Empfehlung:** Auch im Hochsommer angenehm zu gehen, weil der größte Teil der Strecke im Schatten liegt. Die Route kann auch von Erlach aus über den örtlichen Kulturwanderweg gegangen werden (Broschüre erhältlich am Gemeindeamt Erlach).

**Einkehr/Übernachtung:** Gasthäuser und Privatzimmer in Pitten, Gasthaus Krenn in Leiding (Mittwoch Ruhetag), Gasthaus Jagawirt (Trimmel) in Stupfenreith (Montag und Dienstag Ruhetag), Gasthäuser in Erlach, Gasthaus Stadltreff in Schiltern.

**Karten:** Österreichische Karte Blatt 106 (1:50 000 oder 1:25 000), Wanderatlas Region Pittental-Hochwechsel.

**Information:** Gemeindeamt 2823 Pitten, ☎ 02627-2212-0, Gemeindeamt 2822 Erlach, ☎ 02627-48261.

**Zug/Autobus:** Aspangbahn, Bahnhof und Haltestelle in Pitten, wobei der Bahnhof zu empfehlen ist, da an der Haltestelle nur jeder zweite Zug hält.

**Radtouren:** Pitten, Leiding, Hofstätten (Bromberg), Breitenbuch, Stupfenreith, Grubenhäusl, Vorderbrühl, Erlach, Linsberg, Brunn an der Pitten. Länge: 22 km. Zwischen Erlach und Pitten kann man sich von den vorangegangenen Strapazen erholen.

Die Route führt vom Bahnhof **Pitten** zunächst einmal über die Pitten, sodann am Park und am Gemeindeamt vorbei, wo Sie gleich um eine Führung durch das Museum nachfragen können. Auf dem Gehsteig wandern Sie durch ein Villenviertel Richtung Erlach weiter und biegen schließlich beim Heuweg zum Wald hinauf ab.

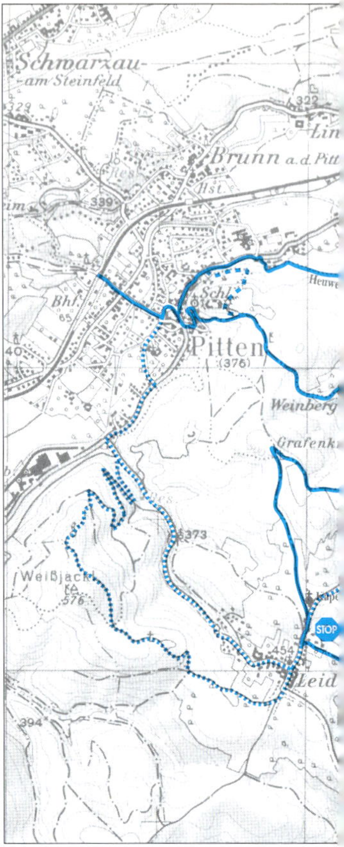


Der Heuweg ist der „Mappenweg“ zur Rotte Weinberg und einer der schönsten Wanderwege, die in diesem Buch vorgestellt werden: ein tiefer Hohlweg, naturbelassen und vorzüglich markiert. Der Forst mit den umgestürzten Bäumen erinnert ein wenig an einen Urwald unserer Breiten. So mancher dieser Riesen liegt quer über dem Hohlweg, sodaß man unter den Bäumen durchschlüpfen muß. Ein *grüner* Streifen, ein *roter Punkt im weißen Feld* und die Tafel des *Hochwechsel-Rundwanderweges Nr. 2* geleiten uns in einem sanften Bogen jedoch sicher hinauf nach **Weinberg**.

Von Weinberg geht es, *grün* markiert, vorläufig Richtung Inzenhof bis zum ersten Wegweiser. Der ist in einem Waldstück an einer auffälligen Kreuzung postiert. Etwa 100 Meter davon entfernt befindet sich die Hauskapelle der Familie Glatzl, die zu dem einzigen Anwesen in Weinberg gehört. Zu dieser kommen wir aber nicht, da unser Weg nach rechts zurück nach Pitten und zum Grafenkreuz führt – dem Wegweiser gemäß auf *roter* Markierung, tatsächlich jedoch *grün/rot*.

Auf sanft welligem Pfad wandern wir stets entweder direkt imWald oder am Waldrand entlang, jedenfalls ständig im Schatten, bis zum **Grafenkreuz.**

Auch die weitere Strecke (*blau*) ist einladend, ein gemütlicher Waldweg, der uns sanft bergab bis Leiding bringt. Das Stück Asphaltstraße vom Waldrand in den Ort braucht niemanden zu schrecken. Zum erstenmal bietet sich eine weite Aussicht nach Südwesten.

An der Kreuzung vor dem Ort Leiding, an einer stilvoll renovierten Kapelle (1857), trifft man auf die Fahrstraße von Inzenhof her.

Wer nicht Rast halten will im Gasthaus von Leiding, biegt nach den ersten Häusern links ins Gelände ab und wandert auf schmalem Weg, der erst später – dort, wo der Wald anfängt – *grün* und mit einem *roten Punkt* markiert ist, zu den Grubenhäusln. Die Abzweigung hat man hier leider

nicht deutlich gemacht. Als Orientierunghilfe soll Ihnen der Turm eines Transformators dienen.
Von den Grubenhäusln steigen Sie zur Stupfenreith auf und überqueren bei einer Tafel mit der Aufschrift „Jagawirt, Backhendlstation Stupfenreith" den Leidingbach. Diesem Hinweis folgt man gern.
In der ersten Kurve trennt sich aber der Wanderweg unauffällig von der Straße. Er führt links durch den Wald und schneidet zwei Straßenkurven ab. Anfangs ist die Markierung üppig, später jedoch verliert sie sich.
Es ist das so eine Sache mit den Wegweisern: Der erste, vor der Abzweigung links, ist auf der falschen Straßenseite aufgestellt, und bei der ersten Überquerung selbiger Straße ist die Tafel auf der vom Weg abgewandten Seite, auf der berühmten „Hinterseite", eines Baumes angebracht. Gehen Sie getrost geradeaus hinauf durch den Wald. Die Straße können Sie nicht verfehlen, und ab dem Waldrand gibt es ohnehin keine andere Möglichkeit, als dieser schattenlosen Straße Richtung Breitenbuch zu folgen.
Sie sehen hier vor sich, zum Greifen nahe, die Stupfenreith mit Gasthaus. In der ersten ernergischen Rechtskurve zweigt links ein Feldweg ab, mit einem Fahrverbot ausgezeichnet. Er bietet den kürzesten Zugang zum Wirtshaus. Als Orientierungshilfe dient ein Wasserreservoir, besser gesagt: auffällige Silbertannen, die rund um das Wasserhaus gesetzt wurden. Immer rechts halten und immer bergauf, und Sie können die **Stupfenreith** nicht verfehlen.
Auf einem Umweg über den Heidenberg erreichen Sie ebenfalls die Stupfenreith. Vom Gasthaus weg geht es links an einem Marterl vorbei über die Gaspipeline, erkennbar an den gelb „bedachten" Säulen, und vorüber an einer prächtigen Eiche in den Wald hinunter. An Orientierungshilfen mangelt es nicht. Ein Wegweiser zeigt nach Erlach, die Tafel des Hochwechsel-Rundwanderweges findet sich, ebenso eine *gelbe*, eine *rot/grüne*, eine *blaue* und eine *rotweiße* Markierung.
Man trabt locker bergab und hält sich an *blau* bzw. an den *roten Punkt*, verläßt dabei einen Hohlweg, der über den **Harrathof** zu den **Ziegelöfen** (Steingarten) führt und in weiterer Folge zum Bahnhof **Erlach**. Bevor Sie in den Zug steigen, sollten Sie sich noch Zeit für einen kleinen Spaziergang auf dem Ortsfriedhof nehmen. Erstens, weil Fried-

höfe von Natur aus interessant sind, und zweitens, weil der Platz, an dem hier die ☛ **Ulrichskirche** steht, in jüngster Zeit eine neue historische Dimension erlangt hat.
Unser Weg führt aber wieder zurück zum Leidingbach. Man verläßt in Hinterbrühl bei einem original erhaltenen, voll funktionstüchtigen Kalkofen aus dem Jahr 1885 den Wald. Im Kalkbruch befindet sich der Eingang zur Erlacher ☛ **Tropfsteinhöhle**, die leider nicht zugänglich ist.
Der Weg ist weiterhin *blau* markiert, führt rechts etwa 100 Meter die Bromberger Straße entlang, vorbei an einem Kreuz mit der reichlich holprigen Inschrift: *Zum Jagen fuhr er aus, tot brachte man ihn nachhaus. Oh, meine Lieben, betet stille, es war ja Gottes Wille, zum Gedenken an Jagdaufseher Robert Bauer,* bis zu einem neuralgischen Punkt.
STOP Man kann sich wieder einige Meter Straßenhatscher ersparen, wenn man am Beginn eines Forstweges links abbiegt, aber diesen nicht zurückgeht. Im Hang findet sich eine Markierung und unmittelbar darunter ein schmaler Steig hinauf in den Wald.
Man muß durch Büsche schlüpfen, dann stimmt's, und gelangt so auf eine kleine Promenade, die entlang der Straße Richtung Erlach führt bis zu einer auffälligen Kreuzung in Vorderbrühl. Der *Mariazeller Weitwanderweg 06 (rotweißrot)* führt auf dem ☛ **Burgweg** hinauf nach Weinberg.
STOP Wie man es leider oft erlebt, ist der Weg ausgerechnet am Beginn dürftig markiert. Ein Hinweis: Bleiben Sie auf dem breiten Forstweg, wenn auch alle Wandererfahrung dagegenspricht, denn nur selten ist die Forststraße auch der Wanderweg! In diesem Falle jedoch schon. Links vom Bach steigt der Weg angenehm an und führt uns wieder direkt zum Weinberghof.
Vorbei am Küchenfenster des Wohnhauses und durch den Obstgarten verläuft auf schmalem Pfad die Route links hinauf zur Veste Pitten. Vor der Veste – man sieht sie noch nicht – zeigt ein Wegweiser Inzenhof, Grafenkreuz und Weißjackl an. Wir aber bleiben unserer Richtung treu und können bald die ☛ **Burg Pitten** bewundern, wenn auch nur von außen.
Zwei Möglichkeiten gibt es, um nach Pitten zu gelangen:
Über unsere bisherige Markierung kommen Sie zur ☛ **Pfarrkirche** mit dem Karner. Am Ende des Weges steht das Teufelkreuz, das an die tapfere Verteidigung der Burg gegen Matthias Corvinus erinnert. Links davon, am Ende des Parks, befindet sich der beeindruckende Pfarrhof.
Der andere Weg führt auf dem Naturfreundeweg, *gelb*, vom Schloß hinab in die Niederungen des bürgerlichen Pitten; er endet am Georgi-Stollen.

# Am Wechsel zum Wechsel

Eine reizvolle Tageswanderung an der Grenze zwischen Buckliger Welt und Wechselgebiet

**LÄNGE:** 11 km.

**ROUTE IN STICHWORTEN:** Raach (*rotweißrot* und *gelb*), Nebelstein, Ramssattel (*blau*), Kranichberg (*blau* und dann *grün*), Bauernhaus Dobler, Raach.

**ABSTECHER:** Bei Friedhof Raach oder Marienkapelle nach Ottertal, retour zur Strecke über Goldberg (*gelber Punkt* ab Goldberg über Kirchberger Panoramawanderweg); Nebelstein; von der Rams nach Kirchberg.

**EMPFEHLUNG:** Ideal für einen Schulausflug.
Festes, wasserdichtes Schuhwerk ist vonnöten.

**EINKEHR/ÜBERNACHTUNG:** Waldpension Diewald in Raach (Dienstag und Montag nachmittag Ruhetag), Gasthof Ramswirt (Familie Pichler), Schloßhotel Kranichberg.

**KARTEN:** Österreichische Karte Blatt 105 (1:50 000 oder 1:25 000).

**INFORMATION:** Fremdenverkehrsverband
Pittental-Hochwechsel, ☎ 02642-2470,
Gasthaus Ramswirt, ☎ 02641-8249 oder 8688.

**ZUG/AUTOBUS:** Südbahn bis Gloggnitz, Bundesbus.

**RADTOUR:** Raach über Bauernhaus Dobler zum Ramssattel, Straße nach Kranichberg, Taschenberg-Syhrn über die Sonnleiten zurück nach Raach. Länge: 13 km.
Beträchtliche Höhenunterschiede. Sonn- und feiertags ist die Straße Rams – Kranichberg stark frequentiert.

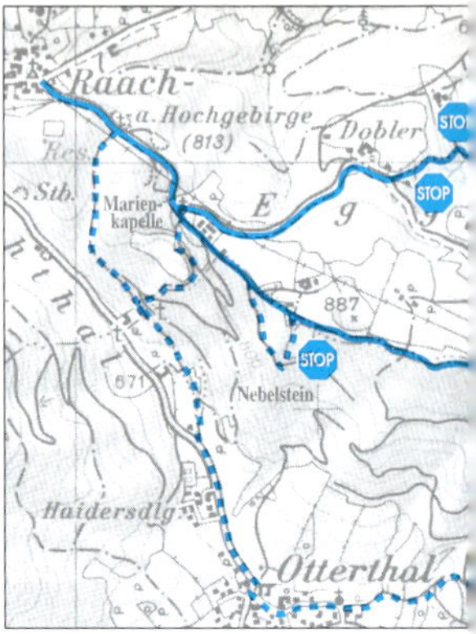


Der Ort **Raach am Hochgebirge** ist voll und ganz auf Wanderer, besser gesagt: auf Spaziergänger eingestellt. Wohin man auch kommt, findet man Bankerln, und auf die wichtigsten Ziele wird mit einfachen Holztafeln hingewiesen. Deshalb ist auch diese Tour so bemessen, daß Sie einen Gutteil der Rastmöglichkeiten nützen können und dennoch am frühen Abend wieder am Ausgangspunkt eintreffen. Beim Gasthaus Diewald haben Sie die Möglichkeit, sich in einer originalen **Greißlerei** mit Reiseproviant einzudecken.

Lassen Sie sich von der Umgebung verzaubern und übersehen Sie die Waschbetonplatten, mit denen sich ein Schulungsgebäude gegenüber dem Gasthaus um armselige Modernität bemüht. Sie gehen beim Diewald rechts vorbei „Direktion Rams". Am Ortsausgang treffen Sie auf eine Vielzahl von Markierungen (blau, gelb, grün, NÖ Landesrundwanderweg, Pittental-Hochwechsel-Rundwanderweg Nr. 12, Abstecher beim Friedhof nach Ottertal). Aber schon nach wenigen Schritten löst sich das Problem von selbst, denn für Sie bleiben die Markierungen *rotweißrot* und *gelb* übrig.

Wozu sind die Straßen da? Um sie als Wanderer möglichst zu meiden. Diese Gelegenheit haben Sie bei der Marienkapelle etwa 800 Meter nach Raach. Sie gehen an der Kapelle rechts vorbei Richtung Nebelstein und Egg, mit der Möglichkeit eines Umweges über **Ottertal**, einem der Schulorte **Wittgensteins**. Den Pfeil, der links vorbei die asphaltierte Straße entlang nach Rams zeigt, sollten Sie „nicht einmal ignorieren", wie man in Wien (und anderswo) zu sagen pflegt.

Den nächsten Pfeil an der Strecke sollten Sie aber sehr wohl beachten. Er weist auf einen kurzen, unmarkierten Abstecher zum Nebelstein, einem Felssporn, der glücklicherweise seinem Namen nicht gerecht wird und herrliche Aussicht auf den **Großen Otter** und das Wechselgebiet bietet. Kurios, daß dieser Nebelstein im Südosten Niederösterreichs am Eckpunkt einer Diagonale zum Nebelstein im Waldviertel liegt.

STOP Der Rückweg zur Markierung ist leicht beschrieben. Er führt links von einem Stacheldrahtzaun durch den Wald hinauf und mündet bei einem kleinen Denkmal (Ausbau der örtlichen Wasserleitung 1979) in unsere Route.

Auf ebenem Wege über die Ramshöhe (859 m, Abzweigung über *gelben Punkt* nach Kirchberg), einem Stück des **Weinweges**, erreicht man den Ramssattel mit seinem Ausflugsgasthaus.

Von der Rams sei hier über *grün* ein Ausflug zur **Hermannshöhle** und eventuell weiter nach **Kirchberg** empfohlen.

Weg von der **Rams** sollte es Richtung Schloß Kranichberg eine *blaue* Markierung geben. Sie werden jedoch nur einen verwachsenen Steig vorfinden, der vis-à-vis vom Gasthaus unterhalb eines Burgmodells seinen Anfang nimmt.

Beim Ramswirt weiß man um dieses Problem, und es wird einem geraten, die erste Spitzkehre auf der Straße auszugehen. Aus der zweiten Kehre führt geradeaus ein gut sichtbarer Weg in den Wald hinein. Auf diesem biegt man nach etwa 20 Metern nach rechts unten ab und stößt so auf die Markierung.

Der Steig ist für hiesige Verhältnisse steil und steinig – sagen wir stolz: fast ein Gebirgssteig.

Wo der Abstieg in einen bequemen Forstweg mündet, verliert sich die Markierung. Immer bergab gehen! Bei einer Häusergruppe finden sich Wegweiser und Markierungen.

Auf *blau* markiertem Weg wird man nun zum **Schloß Kranichberg** und weiter nach **Gloggnitz** geleitet. Es sind nur ein paar hundert Meter, die man auf demselben Weg zurücklegt. Bei der oben erwähnten Häusergruppe trifft man auf eine *grüne* Bezeichnung, grün wie die Weide mit den neugierigen Kühen, die unser Weg quert.

Bitte das Türl beim Eingang wieder verschließen, auch den Halterdraht am Ausgang wieder festmachen. Wenn die Rinder nämlich die Weide verließen, würden sie Schaden erleiden, zum Beispiel maßlos für sie höchst ungesunde Dinge fressen oder sich im Wald verlaufen. Beides kann für das Vieh lebensgefährlich sein (Blähen, Stürze).

Im Wald durchwandert man ein Quellgebiet, es wird demnach auch sumpfig, trotz der Bemühungen der Bauern, den Weg mit Bauschutt zu festigen. Über eine solide Brücke quert man einen Nebenbach zum Syhrnbach und steigt in einem weiten Bogen aus dem Wald wieder zu einer Kuhhalt auf.

An manchen Stellen läßt die sonst gute Markierung aus. Zum Beispiel beim ersten Bauernhaus nach der Brücke. Man geht oberhalb des Hauses daran vorbei –

oder beim Bacherl, das man nach diesem Bauernhaus überschreitet. Unser Weg zweigt dort nach rechts über einen zweiten Bach ab –

oder unterhalb des Doblerhofes, dort, wo der Wald in Haselnuß und Birkengesträuch übergeht. Unser Weg biegt dort nach links hinauf in einen Traktor(ehemals Karren-)weg. Hat man die asphaltierte Straße erreicht, sind an einem Kastanienbaum der Wegweiser nach Kranichberg und die *blaue* Markierung nicht zu übersehen.

Das Bauernhaus Dobler ist eigens mit einem Schild bezeichnet. Unser Weg aber – in diesem Fall die Straße – ist mit „Am Eck“ und „Raach“ angezeigt. Ohne bedeutende Steigung, doch auf Asphalt geht es bergauf bis zur bereits bekannten Marienkapelle mit dem Pfeil, der nach Rams zeigt und uns jetzt entgegenschaut, ein wenig schadenfroh, wie mir scheint, weil wir ihn so offenkundig mißachtet haben, als er uns die Straße gewiesen hat – genau jene Straße, die wir schon auf einem knappen Kilometer ausgekostet haben.

Scheiblingkirchen – Thernberg – Scheiblingkirchen

# Im Reich Erzherzog Johanns

## Vom Pittental ins Schlattental mit Gelegenheit zum Klettern und Höhlenforschen

**LÄNGE:** 11 km.

**ROUTE IN STICHWORTEN:** Scheiblingkirchen (*rotweißrot*), Reitersberg, Weingart, Thernberg (*rot*), Innerschildgraben, Scheiblingkirchen.

**ABSTECHER:** Vom Naturpark Aufstieg zum Türkensturz über den Pittentaler Klettersteig (Schwierigkeitsgrade 2 bis 5, Markierung *schwarz*) oder Fußweg (*gelb*), von Weingart über Sollgraben, Türkensturz, Gleißenfeld (Aspangbahn), Weingart – Stanghof (*rotweißrot*), Ruine Thernberg und Hohe Wacht (735 m), von Innerschildgraben zur Mehlwurm- und Lämmerhöhle.

**EMPFEHLUNG:** Taschenlampe fürs Höhlenkraxeln mitnehmen! Geeignetes Schuhmaterial für Asphalt (knapp zwei Drittel der Strecke).
Führungen durch das Mesnerhaus und die Kirche am Gemeindeamt, bei Herrn Josef Lechner, anmelden.

**EINKEHR/ÜBERNACHTUNG:** Gasthäuser in Scheiblingkirchen, Thernberg und Innerschildgraben, Gasthaus Zum Türkensturz in Gleißenfeld.

**KARTEN:** Österreichische Karte Blatt 106 (1:50 000 und 1:25 000), Wanderatlas Pittental-Hochwechsel.

**INFORMATION:** Gemeindeamt 2831 Scheiblingkirchen, ☎ 02629-2239.

**ZUG/AUTOBUS:** Aspangbahn.

**RADTOUREN:** Scheiblingkirchen, Thernberg, Bromberg, Schlattental, Hollenthon, Pesendorf, Kaltenberg, Kienegg, Hütten, Petersbaumgarten. Länge: 33,5 km. Diese Tour verzeichnet nur einen einzigen steilen Aufstieg, und zwar bei Hollenthon. Der größten Teil der Strecke ist eher flach. Den Abschluß dieser interessanten Route bildet eine rasante, kurvenreiche Abfahrt von Kaltenberg nach Hütten.

Vom Bahnhof Scheiblingkirchen-Warth geht man durch den Ort **Scheiblingkirchen** bis zur berühmten **Rundkirche** und hält sich danach links, Richtung Gleißenfeld (Altenheimstraße). Wenn Sie auf der Altenheimstraße bleiben, kommen Sie nach Gleißenfeld und zum **Naturpark Türkensturz** mit allen den Möglichkeiten einer solchen Einrichtung.
(Sie können aber auch mit dem Auto bis Gleißenfeld fahren bzw. schon in Gleißenfeld aus dem Zug steigen.)
Unsere Route biegt am Ortsende von Scheiblingkirchen über *rotweißrot* (Wanderweg *01 A*) rechts hinauf in die Serpentinenstraße nach Reitersberg und Weingart.
In der zweiten Biegung, einer Linkskurve, sperrt ein Schranken die Zufahrt zu einem Steinbruch. Auf dieser Zufahrt gehen Sie halbrechts geradeaus durch das Gebüsch nach vor. Der imposante Mauerrest der **Ruine Gleißenfeld** ist erst aus nächster Nähe zu sehen.
In der nächsten Kehre kommt man an einem **Wegkreuz** vorbei. Der Anstieg ist abwechslungsreich, denn schon in der nächsten Kurve wandert man wieder geradeaus in den Wald hinein, angeregt durch den Hinweis auf die **Annenruh**.
Die wenig befahrene Straße führt durch **Reitersberg**, **Weingart** und Neustift bis **Thernberg**. Sie haben hier die Möglichkeit zur Besichtigung der wunderschönen romanischen **Kirche**, die voller Geheimnisse steckt, zum Besuch des Mesnerhauses und zu einem Abstecher zur **Ruine Thernberg**.
Nach dem **Erzherzog-Johann-Denkmal**, rechts neben dem neuen Zeughaus der Feuerwehr, beginnt eines der schönsten Wegstücke in der ganzen Buckligen Welt (Markierung *rot*). An Obstbäumen und umzäunten Kuhweiden vorbei, auf einem Teppich aus Gras, mit Spitzwegerich,

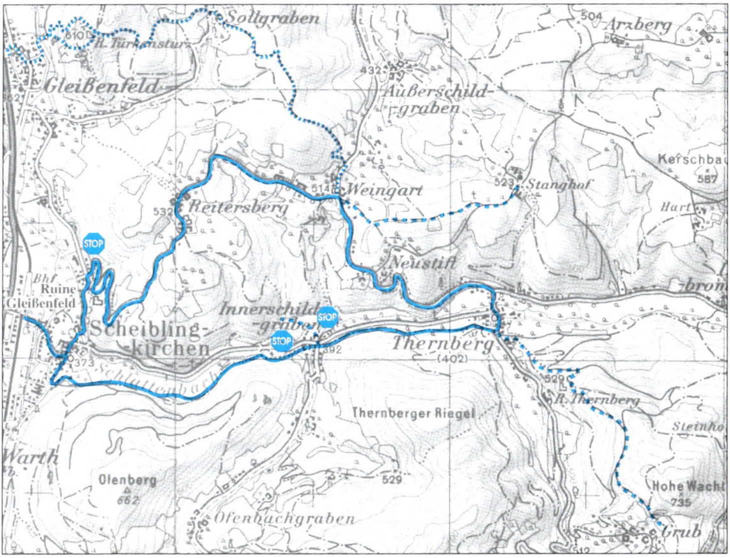

im Frühjahr mit Schneeglöckchen, lustwandelt man bis Innerschildgraben. Vom **Heiligen Bründl**, das an diesem Weg liegen soll, habe ich bei meiner Wanderung leider nichts bemerkt.
In Innerschildgraben sollte man kurz vom Weg abweichen und einen Blick in das Dunkel zweier **Höhlen** werfen.
Nach der Ortschaft geht es rechts zum Bach hinab, auf einem abenteuerlichen Holzsteig über die Schlatten und auf einer Wiese zum Felshang. Die Höhlen sind schon von weitem zu sehen. Leider ist durch die Tierhaltung der Zugang etwas schwierig.
Nach dem letztem Haus in Innerschildgraben Richtung Scheiblingkirchen führt ein Feld(Hohl-)weg links nach oben. Nach wenigen Schritten zweigt unser Route nach rechts in den Wald hinein ab und führt den Hang entlang nach Scheiblingkirchen. *Achten Sie auf die Markierung!* Der Weg dürfte selten begangen werden, da er sehr verwachsen ist. Eine Christbaumkultur muß ebenso durchquert werden wie ein dichter Jungwald. Kurioserweise steht mitten im dichtesten Gestrüpp ein (recht gebrechliches) Bankerl. Vermutlich stammt es aus den Zeiten, als von hier aus noch das Tal zu überblicken war – ideal für Verliebte.
Der Jungwald ist eingezäunt. Durchgänge sind jeweils kleine Türen, an denen Gummibänder angebracht sind, die als Selbstschließer fungieren. Auf diese Kriecherei, die einen zünftigen Wanderer nicht erschüttern kann, folgt alsbald eine Forststraße, auf der im Herbst die köstlichen Tintlinge wachsen. Ein Tip: Nur die jungen Exemplare, deren Lamellen noch rein weiß sind, pflücken und panieren! Der Pilz „verdirbt", das heißt reift sehr rasch und macht schon nach einer Nacht seinem Namen „Tintenpilz" alle Ehre.
Ein Promenadenweg führt immer geradeaus zurück nach Schcibling-kirchen.

# Im Mittelpunkt steht die Natur

## Eine bestens markierte Wanderung durch eine parkähnliche Landschaft

**LÄNGE:** 16 km.

**ROUTE IN STICHWORTEN:** Seebenstein (*grün, R 3*), Türkensturz, Sollgraben (*grün*, später *rot*), Weingart (*rotweißrot*), Stanghof (*rot* über Arzberg, *grün* über Außerschildgraben), Schiltern (*grün*), Seebenstein.

**ABKÜRZUNGEN:** Man kann es bei einem Spaziergang im Park, zum Schloß oder auf dem Waldlehrpfad belassen. Vom Türkensturz zurück nach Seebenstein gibt es ebenfall einige Varianten, unter anderem den Klettersteig (Schwierigkeitsgrade 2 bis 5) nach Gleißenfeld oder über *R 4* auf dem Gleißenfelder Weg. Die letzte Möglichkeit zur Umkehr bietet sich in Sollgraben.

**ABSTECHER:** Von Weingart nach Thernberg (*rotweißrot*).

**EMPFEHLUNG:** Klassisches Ziel für Schulausflüge (Schloßbesuch und Wanderung zum Türkensturz).
Für die große Runde ist ein Blick auf den Terminkalender der Mostwirtshäuser angeraten (der Stanghof sollte „ausgesteckt" haben).

**EINKEHR/ÜBERNACHTUNG:** Gasthäuser in Seebenstein und Gleißenfeld, Mostwirtshaus Stanghof.

**KARTEN:** Österreichische Karte Blatt 106 (1:50 000 oder 1:25 000), Wanderatlas Region Pittental-Hochwechsel, örtliche Wanderkarte Seebenstein.

**INFORMATION:** Gemeindeamt 2824 Seebenstein, ☎ 02627-7204.

**ZUG/AUTOBUS:** Aspangbahn.

**RADTOUR:** Seebenstein, Gleißenfeld, Scheiblingkirchen, Reitersberg, Weingart, Neustift, Stanghof, Arzberg, Leiding, Pitten, Schiltern. Länge: 19,5 km. Großteils asphaltiert, mit nur einer stärkeren Steigung vor Reitersberg.

Bevor Sie zu dieser Wanderung aufbrechen, sollte bereits entschieden sein, ob Sie das ☛ **Bergschloß** in ☛ **Seebenstein** sogleich besuchen wollen oder erst nach der Tour. Wenn man sonntags rechtzeitig von der Runde zurückkommt, hat man um 16 Uhr noch Gelegenheit zu einer Führung.

Ausgangspunkt unserer Wanderung ist der Parkplatz beim Gemeindeamt in Seebenstein; er ist zugleich auch der Eingang zum ☛ **Naturpark**. Hölzerne Wegweiser zeigen zum Bergschloß (*rot*) und zum Türkensturz, unserem ersten Ziel (*grün*). Weiterer Hilfen sind die Täfelchen des *Pittental-Hochwechsel-Rundwanderweges Nr. 3*.

Wer es mit dem Aufstieg nicht so eilig hat, kann zuvor noch das ☛ **Heimatmuseum** von Seebenstein besuchen. Man braucht nur geradeaus den Gleißenfelder Weg zu gehen. Die Tafel mit der Aufschrift „Museum" vor dem Bad rechts ist nicht zu übersehen.

Nach ein paar Schritten kommt man zur Abzweigung des Schloßweges. Die *rote* und die *grüne* Markierung führen nun eine Zeitlang gemeinsam. Zum ☛ **Türkensturz** wird man sehr sanft hinauf geleitet; in Gesellschaft zahlreicher Spaziergänger.

Es dauert nicht lang und die Aussicht wird weit: Neunkirchen, Hohe Wand, Pittental. Auf den Wegweisern sind immer wieder Gehzeiten angegeben. Sie dürften aber kaum auf Wanderer bezogen sein, eher auf Liebespaare, die auf jedem der Bankerln neben dem Weg eine längere Kußpause einlegen. Links neben dem Weg öffnen sich im Kalkgestein immer wieder kleine Höhlen.

Unmittelbar vor dem Türkensturz teilen sich die Wege. Man kann über eine der dort angebotenen Routen nach Seebenstein zurückkehren oder über *R 4* nach ☛ **Gleißenfeld** hinabsteigen. Ein überdachter Rastplatz bietet sich bei Regenwetter für die Brotzeit an.

Nach dem wohligen Gruseln auf den Felsvorsprüngen des Türkensturzes geht es hinaus ins Land nach Sollgraben, über die Alm, wo die streng geschützte Herbstzeitlose blüht.

Dieser Weg ist ein Abschneider, der zwar in der Natur markiert und in der Österreichischen Karte eingezeichnet ist, auf der lokalen Wanderkarte aber fehlt.

STOP Sogar auf diesem so sicheren Weg kann man ratlos vor einer Kreuzung stehen: In Sollgraben fehlt eine klare Markierung. Am letzten Haus des Ortes findet sich noch die Tafel des Pittental-Hochwechsel-*Rundwanderweges Nr. 3* für unsere Richtung. Kurz danach teilt sich aber der Weg. Einer der beiden führt sehr verlockend nach unten zu einem Obstgarten und verschwindet vis-à-vis im Wald. Wir aber halten uns an den linken Waldrand, müssen also bergauf gehen Die nächste Markierung läßt allerdings nicht lange auf sich warten. Sie findet sich an der Stelle, wo unser Weg in den Wald hinein abbiegt.

Später wechselt die Markierung von *grün* auf *rot*, das uns nach rechts nach Weingart und Thernberg begleitet. Jenseits des Grabens sieht man schon den Stanghof. Zuvor geht es auf der Straße, die nach Schiltern führt, noch durch den Ort ☛ **Weingart** bis zur Kreuzung mit dem Kreuz, eigentlich einem Marterl.

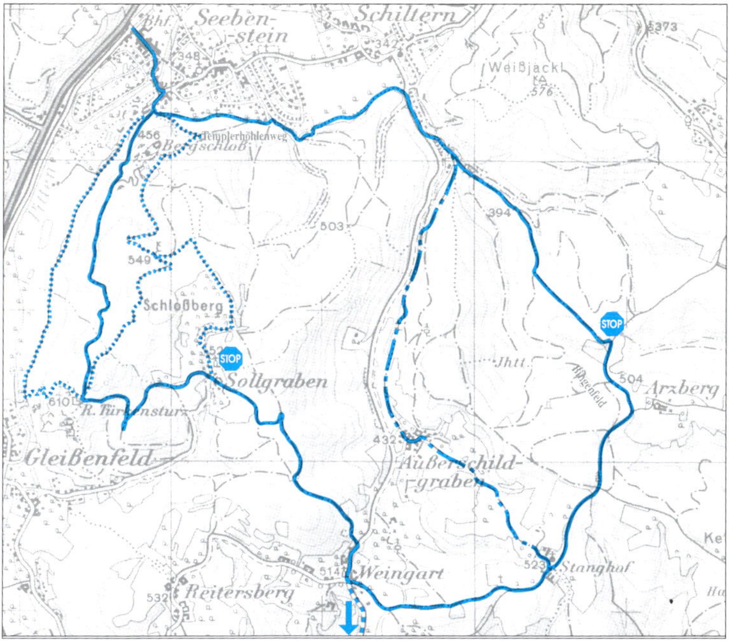


Die Markierung ist ab nun *rotweißrot* und *01*. Das Verkehrsschild an dieser Stelle zeigt eine Sackgasse an, und das bedeutet, daß der Asphalt beim letzten Haus endet.

Es geht kaum merklich bergauf, einen Feldrain entlang, der noch alles bietet, was früher einen guten „Roan" ausgemacht hat: Haselnuß, Kirschbäume, Eichen, Eschen, Weißdorn, Heckenrosen, Brombeeren, Birken, Hollerstauden – alles auf engstem Raum und üppig ineinanderwuchernd.

Wo es eben wird, blickt man hinunter zur Ruine Thernberg und zur Hohen Wacht mit ihren 735 Metern. Vor dem ☛ **Stanghof** am Waldrand links steht das Friedlkreuz.

Die letzten müden Schritte zum Mostwirtshaus darf man sogar auf einer internationalen Verbindung, dem Europäischen Fernwanderweg 4, Pyrenäen – Jura– Neusiedler See tun.

Zwei Varianten bieten sich zur Fortsetzung an: der Weg über Arzberg (504 m, Markierung zunächst *rotweißrot*, nach der Kreuzung im Wald *rot*) oder die Talwanderung über ☛ **Außerschildgraben** (*grün*).

Zum Arzberg muß man aufsteigen, aber keine Angst, es ist nicht weiter schlimm. Man hat bald die Höhe erreicht und schlendert dann vorbei an den ☛ **Bingenfeldern** des längst eingestellten Tagbaues Richtung Schiltern.

STOP Nachdem rechts vom Weg die Häuser von ☛ **Arzberg** zu sehen waren, müssen Sie aufpassen:

Unser Weg biegt an einem vorspringenden Waldrand *links* nach Schiltern ab! Geradeaus ginge es nach Leiding.

STOP Kaum ist man im Wald ein paar Schritte gegangen, teilt sich schon wieder der Weg. Einer führt nach links weg – er kommt für uns überhaupt nicht in Frage. Zwei Wege biegen aber nach rechts ab. Die Markierung an dieser Stelle könnte für jeden von beiden gelten. Nehmen Sie den *linken*, einen ausgefahrenen Waldweg! Er ist der rechte Weg zum Ziel.
Vor Schiltern sieht man jenseits des Baches ebenfalls eine rote Markierung. Keine Panik! Sie sind auf der richtigen Seite. Der Weg drüben kommt von Leiding und führt auch nach Schiltern.
Man geht ein Stück auf der Straße von Weingart nach Schiltern bis zum Hinweisschild ☛ **Waldlehrpfad**.
Nach Seebenstein zurück bringt uns der Hampeweg, mit seiner *grünen* Markierung durchaus zum Waldlehrpfad passend. Was wäre ein solcher ohne eine ☛ **Hubertuskapelle**, zu der man vom Waldlehrpfad links hinauf abzweigt.
Leider kann man von hier auch sehen, wie allmählich das ganze Tal von den Häusern aufgefressen wird, wie die Ortschaften Ring für Ring wachsen und es der Felder und Auen dazwischen immer weniger gibt.
Am Rande von Seebenstein vereinigen sich wieder die rote und die grüne Markierung. Auf *rot* ginge es über die ☛ **Templerhöhle** zum Bergschloß hinauf. Mit *grün* bleibt man am Waldrand über der Ortschaft und gelangt wieder exakt zum Ausgangspunkt der Wanderung zurück.
Einige Steige von hier zum Schloß ad libitum: Alter Schloßweg (*rote* Markierung) oder Eselsteig.

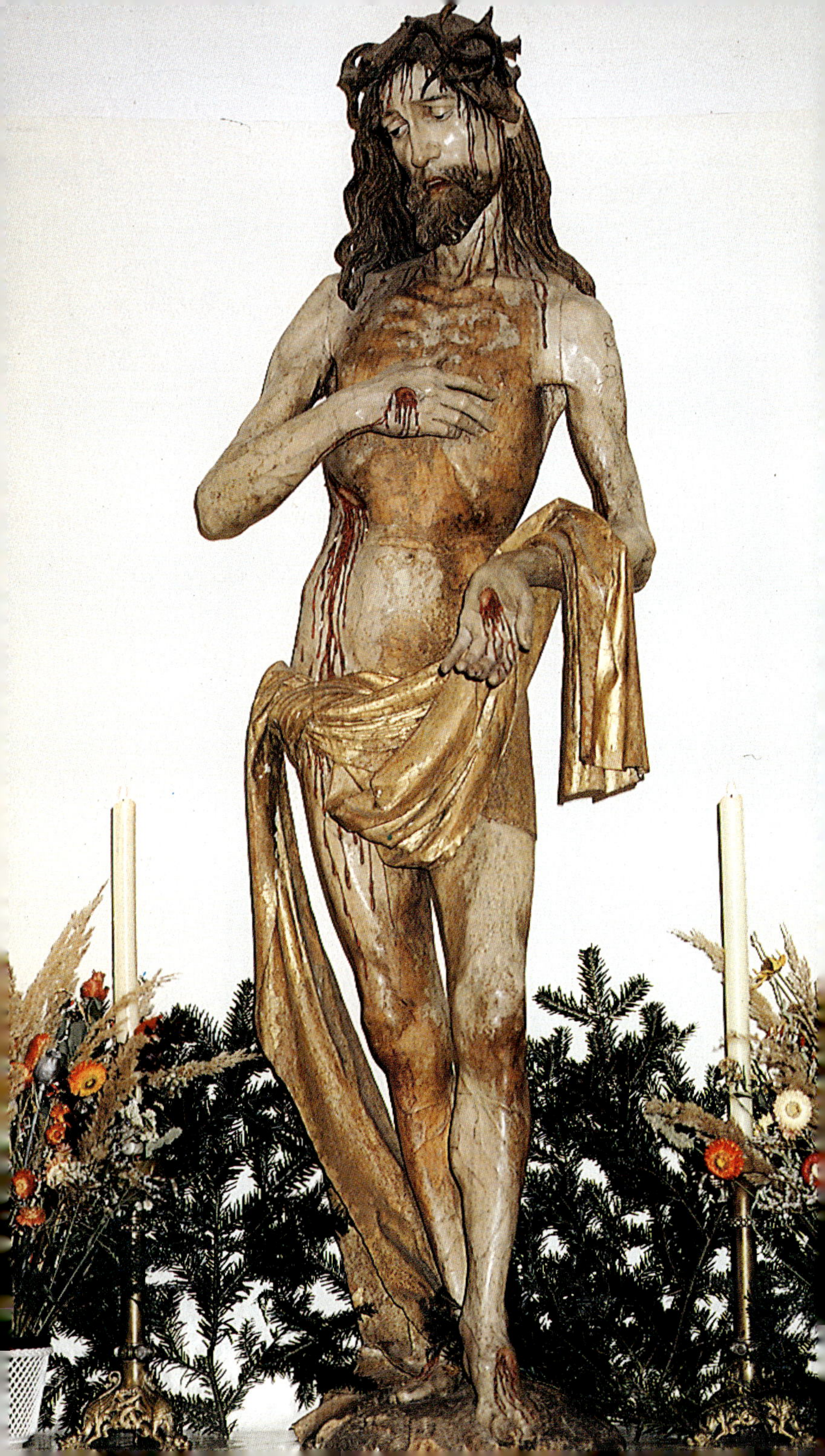

Steinmühle bei Kirchschlag – Bernstein – Steinmühle

# Auf der Suche nach dem rechten Pfad

## Eine alte Verkehrsverbindungverbindung als Wanderweg

**Länge:** ca. 18 km.

**Route in Stichworten:** Steinmühle (Ungerbach-Kirchschlag), Rotleiten, Redlschlag (*Naturlehrpfad, orange*) Bernstein, Kienberg (*orange, grün*), Kalteneck (*rot* und *grün*), Habich (*blau, D 5*), Steinmühle.

**Abkürzungen:** Autobus von Bernstein nach Steinmühle.

**Abstecher:** Zum Speckkammerl (von Bernstein aus *blau*), auf *gelb* zurück zum Weg auf den Kienberg.

**Empfehlung:** Eine Tour für erfahrene Wanderer, weil die Markierung mangelhaft ist oder zum Teil überhaupt fehlt. Doch gerade deswegen ist sie so interessant, nicht nur wegen der abwechslungsreichen Natur am Wege (Wälder, Naturlehrpfad) und der Geschichte, die man quasi im Vorbeigehen erlebt (Grenzweg, Römergräber, Habich). Die Wanderung erfordert allerdings gute Kondition. Wenn sie aber auf zwei Tage aufgeteilt oder durch die Benützung des Autobusses halbiert wird, ist sie selbst mit Kindern leicht zu bewältigen.

**Einkehr/Übernachtung:** Gasthäuser in Redlschlag (Beranek); Gasthäuser und Privatunterkünfte in Bernstein (Jugendherberge).

**Karten:** Freytag & Berndt WK 422, Österreichische Karte Blatt 137 (1:50 000 oder 1:25 000), Wanderkarte Kirchschlag, Wanderwege Bernstein im örtlichen Informationsheft.

**Information:** Gemeindeamt 2860 Kirchschlag, ☎ 02646-2213, Gemeindeamt 7434 Bernstein, ☎ 03354-6502 oder Gewerbe- und Fremdenverkehrsverein 7434 Bernstein, ☎ 03354-6504.

**Zug/Autobus:** Bundesbus Bernstein – Kirchschlag.

**Radtour:** Von Kirchschlag über Radweg nach Steinbach, Lebenbrunn, Kogl, Redlschlag, Bernstein, Rettenbach, Stuben, Kalteneck, Habich, Ungerbach. Länge: 30 km. Eine sehr sportliche Runde mit einigem Auf und Ab.

Der Start erfolgt in der Steinmühle, einer Rotte bei **Ungerbach**. Man kann dort bequem das Auto abstellen, außerdem gibt es dort eine Autobushaltestelle.

Man überquert den Bach, einen Zufluß zum Steinbach, und hält sich links. Der Weg steigt vorerst nur leicht an, führt beim letzten Haus der Rotte (Ungerbach 36) wiederum links den Weg entlang Richtung Rotleiten. Es folgt nun ein steiler Aufstieg durch die Felder. Von der Höhe aus sieht man die Ortschaft **Lebenbrunn**.

Der weitere Weg deckt sich auf einem kurzen Stück mit der Landesgrenze. Es gibt keinen offensichtlichen Hinweis darauf. Die Grenze ist an der Buschreihe zu erkennen, die unmittelbar vor der asphaltierten Verbindungsstraße Lebenbrunn – Rotleiten rechts den Hang hinauf zieht. Der Wald darüber ist der **Hotterwald**, das Feld ganz oben das **Hotterfeld**.

Nach 100 Metern führt der Weg durch das Gebüsch und teilt sich danach. Unsere Route zweigt oberhalb der Siedlung nach links in das Rotleitenfeld ab. Problemlos geht es auf der alten **Wegverbindung Kirchschlag – Bernstein** hoch über der sanften Mulde des Steinbachtals den Hang entlang nach **Redlschlag**. Eilige gehen beim Brunnen in Redlschlag in einem leichten Rechtsknick die Straße aufwärts wieder aus dem Ort hinaus Richtung Redlshöhe. Wer der Rast bedarf, wendet sich nach links zum Gasthaus Beranek.

In Redlschlag bestehen zwei Möglichkeiten, nach Bernstein zu gelangen: über eine *blaue* Markierung am Heanzenstein vorbei oder – empfehlenswerter – über den **Naturlehrpfad**. Man geht nach dem Ort ein paar Meter nach rechts und zweigt beim Hinweispfeil „Naturlehrpfad" links ab.

Nach dieser Abzweigung, bei den letzten Häusern, teilt sich der Weg. Halten Sie sich rechts vom Graben! In sanftem Bergabschwung zieht sich dann der Naturlehrpfad rechts den Hang entlang durch einen lichten Föhrenwald.

Etwa bei der Hälfte des Naturlehrpfades taucht – man hält es nicht für möglich – die erste Markierung (*orange,* Hinweispfeil: *Bernstein 8*) auf. Man sollte sie nützen, weil man sich damit einen „Straßenhatscher" erspart. Der Naturlehrpfad und eine *blaue* Markierung, die später den *Weg Nr. 8* kreuzt, führen zur asphaltierten Straße Reldschlag – Bernstein. Man wandert locker in den Pechgraben hinab. Ist es die orange Markie-

rung oder der weiche Waldweg – das Gehen macht jedenfalls ungemein Spaß, auch dann, wenn die Route wieder lang, lang bergauf führt. Der Forst mutiert hier auf kurzer Strecke vom Föhrenwald zum Mischwald und schließlich zum Laubwald, in dem die Eiche vorherrscht.

Beim Steinbruch am Kanitzriegel entdeckt man den Mineraliensammler in sich. Die glänzenden schwarzgrünen **Serpentin**stücke lassen keine andere Wahl. Wo in den Karten „Bienenhütte" eingezeichnet ist, biegt unser Weg knapp vor der Bundesstraße nach rechts ab. Ein Wegweiser zeigt zwar rot, die Route folgt richtigerweise aber weiterhin dem freundlichen *Orange*.

Bis zu den **Römergräbern** kann man, von einer Hecke getrennt, neben und dann unterhalb der stark befahrenen Straße gehen.

(Die Römergräber verleiten dazu, auf späteren Wanderungen in der Buckligen Welt jeden mit Büschen bestandenen Hügel als frühgeschichtliche Grabstätte zu identifizieren.)

Vor der großen Rast in **Bernstein** sollte man noch eine kurze einplanen; nicht weil einen die Müdigkeit plagt, sondern weil der Rastplatz originell ist: Über verspielte Buckel aus Pflastersteinen führen kleine Gehwege, in mehreren Etagen sind Sitzgruppen angeordnet, und als würdiges Zentrum dient eine abstrakte Skulptur. Ein Imbißstand komplettiert auf seine Art dieses erfrischende Ensemble auf der Anhöhe, von der man einen schönen Ausblick auf Bernstein hat.

Nach der Kreuzung von Bundesstraße und Straße nach Redlschlag steht rechts eine bemerkenswerte Kapelle mit der beinahe lebensgroßen Figur des gekreuzigten Heilands. Spätestens dort sollte man aber aus Gründen der Verkehrssicherheit die Straßenseite wechseln. Links neben der Straße führt ein Fußgängerweg in den Ort Bernstein.

Am Nachmittag würde ein Bus Sie zurück in die Steinmühle bringen. Bernstein hat jedoch so viel zu bieten, daß man den Rest des Tages im Ort verbringen kann, ohne sich zu langweilen. Wer sich dennoch für die sofortige Rückkehr „auf Schusters Rappen" entschließt, kann von der Hauptstraße weg an zwei Stellen in die Gasse namens Graben einbiegen. Beim Tennisplatz führt eine *grüne* und eine *orange* Markierung zum **Kienberg** (805 m) hinauf. Wieder erwartet uns ein langer Aufstieg.

Auffällig ist der dichte, gut einen Meter hohe Grasbewuchs des Bergrükkens. Am Gipfel ist ein kleiner Aussichtplatz ausgetreten.

Bis zur Straße Bernstein – Kirchschlag freut man sich über die dicht gesetzten Markierungen (*orange, grün*), verläßt jedoch jetzt die treuen Wegbegleiter und hält sich links ca. 30 Meter an die Straße, vorbei an der Abzweigung (*gelb*) nach Stuben.

STOP Unsere Abzweigung kann man leicht übersehen. Ein unscheinbarer Wegweiser, ein Holzpfeil mit *rotem Rand* und einem *Einser* weist auf einen schräg nach vorne abzweigenden Waldweg. Die Markierung ist ab nun *rot* ( roter Punkt auf weißem Feld). Sie ist sparsam, aber effizient angebracht. An neuralgischen Punkten ist sie jedenfalls präsent und zeigt den richtigen Weg, bis man wieder zu einer Straßenkreuzung gelangt. „Kalteneck" steht auf dem Wegweiser, und dort findet sich wieder die rot umrandete Tafel mit dem Einser.

Die *rote* Markierung führt nun durch die Rotte Kalteneck, vereinigt sich dort mit einer *grünen* und leitet am Kaltenecker Berg (776) vorbei über die Landesgrenze nach Habich.

STOP Vor der Rotte Habich überquert der Wanderweg die asphaltierte Zufahrt zum Busbauern. Kurz danach trennen sich die Wege. *Grün* führt weiter nach Hochneukirchen, *blau* über Schlägen nach Bad Schönau. Für unseren Weg gibt es eine einzige *rote* Markierung. Man biegt nach rechts nach Habich hinunter und läuft schon wieder Gefahr, sich zu „verfransen".

STOP Erstens ist die Markierung in der Folge nicht rot, sondern *blau*, zweitens ist sie am ersten Gartenzaun, zu dem man gelangt, sehr unscheinbar angebracht.

Bei diesem Zaun vor dem ersten Haus geht man also rechts in einen Hohlweg hinab bis zur Kirche von ☛ **Habich** und dem eigentümlichen Gewölbe daneben, das zur Zeit als Wagenschuppen dient.

Man könnte eine Bäuerin bei ihrer Arbeit stören und Einlaß in die Radegundenkirche begehren oder, wer von historischem Wissensdrang erfüllt ist, sogar in die Küche des Bauernhauses, mit dem die alte Kirche einfach überbaut wurde.

Dort sollte man aber nicht nur die Reste einer der ältesten Kirchen in der Buckligen Welt bestaunen, sondern sich auch nach dem weiteren Weg erkundigen. Es gibt zwar unmittelbar in Habich ein Schildchen *D 5* und die *blaue* Markierung. In der Folge vermißt man aber beides und steht einigermaßen ratlos in einem völlig verwachsenen Hohlweg, wo es beim besten Willen kein Weiterkommen gibt.

STOP Man geht aus dem Hohlweg heraus und nach links, den Traktorspuren nach, auf einem Feldweg bis zu einer Kreuzung von vier Wegen mitten in wohlbestellten Fluren. Unser Weg biegt dort nach rechts ab und wird in der Folge von Buschwerk flankiert. Bei der ersten Abzweigung – man sieht im Feld eine kleine Buschgruppe – verläßt man den breiteren Weg und schwenkt rechts ein zum freien Feld hinab. Auf halber Strecke findet sich an einem Strommasten *blau* und *D 5*.

Beim nächsten Bauernhaus (Ringhofer) biegt man in die Hofzufahrt ein. An der Hauskapelle sollte man ein kurzes Dankgebet für die gelungene Rückkehr verrichten, denn von hier weg kann nichts mehr schiefgehen: Unten im Tal sieht man bereits die Häuser der Rotte Steinmühle.

Warth-Scheiblingkirchen – Kaltenberg – Grimmenstein

# Vom Kultplatz zum Wallfahrtsort

## Der „Klassiker" für Bahnfahrer

**Länge:** 12,5 km.

**Route in Stichworten:** Warth-Scheiblingkirchen (*blau, L 8*), Kaltenberg (*rot, RWBW*), Bahnhof Grimmenstein.

**Abkürzungen:** Vor und von Kaltenberg (*I 3*, später *grün*) nach Petersbaumgarten (Haltestelle der Aspangbahn).

**Abstecher:** Von Kaltenberg (*gelb, L 1, L 3*) nach Lichtenegg.

**Empfehlung:** Rückreise von Grimmenstein nach Scheiblingkirchen mit der Aspangbahn (Stundentakt).
Getränke sollten mitgenommen werden, weil es zwischen Scheiblingkirchen und Kaltenberg direkt auf der Route keine Möglichkeit gibt, den Durst zu stillen.

**Einkehr/Übernachtung:** Gasthäuser in Warth und Scheiblingkirchen, Gasthaus Neumüller in Kaltenberg, Gasthaus Tanzler in Grimmenstein.

**Karten:** Wanderkarte Bucklige Welt, Österreichsche Karte Blatt 106 (1:50 000 und 1:25 000), Wanderatlas Pittental-Hochwechsel.

**Information:** Gemeindeamt 2831 Scheiblingkirchen,
☎ 02629-2239,
Gasthaus Neumüller in 2831 Kaltenberg,
☎ 02643-2205.

**Zug/Autobus:** Aspangbahn.

**Radtouren:** Scheiblingkirchen, Thernberg, Schlag (bei Bromberg), Kaltenberg (Maria Schnee), entweder Kienegg, Hütten, Grimmenstein oder Sonnberg, Edlitz, Grimmenstein. Länge: jeweils an die 20 km.
Bis Kaltenberg steigt die Strecke ordentlich an und verlangt einigen Sportsgeist. Die Mühe wird aber mit einer interessanten Abfahrt belohnt.

Mit einem deutlich sichtbaren ☛ **Wegweiser** beim Bahnhof Warth-Scheiblingkirchen, wird die Unternehmungslust an diesem Tag sofort in die richtige Bahn gelenkt. *Blau* nach Kaltenberg. Daß der erste Blickfang auf dem Weg ein ☛ **Friedhof** ist, sollte Ihre gute Laune nicht beeinträchtigen. Es handelt sich dabei um einen stattlichen Hügel mitten in der Talebene der Pitten. Er wäre, würde er nicht als christliche Grabstätte benützt, wahrscheinlich eine potentielle archäologische Grabungsstätte.

Sie überqueren nun den Fluß und gelangen nach ☛ **Scheiblingkirchen**, dessen einzigartige ☛ **Rundkirche** Sie in Staunen versetzen wird. Die Promenade – mit den charakteristischen ☛ **Sommerfrische**-Villen der Jahrhundertwende – begleiten den Wanderer schließlich aus dem Ort hinaus.

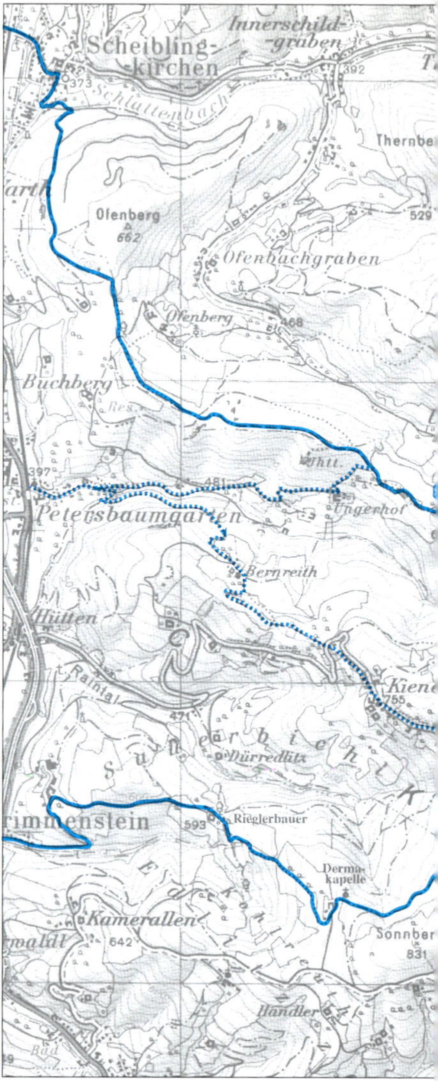


Es ist nur ein kurzes Vergnügen, denn nach ein paar hundert Metern heißt es abzweigen, hinein in den Wald, und in der Direttissima einen Hohlweg steil bergan steigen. Keine Angst, es geht nicht in dieser reschen Tonart weiter. Diese Steigung ist der einzige Atemräuber dieser Route.

Geschafft hat man es, wenn rechts neben dem Weg helle, verwitterte Felsen aus dem Waldboden ragen und sich zu einem Wall aufschichten. Es sind Kalkfelsen, die auf der anderen Seite jäh zum Pittental hin abbrechen. Ein Opernregisseur fände hier die prächtigste Vorlage für Walhall, das die Riesen Fasolt und Fafner für Wotan gebaut haben: Stein auf Stein, wuchtig getürmt – die natürliche Festungsmauer eines Heiligtums. Ist das wieder eine der romantischen Spinnereien? Nicht unbedingt. Wir wandern schließlich am Rande des ☛ **Ofenberges** (662 m).

In der Nähe, im höhlenreichen Kalkstein, befindet sich die ☛ **Bärenhöhle**. Auf älteren Karten ist sie zwar noch eingezeichnet, im Gelände

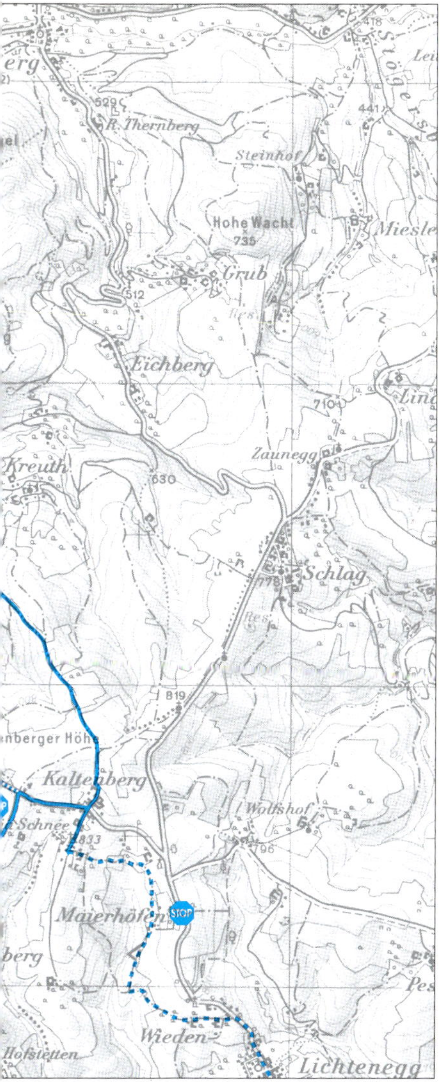


gibt es aber keinen Hinweis darauf. In „bärenstarken“ Zeiten wie diesen ist es auch gar nicht ratsam, sie aufzusuchen. Wenn man am markierten Weg bleibt, hat man bald merklich an Höhe gewonnen und kann sich ein Stück weiter genüßlich davon überzeugen. Dort, wo der Wald endet, an einem rastverdächtigen Plätzchen, schaut man in das Pittental hinunter. Wie durch einen Bilderrahmen aus Ahorn- und Föhrenästen sieht man das Ziel der Wanderung, den Ort ☛ **Grimmenstein**, unverkennbar durch seine „Skyline“: Das Lagerhaus und eine Lebensmittelfirma dominieren mit ihren Silotürmen das Ortsbild. Unscheinbar im Vergleich dazu ist die ☛ **Burg Grimmenstein** rechts davon auf dem Kulmriegel. Dennoch ist dieses überraschende Panorama einen Schnappschuß wert.

Wie früher einmal die Wege ausgesehen haben mochten, ahnt man nach diesem Platz: Buchen, Birken und verschiedenste Sträucher bewachsen den Rand. Ein grüner schattiger Tunnel nimmt die Wanderer auf wie seinerzeit die Kirchgänger aus dieser kleinen Rotte, aus Ofenberg.

Man geht quer über einen Sattel bis zu einem ☛ **Bildbaum**, wo der Wanderweg im wahrsten Sinn des Wortes wieder im Wald verschwindet. Ein gut markierter Steig bringt uns durch einen Buchenwald zum nächsten, breiteren Weg entlang einem ☛ **Birkenwäldchen**.

Unsere Wanderung führt nun spürbar bergauf. Sobald es etwas flacher wird, macht sich nach dem Kalk nun wieder das Urgestein der Buckligen Welt bemerkbar. Imposante Steingebilde ragen aus dem Waldboden, und wer Lust hat, kann sich an so manchem Felsen sogar als Freikletterer versuchen. Dazwischen blüht die Akelei, ein seltener, aber umso erfreulicherer Anblick.

STOP Übermütig könnte man werden, so angenehm geht es sich auf diesem Waldweg, bis zu einer jähen Abzweigung, die hinauf zu einem schmalen, aber leicht begehbaren Grat führt.
Zwerge wohnen hier in hohlen Bäumen. Eine bizarre Buche, die erstaunlicherweise noch immer grünt, bietet sogar einem schlanken Erwachsenen Platz. Der Stamm ist ein Rohr, durch das man den Himmel sehen kann – oder den Hosenboden eines Jägers, denn oben ist der Baum als gut gelüfteter Hochsitz ausgebaut.
STOP An einem Feld endet unvermittelt der Wanderweg. Sie queren es geradeaus in Richtung des gegenüberliegenden Waldes. An einem Heustadel findet sich wieder die *blaue* Markierung.
Blickt man auf der „Kaltenberger Höhe" zurück, so breitet sich vor einem das Steinfeld mit dem Zentrum Wiener Neustadt aus. In Marschrichtung jedoch sind schon die Turmspitzen der Wallfahrtskirche ☛ **Maria Schnee** (833 m) zu sehen.
Nach dem Besuch der Kirche und einer ausgiebigen Rast im schattigen Gastgarten des einzigen Wirtshauses auf dieser Route führt Sie die *rote* Markierung des Rundwanderweges nach Grimmenstein zurück.
STOP Bei der Abzweigung von der Panoramastraße ist der Hinweispfeil etwas verwittert, die übrige Markierung ist gut.
Der Hügel, der sich linker Hand erhebt, ist der Sonnberg (831 m). Wieder so ein bedeutungsschwangerer Flurname, der uns zurückversetzt in eine ferne Vergangenheit, als die Tageszeit noch aus dem Lauf der Sonne abgelesen wurde und nicht vom Handgelenk. Hier hat übrigens auch der ☛ **Holzknechtseppl** sein Unwesen getrieben, im Krumbacher Herrschaftswald, Hofwald oder Raintalwald – alles Namen dieses Forstes.
In der Buckligen Welt säumen häufig Kapellen und Marterln den Weg. Auf dieser Route machen sie sich jedoch rar. Die einzige Kapelle, an der wir vorbeikommen, befindet sich hier am Sonnberg: die ☛ **Dermakapelle**. Ohne frommes Bildwerk, ohne die obligaten Drucke steht eine Kreuzigungsgruppe auf dem Altar, und man hat den Eindruck, als hätte man die Kapelle um diese Figuren herumgebaut, gegen das Wetter. Denn zieht ein Gewitter auf, so schätzt man auch als Wanderer den Schutz dieses Andachtshäuschens.
Bei einem Baum neben der Kapelle teilt sich der Weg nach Edlitz Markt (*gelb*) und Edlitz Bahnhof, unserem Ziel (weiterhin *rot*). Es war bisher immer von Grimmenstein die Rede, es handelt sich aber um ein und denselben Bahnhof: Edlitz-Grimmenstein. Ein kurioses Detail am Rande: Der Grund, auf dem der Bahnhof steht, gehört weder zu Edlitz noch zu Grimmenstein, sondern zur Gemeinde ☛ **Thomasberg**.
Noch sind Sie aber nicht am Bahnhof. Der Weg führt nämlich noch durch eine „Kuhhalt" – für manche bestimmt eine Mutprobe.
Wer diese Passage geschafft hat, kann beim Rieglerbauer an einem Bildbaum, einer prächtigen Linde, sein Dankgebet verrichten, ehe er talwärts wandert, zum Teil auf einer schmalen Straße, dann über einen Abschneider bis Thomasberg-Sauerbichl und schließlich zum Bahnhof Edlitz-Grimmenstein.

Wiesmath – Annaberg – Wiesmath

# Wo die Wallfahrer durch die Hölle gehen

## Vom Spaziergang bis zur großen Tagestour

**Länge:**
1) Durch die „Hölle“: 5 km.
2) Über Kindelmühle: 16 km.

**Route in Stichworten:**
1) Durch die „Hölle“: Wiesmath, Hölle (*B 2*), Annaberg (Straße Wiener Neustadt – Wiesmath), Wiesmath.
2) Über Kindelmühle: Wiesmath (Straße nach Hollenthon, *B 9*), Beistein (*B 10*), Neumühle, Schwarzenberg (*B 10, B 6*), Sperkerriegel (*B 4, B 5*), Neuris (*B 3*), Kindelmühle (*B 4*), Wiesmath.

**Abkürzungen:** Grundsätzlich über jeden Rundwanderweg, weiters von Beistein auf *B 10* direkt nach Schwarzenberg, vor dem Sperkerriegel die Straße Landsee – Wiesmath in den Ort zurück.

**Abstecher:** Nach den Sommerhäusern über Lehen (*B 6*) und den Teufelsstein; Kreuzeichen – Waldsauerbrunn (*blau*).

**Empfehlung:** Die Länge der Route kann je nach Tagesverfassung bestimmt werden. Wandernadel in Bronze, Silber und Gold kann erworben werden. Auskunft am Gemeindeamt Wiesmath, in den Gasthäusern Wally und Sieder, gleichfalls Wiesmath.

**Einkehr/Übernachtung:** Gasthäuser in Wiesmath, Gasthäuser in der Neumühle (nur am Wochenende geöffnet).

**Karten:** Wanderkarte Bucklige Welt, Österreichische Karte Blatt 106 (1:50 000 und 1:25 000), Radwanderwege, örtliche Wanderkarte.

**Information:** Gemeindeamt 2811 Wiesmath,
☎ 02645-2231 – 0.

**Zug/Autobus:** Stadtwerke Wiener Neustadt/Partsch.

**Radtouren:**
1) Wiesmath, Schwarzenbach, Hochwolkersdorf, Annaberg. Länge: 17 km.
*Vorsicht:* Ins Tal nach Schwarzenbach schmale, einigermaßen stark befahrene Straße. Kräftige Anstiege sind zu überwinden.
2) Wiesmath, Geretschlag, Neumühle, Blumau, Landsee, Schwarzenberg, Sommerhäuser. Länge: 22 km. Flotte Abfahrt in die Neumühle, kurzer, steiler Anstieg nach Blumau.

Der große Parkplatz mit seinem stattlichen Gewerbebaum in der Ortsmitte von ☛ **Wiesmath** ist nicht zu übersehen. Er ist Ausgangs- und Endpunkt aller Wiesmather Wanderungen und deswegen mit einer Panoramatafel ausgestattet. Lust und Laune bestimmen, für welchen der vorgezeichneten Wege man sich entscheidet.

## Durch die „Hölle"

Wer eher einen Kulturspaziergang bevorzugt, wendet sich Richtung Pfarrkirche/Gemeindehaus und wählt den Weg *B 2* , eventuell mit einer „aussichtsreichen" Erweiterung über *B 1*.
Auf dem Platz vor der Kirche beim neuen Gemeindehaus stehen eine Floriani- und eine Mariensäule. Das Gotteshaus selbst ist gotisch und noch deutlich als ☛ **Wehrkirche** zu erkennen. Es waren hauptsächlich die ☛ **Kuruzzen**, vor denen man hinter diesen dicken Mauern Schutz suchte und die mit einem ☛ **Meisterschuß** vertrieben wurden. Kunsthistorisch bemerkenswert ist eine ☛ **Staurothek** in der Kirche.
Nach solch himmlischen Kostbarkeiten geht es ein paar Meter nach der Kirche unbarmherzig hinab in die ☛ **Hölle** (*B 2*). Aber keine Angst, bisher ist noch keinem ein Teuferl begegnet. Seit Menschengedenken führt über diese der Weg frommer Pilger zum ☛ **Annaberg** (Kontrollstelle beim Haus Braunstorfer, Hölle 18).
Wenn Sie Glück haben, hat eines der Mostwirtshäuser in der Umgebung geöffnet. Kein durstiger Wanderer wird die freundlichen Hinweise, die Holzpfeile oder Tafeln mit dem Heurigenbuschen an der Straße übersehen können, und für ein erfrischendes Glas Most nimmt man gern einen kleinen Umweg (z. B. Zottlhof) in Kauf.

## Über Kindelmühle

Die 16 Kilometer dieser Strecke könnten auf den ersten Blick abschrekkend wirken. Aber sie bieten alles, was man sich von einer Wanderung durch die Bucklige Welt erwartet. Den Anfang macht allerdings ein Marsch über die Landesstraße Richtung Hollenthon, bis zur Abzweigung nach Beistein (*B 9*, eine etwa halbstündige Runde über Beistein) am Moiser Riegel, einem der schönsten Aussichtspunkte der Buckligen Welt.
Die Orientierung wird einem hier leicht gemacht, denn bei einem Wegkreuz kommt sogar Hilfe von oben: Die Christusfigur weist dort den richtigen Weg. Mit zwei ausgestreckten Fingern der rechten Hand zeigt sie die Straße entlang zum Ort Beistein. Wer dieser Anweisung folgt, bringt den langweiligeren Teil dieser kleinen Runde schnell hinter sich.
Bei den ersten Häusern steht die ☛ **Beisteiner Kapelle**. „Der Friede sei mit euch" steht auf dem Gitter vor der kleinen Apsis zu lesen. Dieser Friede, eine angenehme Ruhe, stellt sich von selber ein. Es sind nur mehr ein paar Meter, die man auf der Fahrstraße bis zur Kontrollstelle 1 noch zu gehen hat. Ab dort führt ein grasbewachsener Weg in sanftem

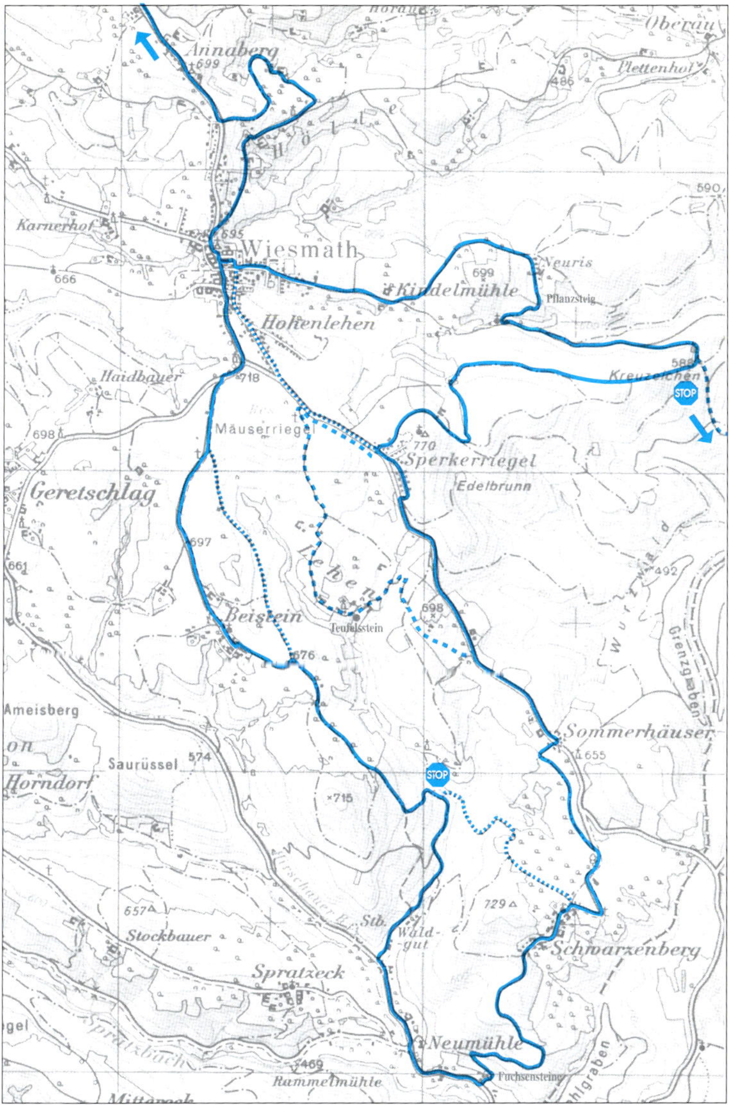


Schwung durch Getreidefelder in eine Obstbaumallee. Im Frühsommer verführen dort die Kirschen und im Herbst die reifen Äpfel zu harmloser „Fladerei“.

Vom rechten Weg abzuweichen ist für brave Wanderer zwar verpönt, auf dieser Route jedoch empfehlenswert. Mit entsprechender Rücksicht – und wirklich nur auf den grasbewachsenen Feldrainen – sollte man zu den Baumgruppen auf den Kuppen der Felder hinaufgehen. Wie auf einem vorzeitlichen Gräberfeld türmen sich dort graue Steinhaufen. Seit in der Buckligen Welt die Felder urbar gemacht worden sind, müssen sie

Jahr für Jahr von Steinen gesäubert werden. Die Steine „wachsen nach", sagt man, und es scheint zu stimmen, denn die Haufen sind zu beträchtlichen Hügeln angewachsen.
Im Schatten der Laubbäume an diesen Plätzen fällt man von ganz allein in ein verträumtes Schauen ringsum: auf den Alpenostrand, auf Schwarzenberg mit seinen Terrassenfeldern, auf den Pauliberg und auf die Ruine Landsee. Nebenbei gewinnt man einen Eindruck von der Strecke, mit der man die kleine Runde erweitern kann, dem Weg *B 10*.
Man spaziert flott und immer leicht bergab bis zum Bach. Die Brunnenkresse wächst mitten am Weg. Ihre zartbitteren Blätter erfrischen angenehm den Mund. Im Hochsommer genießt man die feuchte Kühle dieses Talgrundes. Barfuß im Wasser waten, Dämme bauen – den Kindern fällt bestimmt etwas ein, um die Eltern vom Weitergehen abzuhalten. Sie sollten selber zum Kind werden, mitpritscheln und sich erst dann entscheiden, ob Sie auf dem Weg *Nr. 10* bleiben. Er bedeutet den direkten Aufstieg nach Schwarzenberg, der nächsten Kontrollstelle.
STOP Ich würde aber einen Umweg vorschlagen: Man bleibt auf der rechten Seite des Baches und kommt unmittelbar nach dem Waldgut Wiesmath auf der Straße, die nach Kirchschlag führt, in die Neumühle. Nach links weiter geht etwas mehr als einen Kilometer auf Asphalt bis zum Gasthaus in der Neumühle.
Der Aufstieg nach Schwarzenberg führt auf einer nicht asphaltierten Straße vorbei an den **Fuchsensteinen**. Erstaunlich, wie schnell müde Kinder beim Anblick der wild übereinanderliegenden Felsbrocken munter werden und von einer Minute auf die andere den waghalsigen kleinen „Freeclimber" in sich entdecken.
Bei der **Dimistatt** beginnt der Ort **Schwarzenberg** (Kontrollstelle 2) mit der kleinen Dorfkirche als Aussichtspunkt und dem **Museum am Bauernhof**.
Auf dem Weg des Rindviehs, also durch die „Kia"gasse, verläßt man den Ort und gelangt auf einem Feldweg zum Dirndler-Kreuz bei den Sommerhäusern. Hier bietet sich ein Umweg an, der paradoxerweise geradesogut als Abkürzung gewählt werden kann: über *B 6, B 10* nach Lehen zum Teufelsstein (Kontrollstelle 3, bereits Bronze).
Dazu biegt man ca. 700 Meter nach den Sommerhäusern von der Straße links weg in einen schräg einmündenden Feldweg. Durch einen Graben kommt man zur Rotte Lehen. Am Waldrand weist ein schüchternes Taferl zum **Teufelsstein** (gekennzeichnet mit der Tafel „Kulturweg Bucklige Welt") hinab. Er findet sich am Bach unterhalb der Häuser.
Zum Weg zurück wagen Sie entweder den direkten Aufstieg durch den Wald, oder Sie gehen zurück zum Ausgangspunkt des Abstechers. Den Rest des Weges bis Wiesmath marschieren Sie auf Asphalt. Im Ort wartet dann die Wanderauszeichnung in Bronze auf Sie.
Der Weg zu Silber führt aber über den Sperkerriegel (Kontrollstelle 4) mit der Heimkehrerkapelle (aus Naturstein, 1954 erbaut). Nach der Abzweigung von der Straße sind die Wege durchwegs angenehm und – bis auf eine einzige Ausnahme – mit den Nummernschildchen bestens markiert.

Bemerkenswert ist ein Haus unterhalb des Sperkerriegels. Es ist typisch für diese Gegend und zudem behutsam renoviert. Neben dem Haus gibt es noch zwei Brunnen mit Schächten aus Natursteinen.
STOP *B 5* führt zur ☛ **Kreuzeichen**. Der breite Forstweg ist nicht zu verfehlen. Nach der ersten stärkeren Biegung gabelt sich der Weg aber in drei Äste. Folgen Sie dem rechten Ast! Er führt schräg den Hang hinunter durch einen Jungwald (Schlag) zur „Kreuzeichen", einer Lichtung mit einem Marterl aus Ziegeln.
Über *blau* kann man einen Abstecher Richtung Kobersdorf zum ☛ **Waldsauerbrunn** unternehmen. Auf diesem Weg holten sich vor ein paar Jahrzehnten die Wiesmather noch ihre „Waldquelle".
Bei der Kapelle in der Neuris (Natursteinbau, beachtenswerte Madonnenstatue, Kontrollstelle 5) – der Name wird von „neuer Schlägerung" abgeleitet – übersetzt man den Bach. An der ☛ **„Pflanzsteig"** vorbei zieht ein Wald/Feldweg zu einer Häusergruppe hinauf (Kontrollstelle 6, Silber!). Auf einer bequemen Straße geht es von dort am Sportplatz und an den Schulen vorbei zurück zum Parkplatz im Ort Wiesmath.

# Durch die Schlucht von Willersdorf

Ein romantischer Wandertag in drei Bundesländern

**LÄNGE:** 18 km.

**ROUTE IN STICHWORTEN:** Willersdorf (*rot*), Dreiländereck (*blau*), Ofenegg, Schmiedrait, Aschau (*rot*), Willersdorfer Schlucht, Willersdorf.

**ABKÜRZUNGEN:** Über den Sandriegel retour, vom Dreiländerstein direkt über *rot/gelb* nach Schmiedrait, von Schmiedrait über den alten Kirchensteig direkt zurück in die Willersdorfer Schlucht (nur mit Kompaß!).

**ABSTECHER:** Nach Weinberg, Pinkafeld (*orange*, später *rot*).

**EMPFEHLUNG:** Ein Tag im Hochsommer oder ein klarer Wintertag mit Langlauf in der Willersdorfer Schlucht. Geeignet für einen Schulausflug. Die Länge der Strecke sollte jedoch halbiert werden (mit dem Bus entweder nach Ofenegg oder nach Schmiedrait).

**EINKEHR/ÜBERNACHTUNG:** Gasthaus Gabriel in Willersdorf, Gasthaus Dreiländereck in Ofenegg (nur fallweise geöffnet), Gasthaus Kappel in Schmiedrait, Gasthäuser in Aschau.

**KARTEN:** Freytag & Berndt WK 422, Österreichische Karte Blatt 137 (1:50 000 oder 1:25 000), Wanderkarte des Bezirkes Oberwart.

**INFORMATION:** Fremdenverkehrs- und Verschönerungsverein 7432 Willersdorf, ☎ 03353-366.

**ZUG/AUTOBUS:** Aspangbahn bis Oberwart, Südburg-Reisen.

**RADTOUREN:** Route zum Dreiländerstein: Willersdorf, Aschau, Schmiedrait (gegenüber dem Gasthaus Kappel führt eine teilweise asphaltierte Straße in die Willersdorfer Schlucht hinab), Dreiländerstein, durch die Au bis zur Valtlmühle, steiler Güterweg zur Straße von Schönherrn nach Oberweinberg, Waldwiesenberg. Länge: 20 km.

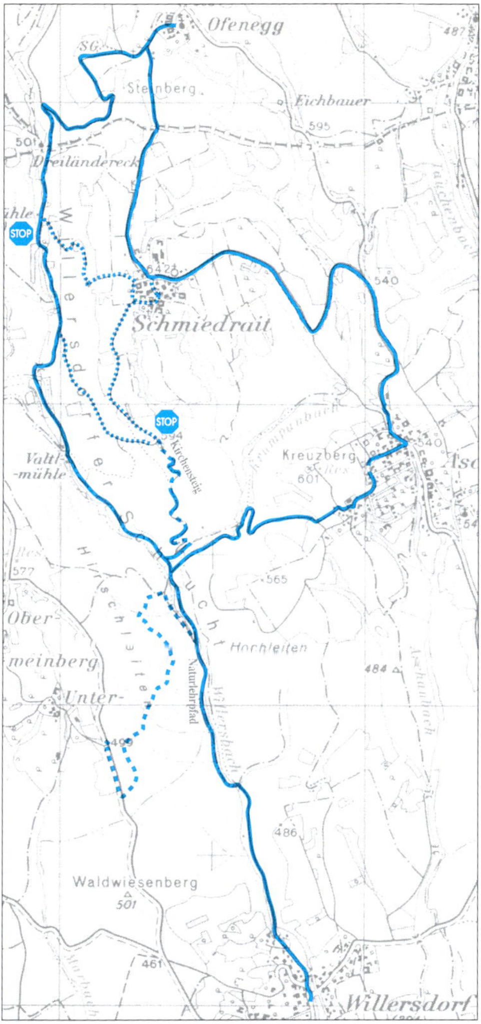


In ☛ **Willersdorf** brauchen Sie sich nur an den Willersbach zu halten.

Ein breiter, vorerst noch asphaltierter Güterweg führt, *rot* markiert, in die Schlucht hinein. Sie kommen an einem Fischteich vorbei und sollten gleich danach links abbiegen zum ☛ **Schloßhansl**, dem kargen, jedoch sagenumwitterten Rest einer Burg.

Nach getanem Schaudern über den Raubritter geht man einfach das Tal hinauf, an der Stierwiese vorbei, bis zum Beginn des mit 60 Lehrtafeln ausgestatteten ☛ **Naturlehrpfades** in der Willersdorfer Schlucht.

Nicht beschrieben sind natürlich die vielen verschiedenen Schwammerlarten entlang dem Weg.

Mykologe sollte man sein, dann hätte man nach dieser Wanderung selbst im November noch das bunteste Schwammerlgulasch. Über Brücken geht es hin und her über den Bach. Eine Abzweigung über einen schmalen Steig verlockt zu einem Abstecher nach Weinberg und Pinkafeld.

Bei der Föhre und der Espe (Lehrtafel) wendet sich der Naturlehrpfad Richtung Aschau den Krumpaubach hinauf. Übrigens, an dieser Stelle werden wir auf unserer Runde wieder zur Au zurückkommen.

Der Weg durch die Schlucht bleibt eben, zieht an ☛ **Mühlen** vorbei, zuerst an der desolaten, aber noch bewohnten Valtlmühle und ein gutes Stück weiter an der Ruine der Patritzlmühle.

STOP Die Mühlenruine ist vom Weg aus kaum zu sehen. Damit Sie die Melancholie dieses Ortes genießen können, müssen Sie erst den verfalle-

nen Steg entdecken, der links über den Willersbach durchs Gebüsch zur Mühle führt.
Es ist von hier nicht mehr weit zum ☛ **Dreiländerstein**, wo sich eine Rast empfiehlt. Danach heißt es Aufsteigen, nach Ofenegg über *blau*. Ein Waldweg und sodann ein Forstweg führen ohne großen Umweg zum ☛ **Gasthaus zur Dreiländerecke**. Am gegenüberliegenden Hügel liegt unser nächstes Ziel, ☛ **Schmiedrait**. Die bewährten Hochneukirchner Holzwegweiser führen keineswegs auf den Holzweg, sondern verläßlich in diesen Ort.
Man könnte vom Dreiländerstein direkt nach Schmiedrait (*gelb/orange*) hinaufgehen und kommt ebenfalls zur Straße, die von Ofenegg herüberführt.
STOP Wer der sicheren Wege überdrüssig ist, für den gibt es ab Schmiedrait eine herrliche Abkürzung über den Heuweg und später den ☛ **Kirchensteig**, einen Wald voller Kreuzungen, also vieler Möglichkeiten, sich zu verirren. Mit einem Kompaß und dornenfester Kleidung ausgestattet, werden Sie das Ziel erreichen: Sie halten sich bei jeder-Abzweigung an die südliche, die talwärts führt. Auf diese Weise müßten Sie im Krumpautal etwas oberhalb der Willersdorfer Schlucht aus dem Gesträuch herauskommen.
Wenn Sie aber ganz sichergehen wollen, so marschieren Sie ein Stück auf der Straße, die von Schmiedrait nach Aschau führt. In der ersten großen Linkskurve bringt Sie ein Güterweg am Waldrand geradeaus in den Ort, in dem sich gleich zwei Gasthäuser zur Rast empfehlen. Eine *rote* Markierung führt durch den Graben des Krumpaubaches zum Naturlehrpfad zurück, auf dessen Weg Sie zum Ausgangspunkt der Wanderung zurückkehren.

# Sehenswertes, Wissenswertes

**Abgebrannte Linde** in Friedersdorf (Gemeinde Kirchberg, Pfarre Kranichberg, Post Gloggnitz) Im August des Jahres 1989 hat in diese damals bereits hohle Linde der Blitz eingeschlagen, und der Baum brannte völlig aus. Die Feuerwehr wußte sich gegen die Brandnester im Bauminneren nicht anders zu helfen, als Löcher in das Holz zu schneiden. Wie durch ein Wunder trieb der Baum jedoch wieder aus. Durch die ausgesägten Löcher kann man einen Blick in das verkohlte Innere des Baumes werfen.
Unterhalb der Linde steht ein bemerkenswertes, reich ornamentiertes Wegkreuz aus dem Jahr 1897.

**Altstraßen** Man bräuchte über die Burgen und Ruinen hinweg nur Linien zu ziehen und hätte sofort einen Überblick über die wichtigsten alten Straßenverbindungen der Buckligen Welt. Für ein Pferde- oder Ochsengespann war es nämlich eine wesentliche Frage, ob es ohne große Steigungen dahinfahren konnte oder nicht. Deshalb benutzte man in alter Zeit gerne die relativ ebenen, zusammenhängenden Höhenrücken.
Diese Wege waren von vornherein sicherer: Hochwässer erreichten sie nicht, und man konnte leicht ausmachen, ob sich von unten Angreifer näherten. Anhand mancher Ortsnamen (z. B. Hochstraß) läßt sich der Verlauf solcher Höhenwege gut verfolgen.
Erst seit dem Mittelalter zog man auch durch die Täler. Diese mußten jedoch durch Wehrbauten gesichert werden, deren Lage an den Talhängen damit erklärt ist.
Welche Straßen wo verliefen, wird hier nicht aufgelistet, darüber findet sich ausreichend Literatur. In den jeweiligen Beschreibungen gibt es aber immer wieder Hinweise auf diese alten Verkehrswege. Manche sind wegen ihrer Eigenart gesondert angeführt und erklärt.

**Annaberg** bei Wiesmath Ein Wallfahrtsort, der vermutlich an eine vorchristliche Kultstätte anschließt. Diese Theorie ist nicht so leicht von der Hand zu weisen. Zunächst einmal spricht der Name einer vorgelagerten Flur, die ☛ **Hölle**, dafür. Ein weiteres Indiz ist die Patronin des Wallfahrtsortes, die heilige Anna, die als Nachfolgerin einer alten, heidnischen Muttergottheit gedeutet wird. Die Menschen dort, insbesondere die Bäuerinnen, pilgern noch heute zur Mutter Anna, stiften eine Kerze, und an ihrem Namenstag, Ende Juli, wird man in der Kirche kaum ein freies Plätzchen finden.

**Annenruh** bei Scheiblingkirchen Zu Ehren seiner Frau Anna ließ hier vor gut hundert Jahren der Gutsbesitzer Karl Müller, Bürgermeister in Scheiblingkirchen, einen überdachten Aussichtsplatz errichten. Von der Bevölkerung wurde die Anlage respektlos Paraplui genannt. Der Felsen heißt immer noch Annenruh. Es ist aber besser, Sie fragen nach dem Parapluieberg, dann weiß jedermann Bescheid. Das in der Tat regenschirmförmige Wahrzeichen wurde, total verwittert und morsch, im Jahr 1977 abgetragen und von der Freiwilligen Feuerwehr durch ein neues ersetzt.

**Arzberg** (Häusergruppe und Berg oberhalb von Thernberg, 504 m) In diesem Ortsnamen steckt der Begriff Erz. Die Vorkommen an Bodenschätzen waren so reich, daß die Mär vom Goldrausch entstand. Daß dieses Edelmetall jemals abgebaut wurde, wird von den Historikern jedoch verneint. Trotzdem fanden sich die abenteuerlichsten Gestalten in der Buckligen Welt ein, um dort ihr Glück zu machen. Sie gruben so nachhaltig den Boden um, daß heute noch tiefe Bingen den Wald durchfurchen. Dabei dürfte es nicht sonderlich fein zugegangen sein. Warum sonst hätte man zum Beispiel der Herrschaft Gleißenfeld die Hals- und Blutgerichtsbarkeit zugesprochen? In einer Entschließung vom 6. Dezember des Jahres 1324 heißt es:
*Wir Elisabeth, von Gottesgnaden römische königin, khünden offentlich an diesem brieff alledenen, die in sehendt oder horendt lesen, dasz für unsz khomen unser arme leutte von Gleissenfeldt und Puechperg und wo wier sie da haben auff unserem eigen ..., die gehorendt uns und unsern richter ann zu richten, ... den umb die drey sach, todtschlag, notdurfft und diev.*

**Aspang** (Bezirk Neunkirchen) Aspang teilt sich in zwei Gemeinden, in Aspangberg-St. Peter und in Aspang-Markt – ein Faktum, das durchaus zur Verwirrung beitragen kann. Noch komplizierter wird es, wenn sich Aspang-Markt selbst noch einmal in ein Ober- und in ein Unteraspang gliedert.
Der Beliebtheit des Ortes als Sommerfrische tat das freilich keinen Abbruch. Doch nicht nur Betuchte kamen, es kamen auch solche, denen eine Tafel das *Betteln nach § 2 des Vagabundengesetzes bei Strafe* verbot. Aber es war auch für solche Fälle vorgesorgt. Auf selbiger Tafel wurde darauf hingewiesen: *Arme Reisende erhalten in der Naturalverpflegsstation Aspang Aufnahme und Unterkunft, woselbst auch Dienst und Arbeit zu erfragen sind.*
Mit dem Hochwechsel gehört Aspang halb zur Buckligen Welt und halb zum Wechselgebiet, was für den Fremdenverkehr, und damit für die Wirtschaft des Ortes, nur von Vorteil sein kann.
Sehenswert ist das Automobil-Museum, ☎ 0222-52 31 669 oder 02644-78 62, geöffnet vom 1. Mai bis 1. November, Samstag, Sonntag von 9.00 bis 17.00 Uhr, Juli, August auch werktags 14.00 bis 17.00 Uhr.

**Aspangbahn** 1881 fuhr der erste Zug im Bahnhof Aspang ein. Es sollte nur die erste Etappe eines großen Vorhabens sein: Saloniki war als Endbahnhof gedacht. Es blieb aber bei der schlichten Aspangbahn, der die Staatsbahn 1910 von Mönichkirchen aus wenigstens den Anschluß nach Graz zur Verfügung stellte. Sie verkehrt heute im Stundentakt und bietet über das Pittental einen großartigen Zugang zur Buckligen Welt.

**Außerschildgraben** (bei Thernberg) Bemerkenswert ist das Marterl, mit einem schönen Kruzifix in der Nische. Der Bildstock hat am Dach ein

offenes Türmchen mit Glocke. Ein Heimatforscher namens Buchmeyr weiß über dieses Objekt folgendes zu berichten:
*Die alten Dorfbewohner erzählen, daß vor Jahrhunderten ein Sohn der Familie Adlitzer hier sein Erstlingsopfer gefeiert hätte und zu diesem Anlaß die Kapelle erbaut worden sei.*
Bei der Kapelle wird heute noch gemeinsam der Rosenkranz gebetet.

**Bad Sauerbrunn** (Bezirk Mattersburg) Schon die Kelten und die Römer wußten die Heilkraft der Sauerbrunner Quelle zu schätzen. Ihre Nachfolger, die Awaren und die Magyaren, waren entweder weniger krank, oder sie bemerkten einfach nicht, daß man sich darin gesundbaden konnte.
Jedenfalls entdeckte man den Sauerbrunner Säuerling erst wieder im 18. Jahrhundert, als man im Sinne des Merkantilismus daranging, planmäßig nach Bodenschätzen zu forschen. Im Jahre 1800 wurde das Wasser untersucht, drei Jahre später ließ Fürst Nikolaus Esterházy die Quelle neu fassen. Fremdenzimmer wurden eingerichtet, und der Ort erlebte seine erste Blüte mit dem Ausbau der Bahnlinie Wiener Neustadt – Ödenburg. Noch vor dem Ersten Weltkrieg ließen sich fettleibige Personen in Sauerbrunn auf eine mörderische Diät setzen – nichts als Sauerwasser, Obst und saure Milch.
Doch fast zwei Jahrhunderte mußten verstreichen, bis – 1987 – aus dem schlichten Sauerbrunn endlich Bad Sauerbrunn wurde.

**Bad Schönau** (im Zöberntal) Im 13. Jahrhundert wurde an der Stelle des heutigen Pfarrhofes ein Wohnturm errichtet, weil sich die Herrschaft Krumbach gegen Osten hin absichern wollte. 1314 wurde der Wohnturm für wenige Jahre zur bescheidenen Burg einer neuen Grundherrschaft. Diese brauchte natürlich eine eigene Kirche. Als Pfarrhof mußte die schwächliche Burg herhalten. Die neue romanische Kirche dagegen wurde als Wehrbau befestigt.
Den Türken konnte sie 1683 nicht standhalten, wohl aber den ☛ **Kuruzzen** im Jahr 1708, die mit ihren Äxten zwar schon bedrohlich auf die Kirchentore einhieben, durch einen überraschenden Ausfall der Belagerten jedoch in die Flucht geschlagen werden konnten. Die Namen der (einheimischen) Toten sind in einer Tafel an der Kirchenmauer verewigt.
Als in den sechziger Jahren unseres Jahrhunderts diese Kirche zu klein wurde, stellte man ihr ein neues Gotteshaus, die Marienkirche, zur Seite. Die Platznot mitverursacht haben die Kurgäste, die aus Schönau ein Bad Schönau machten.
Die Badetradition dieses Ortes reicht in die Zeit des Ersten Weltkriegs zurück. Damals begann aus einem Kohlenbohrloch plötzlich warmes Wasser zu sprudeln. Durch eine günstige Fügung interessierten sich die *Landsknechte*, der Spar- und Vorschußverein der Beamten der niederösterreichischen Landesregierung, für die Quelle und errichteten in Schönau ihr Erholungsheim. Als nicht nur die Heilkraft des Wassers erwiesen war, sondern auch noch freie Kohlensäure festgestellt wurde, stand der Einstufung als Heilquelle nichts mehr im Wege, und Bad Schönau entwickelte sich zum Gesundheitszentrum für Durchblutungsstörungen, Herz-, Kreislauf- und Gefäßerkrankungen.

**Bartlers-Kreuz** auf der ☛ **Züggenhöh** bei Hochneukirchen Ein trauriger Anlaß, der Tod aller Kinder der Familie, sollt zum Bau der Hauskapelle geführt haben. Mit seinen Bänken unter den zwei Linden lädt dieser idyllische Platz bei den Dobler-Häusern zur Andacht ein.

**Bärenhöhle** am Ofenberg bei Scheiblingkirchen Auf älteren Karten ist sie zwar noch eingezeichnet, im Gelände aber gibt es keinen Hinweis darauf.
In „bärenstarken" Zeiten wie diesen ist es auch gar nicht ratsam, sie aufzusuchen: Sie liegt nämlich auf einem der europäischen Bärenwege und wurde immer wieder von wandernden Bären bewohnt. Gerade jetzt, da die Wanderlust dieser Tiere wieder erwacht zu sein scheint, wäre es gar nicht so unwahrscheinlich, die Höhle von einem ihrer ureigensten Mieter besetzt zu finden.
Von den ältesten Bewohnern, den Höhlenbären, fand sich nur mehr ein einziger Knochen. Man hat ihn in den dreißiger Jahren entdeckt und in das Naturhistorische Museum nach Wien gebracht.

**Bauernmuseum** Lanzenkirchen Klaus Haberler begann vor zwanzig Jahren, Gegenstände aus dem bäuerlichen und handwerklichen Leben zu sammeln. Mittlerweile umfaßt die Sammlung 3000 Objekte. Sie dokumentiert das Handwerk des Faßbinders, auch der Wintersport von anno dazumal ist vertreten, und selbstverständlich finden sich Geräte aus Rauchkucheln, eine hölzerne Weinpresse sowie ein *Troadkasten* samt Inventar.

**Beisteiner Kapelle** (Wiesmath) Sie ist ein schönes Beispiel für den unkomplizierten Glauben der Leute in der Buckligen Welt. Neben einer eindrucksvollen, künstlerisch interessanten Kreuzigungsgruppe behaupten sich dort auch eine Marienstatuette und zwei ganz gleiche Herz-Jesu-Bilder. Die Darstellungen sind an und für sich wertlos; Massenware, wie man sie an den Standeln in jedem Wallfahrtsort findet. Vielleicht wurden sie seinerzeit für die Genesung eines Hausgenossen oder für eine besonders gute Ernte gestiftet.
Jedenfalls passen sie so gar nicht zu den neuen Wohnhäusern, auf denen längst die Sat-Schüsseln prangen. Auch nicht zu den modernen, technisierten Bauernhöfen des Ortes Wiesmath. Aber sie stehen noch immer in „ihrer" nach wie vor gepflegten Kapelle; wenn auch niemand mehr zugibt, daß er an die segenbringende Kraft dieser Votivgaben glaubt.

**Bergschloß** Seebenstein Die Burg dürfte bereits über 900 Jahre alt sein. Eine der ersten Besitzerinnen war die Markgräfin Ita (Ida, Itha) von Cham, die Mutter unseres heiligen Leopold. Bemerkenswert ist, daß diese Frau mit zwei Erzbischöfen an einem Kreuzzug teilgenommen hat (1101), von dem sie jedoch nicht mehr heimkehrte.
Ihr Sohn mußte einige Jahre später das Seebensteiner Gebiet gegen einen Raubzug des Ungarnkönigs Stefan II. verteidigen und schlug gar unchristlich zurück, indem er Eisenstadt zerstörte. Kurze Zeit danach saßen die Wildensteiner auf Burg Seebenstein. Ein reger Besitzerwechsel folgte, bis die Königsberger die Veste kauften *um 3600 Pfund Pfennig und*

*darüber wegen der Zahlung und Theilung eben Anno 1432 sich mitsammen verglichen.* Für 200 Jahre blieben nun die Königsberger die Herren von Seebenstein.
Nach übereinstimmender Auffassung der Historiker wurde Seebenstein nie eingenommen, auch nicht von Matthias Corvinus. Im Türkenkrieg des Jahres 1683 spielte wieder ein Leopold eine wichtige Rolle für Seebenstein: der Kaiser (Leopold I.) selbst. Er stattete die Burg mit Geschützen aus und bestimmte sie als Fluchtort. Mit Erfolg, denn Burg und Ortschaft Seebenstein blieben von den Türken verschont. 1732 wurde die Veste schließlich geräumt, weil im Ort selbst Komfortableres, nämlich ein Schloß, auf seinen Herrn wartete.
Hätte sich nicht der Mineraloge Anton David Steiger (1755–1832) der verfallenden Burg angenommen, wäre sie heute eine Ruine. Er pachtete das Gebäude und richtete es so ein, wie er sich in romantischem Überschwang eine Ritterburg vorstellte. Es gab sogar einen Burgvogt Kuno, mit bürgerlichem Namen Josef Schnepfleitner. Der war voll und ganz im Sinne seines liebenswürdig verrückten Herrn tätig. Er mimte den Turmwächter, erzählte Ritter-, Räuber- und Geistergeschichten und ließ bei Führungen selbstverfertigte Skelette vor den schaudernden Besuchern von der Decke der Gelasse baumeln.
1790 lebte das Mittelalter vollends wieder auf, als Steiger die *Wildensteiner Ritterschaft zur Blauen Erde* gründete, einen der damals beliebten Geselligkeitsbünde. Mit „Blauer Erde“ war möglicherweise nicht nur die Farbe der Romantik angesprochen, sondern auch der in der Buckligen Welt vorkommende Lazulith gemeint. Keine Geringeren als Erzherzog Johann, Großherzog Karl August von Sachsen-Weimar und Prinz Wilhelm von Preußen, der spätere Kaiser Wilhelm I., spielten hier Oberst-Prunkmeister und Obermundschenk und ließen sich *Herzlipärzli* oder *Fingal vom stürmischen Morpheus* nennen. Trotz anfänglicher Unterstützung durch Kaiser Franz II. hatte der argwöhnische Minister Clemens Wenzel von Metternich letztendlich doch den längeren Atem und setzte durch, daß der Herrscher persönlich diesen exklusiven Club 1823 auflöste. Ein Jahr später gingen Burg und Herrschaft in den Besitz der Liechtensteiner über. Im Jahr 1942 erwarb schließlich die Wiener Kunsthändlerin Lilly Nehammer die „Veste“.
*Öffnungszeiten:* Im Sommer Führungen am Dienstag, Mittwoch und Donnerstag sowie an Sonn- und Feiertagen um 9.00, 10.00, 11.00, 14.00, 15.00 und 16.00 Uhr. Außerhalb dieser Zeiten nach Vereinbarung mit dem Kastellan (☎ 02627-7328) oder Anmeldung im Gemeindeamt (☎ 02627-7204).

**Bernstein** (Bezirk Oberwart) *Glück auf!* steht auf einer Tafel am Ortseingang. Auf diesen Segensspruch baut man dort seit dem 12. Jahrhundert, als die Bernsteiner begannen, Bergbau zu betreiben. Zuerst wurde nach Eisen gegraben, dann nach Kupfer, Silber und schließlich nach Gold – bis man 1860 auf den Stein gekommen ist, den ☛ **Serpentin.** Bernstein ist weltweit der einzige Fundort dieses edlen, hell- bis dunkelgrünen, durchscheinenden Schmucksteines.

Von dem Namen Bernstein gibt es zwei Deutungen. Die eine versteht darunter einfach einen Stein mit Bären und bestreitet vehement die andere Auffassung, daß der Ort einst an einem Zweig der Via Magna, der Bernsteinstraße, gelegen sei.
Die ältesten nachgewiesenen Siedler hatten sich darum bestimmt nicht gekümmert. Sie waren viel früher da – 1500 v. Chr. –, wie der Fund einer Bronzefibel nachweist. 1388 wird der Ort als *Dorf unter der Burg Porostyan gelegen* urkundlich erwähnt.

**Bildbaum** bei Scheiblingkirchen, an der Grenzlinie von Ofenberg und Petersbaumgarten   Eine makabre Geschichte ist mit diesem Baum, den ein Bild der Heiligen Familie schmückt, verbunden:
In den zwanziger Jahren explodierte in Petersbaumgarten ein Pulverlager, das noch aus dem Ersten Weltkrieg stammte. Dabei wurden Körperteile eines Mannes bis zu jener Stelle geschleudert, wo heute der Baum steht.
Es handelt sich dabei nicht um eine stattliche Linde oder Eiche, sondern um einen kleinen, schon teilweise verdorrten Birnbaum.

**Bingenfelder** (auch Pingen) trifft man überall in der Buckligen Welt an. Sie stammen vom früheren Bergbau. Zum Teil sind es eingestürzte Stollen, aber auch Gräben, die der Tagbau hinterlassen hat.
In der Zeit des Merkantilismus wurden bekanntlich alle nur möglichen Erzvorkommen erschlossen, auch solche, die kaum ergiebig waren. Der Staat wollte wirtschaftlich autark, das heißt auf Importe nicht mehr angewiesen sein.

**Birkenwäldchen**   Jahr für Jahr wird in der Buckligen Welt der (allerdings üppige) Birkenbestand gelichtet, und zwar anläßlich des Fronleichnamsfestes, das in allen ihren Ortschaften mit Umzügen feierlich begangen wird. Dann säumen zarte Birkenstämmchen den Weg des Allerheiligsten zu den vier Altären.
Vielleicht ist die Birke zu solch hohen Ehren gekommen, weil sie eher anspruchslos ist und rasch wächst. Mag sein, daß aber auch mehr dahintersteckt. Sprachen doch die Altvorderen allen Bäumen eine Seele zu. Die Birke, zum Beispiel, begrünte ihre Frühlingsfeste, ein Birkenstab war das Symbol für den göttlichen Blitz, den fruchtbringenden Phallus, der in die Erde gerammt wurde, und in der Nacht huschten Mädchen aus den milchig schimmernden Stämmen und lächelten den Menschen, die unter Birken schliefen, im Traume zu. Noch immer sind es Mädchen, wenn auch in weißen Kommunionkleidern, die zu Fronleichnam neben dem *Himmel* gehen, durch das Spalier der Birkenstämmchen. Die Frauen brechen Zweige von den geweihten Stauden und stellen sie in den Herrgottswinkel – als Segenbringer.
Sie, werter Wanderer, können sich auch an den Birken bedienen, bevor Sie weitergehen. Die Bäumchen werden es Ihnen nicht übelnehmen, wenn Sie ein paar Blätter für einen Rheumatee pflücken oder einen dünnen Ast abschneiden, um daran zu kauen, wenn Zahnschmerzen Sie plagen.

**Blätterstraße** zwischen Bad Fischau und Neunkirchen  Die Bezeichnung kommt aus dem Lateinischen: *Via Platea*, die mit Steinen befestigte Straße, die einst vom heutigen Wien aus die Hügel der Thermenlinie entlang nach Süden verlief, das Steinfeld durchquerte und in einer Seitenlinie über Haßbach zur Straße nach Hartberg führte.

**Blumau** (Gemeinden St. Martin im Burgenland, Hollenthon und Kirchschlag.)  Die Ortschaft liegt am Zusammenfluß des Thalbaches mit dem Spratzbach, die dann gemeinsam die Rabnitz bilden.
Blumau ist Ausgangspunkt einer Wanderung durch die Aulandschaft der Rabnitz entlang der ☛ **Grenze im Bach**.

**Bregnerweg** (Schwarzenbach)  Bregner könnte von *pregnarium*, im Sprachgebrauch des 9. Jahrhunderts öde Gegend, Wildnis, stammen. Bregner ist das Pendant zu *Heanz* oder *Jogl*, Spottnamen, mit denen Burgenländer bzw. Steirer von den Niederösterreichern bedacht werden.

**Bromberg** (Bezirk Wiener Neustadt)  Mit dem Ortsnamen wird zugleich die Etymologie des Wortes Brombeere geliefert: *prame* = Dornenstrauch, Brombeerstaude.
Die Entstehung des Dorfes nimmt man für das Jahr 955 an, 1144 wird *Bramberch* eine selbständige Pfarre. Die beiden Kirchen und der Pfarrhof mit seinen Arkaden stellen heute die Sehenswürdigkeiten des Ortes dar.
Die Herren der Ortschaft Bromberg saßen im Schlattental, *von Slat* war ihr Name. Ihre Burg wird aber schon im 15. Jahrhundert zerstört und Schlatten-Bromberg der Herrschaft Kirchschlag eingegliedert. Den Brombergern konnte das einerlei sein – sie durften ihr Zehentmaß beibehalten, den Metzen, der heute noch vor der Bergkirche zu sehen ist.
Auf den Resten der Burg wird 1879 die Volksschule Oberschlatten errichtet. Die erste Schule Brombergs findet jedoch schon 1544 in einem Visitationsprotokoll Erwähnung.
Was mit Pfarre und Schule so früh ins Werk gesetzt werden konnte, dauerte in wirtschaftlichen Belangen etwas länger: Erst 1846 wird Bromberg von Kaiser Ferdinand dem Gütigen mit Brief und Siegel das Recht zuerkannt, an drei Tagen im Jahr Markt zu halten. 141 Jahre später ist es dann der Landeshauptmann, der dieses Dorf vollends zur Marktgemeinde erhebt.

**Bründlkapelle** in Schwarzenbach  In den Wunderberichten über diese Quelle findet sich ein starker Bezug zu Ungarn. So soll eine ungarische Gräfin das verlorene Augenlicht wiedergewonnen haben, bevor sie noch über den Kobersberg gekommen war. Eine Weiterreise wäre mit einer großzügigen Spende beim Bründl verbunden gewesen. Die aber wollte sie nicht geben, also machte sie kehrt. Sparsamkeit am falschen Platz, wie sich bald herausstellen sollte, denn sogleich war das Augenlicht wieder erloschen.

**Buchenwald**  Bevor der Mensch in den Lauf der Natur eingegriffen hat, haben angeblich alle Wälder in der Buckligen Welt ausschließlich das schlichte graue Kleid der mächtigen Buchenstämme getragen. Von den schlanken, wie Säulen aufragenden Nadelbäumen, die im Winde schwanken, soll weit und breit nichts zu sehen gewesen sein.

**Burg Bernstein** Daß Gespenster nicht unbedingt fotoscheu sein müssen, wurde auf dieser Veste bewiesen: Es gibt eine (echte?) Aufnahme der Weißen Frau, die unmittelbar vor dem Ersten Weltkrieg nächtens in der Burg zu erscheinen pflegte.
Weniger geisterhaft sind die historischen und geographischen Daten der Anlage. Bernstein ist die höchstgelegene Burg des Burgenlandes und wurde um 1200 als Wehrbau angelegt. Sie gehörte nacheinander den Güssingern, dem Geschlecht derer von Königsberg sowie den Batthyany. Heute wird sie von der Familie Almasy als Hotel geführt. Im Winter (ab Oktober) allerdings hält dieses seine Pforten geschlossen.
Man setzt auf Burg Bernstein nach wie vor auf ein wenig Gruseln, denn unmittelbar beim Eingang wird dem Besucher – gewissermaßen zur Einstimmung – eine Folterkammer präsentiert.

**Burg Forchtenstein** Am Anfang ihrer Geschichte steht eine Sage, die mit der Gründung der ☛ **Rosalienkapelle** zusammenhängt und unter diesem Stichwort auch nachgelesen werden kann.
Bauherren der Burg Forchtenstein sollen die Grafen von Mattersdorf gewesen sein. Seit dem 16. Jahrhundert ist sie in ununterbrochener Folge im Besitz der Esterházy. Seit 1815 ist die Veste, die nie eingenommen werden konnte, allerdings ein Museum. Zu ihren Sehenswürdigkeiten zählen die umfangreiche Waffen- und Fahnensammlung, der Brunnen mit dem mehrfachen Echo und das prächtige Staatszelt, eine Beute aus den Türkenkriegen des 17. Jahrhunderts.
Geöffnet ist die Burg vom 1. April bis 31. Oktober, und es gibt täglich Führungen von 8.00 bis 12.00 Uhr und von 13.00 bis 16.00 Uhr.

**Burg Grimmenstein** Von der einstmals stolzen Veste sind nur mehr Reste erhalten, die vor etlichen Jahren noch öffentlich zugänglich waren. Auch ein Schauraum fand sich darin und eine Jausenstation.
Das alles gehört der Vergangenheit an. Der Steg über den Burggraben ist längst morsch, und es wäre mehr als leichtsinnig, ihn zu betreten.
Zu Tal gerutscht ist die Burg freilich nicht, wie uns eine düstere Ballade mit an das Herz rührenden Worten weismachen will, und auch das uns allen prophezeite fatale Ende ist – zumindest bis jetzt – ausgeblieben.

*Es stand in alter, grauer Zeit*
*auf trotzigem Bergesgipfel*
*ein mächtiges Schloß und lugte weithin*
*über die finsteren Wipfel.*
*Der Grimmenstein ward es genannt,*
*vom Grimm seines Herrn bis heute,*
*der wie der Aar von der Felsenkante*
*herniederstieß auf Beute.*

*Und Raub und Mord und Schreit und Tort*
*rings hielten das Land in Schrecken,*
*bis endlich des Rechten rächender Hort*
*bezwang den frevelnden Recken.*
*Den Ritter traf der Fehme Dolch*
*inmitten seiner Gesellen.*
*Das Schloß ward gebrochen –*
*jetzt haust der Molch*
*in den verfallenen Zellen.*

*Und fürder soll der Grimmenstein*
*gemahnen an Gottes Gerichte.*
*Drum sinkt er am Hang jahraus, jahrein*
*um eines Haferkorns Schichte.*
*Und hält er einst im Tale Rast,*
*dann naht die vergeltende Wende.*
*Schon ist er gesunken zur Mitte fast,*
*die Hälfte der Zeit geht zu Ende.*

**Burg Pitten** Sie zählt zu den ältesten Burgen Österreichs. 1094 wird sie bei der Neubestiftung des Klosters Formbach zum erstenmal urkundlich erwähnt. Vom Hin und Her in den Besitzverhältnissen abgesehen, ist in den folgenden Jahrhunderten wenig über die *Veste Pütten* zu berichten. Sie rückt erst wieder in den Mittelpunkt, als sie unter der Führung des Burghauptmanns Wolfgang Teufel dem mächtigen Heer des Ungarnkönigs Matthias Corvinus vier lange Jahre (1482–1485) standhält.
Das schönste Andenken an diese Belagerung ist der Corvinusbecher. Matthias Corvinus schenkte dem Burghauptmann großmütigerweise dieses prächtige Gefäß. Die Gravüre auf dem einer Eichel nachgebildeten Becher erzählt die wundersamen Geschehnisse dieser Tage:
*König Matthias, als er belegert nun die Neustadt, wurt Pitten auch zur selben Zeit belegert von des Königs Leut. Dem König nam dis Wunder sehr, ruckt selbst dafür, wer doch drin wer, wollt wissen, der thet Widerstand, nam Antwort Wolf Teufel genant. Der König sagt ihm zu gelait, das er im nur sech zu der Zeit. Ein Hasen in ein gatter het wenig weis Mehl lang gesparet, ein Vassel guet ungarischen Wein. Braten lies er* (Teufel) *den Hasen fein, bachen das Mehl bracht solches und der König trank mit seinem Mund. Aus dieser Aichel sprach drauf balt weil du noch hast Wildpred in dein Gwald, darzu weiß Brod gut ungarisch Wein, so magst du wol der Teufel sein.*
Der Becher kam über Pottenbrunn, Franken und Kursachsen nach Schleswig-Holstein und ist vor einigen Jahren wieder nach Pitten zurückgekehrt.
Nach dieser ruhmreichen Episode wechselte die Burg Pitten wiederum mehrmals den Besitzer. Zurzeit steht sie im Eigentum der Familie Habsburg-Lothringen, auch ist sie wieder zur Festung geworden. Am Tor zu lesen ist der freundliche, doch etwas anachronistische Hinweis: *Privatbesitz, der Zutritt ist verwehrt und das comerzielle Fotographieren verboten. Die Herrschaft Pitten.*

**Burgberg** in Schwarzenbach Von einer Burg oder wenigstens einer Ruine war auf diesem Berg nordöstlich von Schwarzenbach weit und breit nichts zu sehen, zumindest nicht für Laien. Es gab nur den bezeichnenden Namen. Heimatforscher und Sammler hatten aber längst entdeckt, daß sich unter dem eindrucksvollen Erdwall ergrabenswerte Schätze befanden.
In den Jahren 1992/93 machten sich Archäologen der Wiener Universität ans Werk und stießen zunächst auf eine Befestigung aus dem 2. und 1. Jahrhundert vor Christus; es fanden sich keltische *Pfosten-Schlitz-Mauern*, die ersten dieser Art in Österreich.
Die Anlage entspricht exakt der Beschreibung solcher Objekte durch den großen Gegner der Kelten, Gaius Julius Cäsar. Insgesamt wurden vier Bauphasen der ausgehenden Eisenzeit nachgewiesen. Das *oppidum* beim heutigen Schwarzenbach dürfte bis zum Einmarsch der Römer die Hauptstadt der Oberpullendorfer Bucht gewesen sein und den Eisenbergbau dieses Raumes kontrolliert haben.
Der Schnitt, den die Archäologen angelegt haben, brachte eine weitere Sensation zutage: Am Felsgrund fanden sich Spuren einer viel älteren Besiedlung, aus der Zeit von 1700 bis 1500 v. Chr., die mit einem Grabfund zwischen Sieggraben und Schwarzenbach in Verbindung gebracht werden.
Mit einem eigenen urgeschichtlichen Wanderweg wurde die Grabungsstelle für Besucher erschlossen. Eine Führung kann am Gemeindeamt in Schwarzenbach angemeldet werden (☎ 02645-5201).

**Burgruine Kirchschlag** Seit einigen Jahren wird mit großem Enthusiasmus an der Erhaltung der mächtigen Ruine gearbeitet. Die Veste hatte eine bewegte Geschichte: Bald war sie in österreichischem, bald in ungarischem Besitz. Mit ihr stand oder fiel auch der Ort Kirchschlag, denn die Befestigungsmauern umfaßten Ort und Burg gemeinsam.
Als Aussichtspunkt dient noch immer der benachbarte Feuerturm, der, wie sich aus alten Stichen schließen läßt, durch eine Lederbrücke mit der Burg verbunden war. Die Lederbrücke konnte gekappt werden. Angreifer und Belagerte waren damit fürs erste getrennt.
Nachdem die Herrschaft aus dem kalten Gemäuer der Burg ausgezogen war, sah sich das Gebäude der Dachsteuer ausgeliefert. Um ihr zu entgehen, wurde das Dach abgetragen, weil die Abgaben nach der eingedeckten Fläche berechnet wurden.
Erhalten geblieben sind neben der Burgruine Mauerreste der Liebfrauenkirche am Burgberg und die schönen Kelleranlagen im Fels. Wie schon die alte Schloßschenke benützt auch die heutige, Zur Post genannt, diese immer gleich temperierten Räume als Weinlager für Herrschaft und Herrschaften.

**Burgstall** bei Hochneukirchen Im Wald dieser Flur verbirgt sich der Ringgraben, die Wallanlage einer mittelalterlichen Fluchtburg. Ein strohgedecktes Haus, Burgstall 4, markiert den Zugang über einen Waldweg.

**Burgweg** von der Bromberger Straße zur Burg Pitten Er war der kürzeste Fluchtweg von Erlach zur Burg Pitten.

**Cholerakapelle** Aufgestellt wurde das Steinkreuz an der Landesgrenze zwischen Pilgersdorf und Kirchschlag im Jahr 1873, als Ersatz für ein Holzkreuz, das 1832 nach Beendigung einer Cholera-Epidemie errichtet worden war; *gewidmet den an der Cholera Gestorbenen*. Aus den Kämpfen der jungen Republik Österreich mit den Ungarn im Jahr 1921 sind noch Einschüsse zu sehen.
An dieser Stelle war zur Zeit der Cholera-Epidemie ein Teich ausgehoben worden, und wer auch immer die Grenze passieren wollte, mußte durch das Wasser waten. Auf diese Weise hoffte man, die todbringende Seuche von Kirchschlag fernhalten zu können.

**Czerwenka** (Hotel in Zöbern, Familienbetrieb) Die Eltern des heutigen Besitzers können mit Fug und Recht als Tourismuspioniere bezeichnet werden. Sie haben hier Ende der zwanziger Jahre eine Bauernwirtschaft gekauft, diese ausgebaut und – für die damalige Zeit revolutionär – Selbstvermarktung betrieben. Sie verkauften am alten Fußweg, dem Höhweg, an die vorbeikommenden Wanderer frische Milch. Dieser Weg stellte, als man mangels eines Autos oder eines anderen Fahrzeuges zwangsläufig noch zu Fuß unterwegs war, die kürzeste Verbindung von Krumbach nach Aspang zur Bahn dar.
Das Milchgeschäft war letztlich doch zuwenig einträglich, also baute man ein Gasthaus und richtete darin Fremdenzimmer ein. Mit Ausnahme der Kriegsjahre gab es steten Aufschwung.
Der Tradition der Selbstvermarktung aber hält man heute noch die Treue: Nach wie vor stehen Produkte aus dem eigenen landwirtschaftlichen Betrieb im Mittelpunkt des Interesses – Schweinefleisch und, für Gourmets besonders interessant, die Züchtung *Kampichler Weiderind*.

**Dermakapelle** bei Edlitz Über die Entstehungsgeschichte der Kapelle ist wenig bekannt. Wahrscheinlich handelt es sich um eine Pestkapelle. Die Figurengruppe – der Gekreuzigte und die weinenden Frauen – zählt gewiß zu den eindrucksvollsten Schnitzarbeiten in der Buckligen Welt.
Der Platz selbst hat es in sich. So wird von durchschnittlich furchtsamen Männern berichtet, daß es hier nächtens irrlichtern und gar gräßlich toben soll.

**Dimistatt** (in einer kleinen Ebene vor Schwarzenberg) Sooft ein Pferdefuhrwerk diese Stelle passierte, vernahmen die Fuhrleute ein geheimnisvolles, unheimliches Pumpern unter den Hufen und Rädern. Man nimmt an, daß hier ein Haus gestanden ist und der Weg über den Keller darübergelegt wurde, sodaß sich daraus das *Dimmeln* erklärt.

**Dobler-Kreuz** (Hochneukirchen) Es steht auf der ☛ **Züggenhöh** nach den Dobler-Häusern. Kurz danach trifft man auf ein Bankerl, und dahinter befindet sich ein Hügelgrab. Es ist geschlossen, noch unerforscht, nur ein länglicher Hügel erhebt sich deutlich aus dem Gelände. Angesichts einer so wuchtigen Grabstelle stellt sich die Frage nach der Bedeutung, die der darin Bestattete zu Lebzeiten besessen haben mochte.

**Dorfkirche** in Katzelsdorf Vom ehemaligen romanischen Bau an der heutigen Hauptstraße blieb nach einem Bombentreffer im Zweiten Weltkrieg nur der Turm stehen. Die Kirche wurde neu aufgebaut und 1958 eingeweiht.

**Dreibuchenkapelle** bei Bromberg An einem der schönsten Aussichtspunkte der Buckligen Welt stehen drei Buchen vor einer Kapelle der heiligen Anna. Nach einer Überlieferung soll, wenn eine davon zugrunde ginge, ein großer Krieg ausbrechen. Kurz vor dem Ersten Weltkrieg ist, einem Roman des Hochwolkersdorfer Dichters Hans Markus Steiner zufolge, einer der drei Bäume über Nacht abgestorben.
Rund um diese Kapelle wurden Knochenfunde aus der Türkenzeit gemacht, die auf Notbestattungen schließen lassen und ein Schlaglicht auf die Bestimmung dieser Andachtsstätte werfen. Im Inneren findet sich ein Schild mit der Aufschrift:

*Vor Wetter, Schauer (Hagel) und anderen Gefahren,*
*oh Jesu, wollest uns bewahren.*
*Anno 1741.*

**Dreihütten** bei Bernstein *Krix krax Dornhocker, zeilenweis Mistführn.* Mit diesem „Spottvers" wurden die Dörfler Dreihüttens von den Leuten aus der Umgebung bedacht. Und alles nur wegen eines Mißverständnisses:
Die Herrschaft zu Bernstein hatte nach Dreihütten ein Schreiben geschickt. Dessen Inhalt war den Ortsleuten jedoch nicht zugänglich – sie konnten schlicht und einfach nicht lesen, auch nicht der Richter. Weil sie gewohnt waren, daß vom Schloßherrn Robotforderungen kamen, interpretierte ein erfahrener Alter die Zeichen auf dem Papier als „Krix Krax und Dornen". Er meinte, sie müßten Dornenhocken, wohl um Vögel zu verscheuchen; die geraden Linien wiederum wurden als Feldzeilen, die I-Punkte als Misthäufel gedeutet – also Mistführen. Als sie am nächsten Tag diesen Diensten entsprechend gerüstet antreten wollten, staunten sie nicht wenig: Herzlich lachend, teilte ihnen der Schloßherr mit, daß er sie eigentlich zu einem Fest eingeladen hatte – und nicht zum Dornenhocken und zeilenweis Mistführen.
Es gäbe viel über Dreihütten zu erzählen. Zwei Geschichten seien noch herausgegriffen. Die eine handelt vom Marktrecht:
Kurz bevor die Grundherrschaft aufgehoben wurde – die Revolution von 1848 lag schon in der Luft –, ließen sich die Dreihüttener noch schnell und gegen gutes Geld – sie hatten von den Schmugglern genug eingenommen – gewisse Privilegien von der Herrschaft andrehen, die sie wenig später umsonst erhalten hätten.
Die andere Geschichte berichtet von einem sonderbaren Volksglauben, dem Windfüttern:
Ein Kräuterweibel aus dem Ort streute am Blasiustag das erste *Am* (Spreu beim Dreschen) in den Wind, um diesen zu füttern, damit er nicht hungrig das Stroh von den Häuserdächern fraß.
Für den Ortsnamen selbst gibt es mehrere Deutungen: Er kann von *treu hüten* kommen, von treuen Veteranen, die mit einer Schafweide belehnt worden waren. Er könnte aber auch von den *Hütten* dieser Schafhirten

stammen. Eines ist jedoch gewiß: Dreihütten war seit jeher ein Orientierungspunkt zwischen Wien und Güns; *dort gehst du hinauf, wo die drei Hütten sind.*

**Dreiländerstein** (Niederösterreich, Burgenland und die Steiermark) bei Hochneukirchen Man kann nirgends schneller durch drei Bundesländer laufen als hier um diesen dreiseitigen Betonsockel mit den jeweiligen Landesfarben darauf.

**Eckstein** bei Hochneukirchen Beim Feldlipp, einem Bauernhaus, liegt eine der mächtigsten Steinformationen (Gneis) der Buckligen Welt – ein Spielplatz für die Phantasie. Wenn's nicht sofort klappt, die Kinder helfen einem schon auf die Sprünge.
Wie eine Burg sieht das Gebilde aus. Man schreitet durch zwei Felssäulen in den Vorhof. Steinbrocken liegen umher, als hätte man die Mauern irgendwann gesprengt. Das Ganze ist aber von der Natur geschaffen, auch der wuchtige Bering, ein Felsüberhang.
Heute scheint dort, wo unsere urzeitlichen Vorfahren vielleicht einen ersten, provisorischen Unterstand gefunden hatten, nachdem sie in diese Gegend gezogen waren, ein beliebter Grillplatz zu sein. Bei den Hohlräumen unter den Steinen könnten es sich durchaus um eingestürzte Kellergewölbe handeln.
In einem Durchschlupf soll man angeblich sein Kreuzweh loswerden, *aber bitte mit Vorsicht ans Werk gehen!* Das Laub verdeckt nämlich Unebenheiten des Bodens und Löcher, in die man leicht abrutschen kann. Ein verstauchter Fuß ist nicht weniger unangenehm als ein Hexenschuß. Der Stein wird auch Teufelsbründl genannt, weil seine Mulde selbst im trockensten Sommer noch Wasser führt, das so dunkel ist, als hätte der Teufel sich darin gewaschen.

**Edlitz** (Bezirk Neunkirchen) Die Geschichte dieses Ortes beginnt mit der Nennung seines Gotteshauses als Filialkirche von Bromberg (*de Edlez*) und der Errichtung einer Pfarre mit wehrhafter Kirche (St. Veit, Ausgangspunkt der ☛ **Wehrkirchenstraße**) im Jahr 1192. Im Inneren des Gotteshauses verläuft noch ein Wehrgang, er wurde später als Balustrade gestaltet. Die Pechnase wacht noch immer über dem verstäbten Eingang und bildet in ihrer steinernen Entschlossenheit einen reizvollen Gegensatz zu den zartblassen Fresken aus dem 15., 16. und 17. Jahrhundert.
Am Pfarrhof, er stand einst in Wehrunion mit der Kirche, finden sich die Jahreszahlen 1595 und 1672. Geheimnisvolle Buchstaben an der Wand lassen sich als lateinische Majuskeln (Großbuchstaben) erkennen und bedeuten den Namen Oswald.
Der Ort selbst hat sich trotz Kuruzzen und Türken gut entwickelt, und schon Ende des 18. Jahrhunderts wird er in den *Descriptiones* Kaiser Josephs II. als *mittelmäßiger solid* (aus Stein) *gebauter Markt mit einem Graben* bezeichnet.
Kirche, Pfarrhof und der Ortskern bilden ein pittoreskes Ensemble, das von den Höhen rund um Edlitz besonders gut eingesehen werden kann.

**Eichbüchl** und **Schloß Eichbüchl** Das Schloß kann man leider nur von außen bewundern. Sein heutiges, so romantisches Aussehen erhielt es um die Jahrhundertwende. Urkundlich wird bereits im 15. Jahrhundert als Besitzer ein Georg Hohenkirchner zu Tegernau und Aichbüchel erwähnt. 1611 dürfte das dazugehörige Dorf von Katharina von Donawitz, Frau zu Eichbüchl, gegründet worden sein.
In den letzten Kriegstagen des Jahres 1945 wurde auf Schloß Eichbüchl österreichische Geschichte gemacht:
Dr. Karl Renner war hierher gebracht worden, um von den russischen Militärbehörden den Auftrag zur Bildung einer provisorischen Regierung entgegenzunehmen. Dabei fehlte allerdings eine Kleinigkeit. Heute mag es lächerlich erscheinen, aber es gab damals im Schloß keine Schreibmaschine. Eine solche wurde in aller Eile herbeigeschafft, per pedes und im Rucksack – vom eben zum Bürgermeister von Wiener Neustadt ernannten Rudolf Wehrl. Damit konnte die Proklamation der neuen Regierung endlich festgeschrieben werden.
Der Ort selbst gibt sich keineswegs so zugeknöpft wie sein Schloß. An der Zahl der Einwohner gemessen, übertrifft die Gastronomie dieser kleinen Ansiedlung jede Großstadt. Nahezu jedes Haus steht auf seine Art den Gästen offen, entweder als Weinheuriger, als Wirtshaus oder als Restaurant – ein kulinarisches Ambiente, das man nach einer zügigen Wanderung besonders zu schätzen weiß. Und zu gegebener Zeit findet sich hier auch der Sturm im Glase. Was beim Wein damit gemeint ist, braucht wohl nicht näher erklärt zu werden.

**Eisteiche** wurden einst von den Wirten und Fleischhauern angelegt. Heute präsentieren sie sich meist als etwas verkommene Biotope. Doch noch in den sechziger Jahren, als es längst schon Kühlmaschinen gab, wurde das Eis aus diesen Teichen gebrochen, mit Haken und Stangen an Land gezogen, auf ein Fuhrwerk verladen und in die Keller der Wirtshäuser gebracht. Wenn man die Brocken stückelte, entstand eine ungemein haltbare Eismasse, die dem Keller bis zum nächsten Winter eine gleichbleibende Temperatur knapp über null Grad bescherte – optimale Lagerbedingungen für die Bierfässer und durch viele, viele Jahre die einzige Möglichkeit, über mehrere Tage Frischfleisch anbieten zu können.

**Entenstein** (geheimnisvoller Grenzstein bei Kirchschlag) Unbekannt ist, wessen Wappen (Getreidegarben, Löwen) da auf der einen Seite des Steines abgebildet ist und was die sonderbare (heute nur mehr schwer als solche erkennbare) Ente, die auf Wasserwellen marschiert, auf der anderen zu bedeuten hat; ebenso, was es mit der in den Stein gemeißelten Jahreszahl 1653 auf sich hat.

**Entwege** im Bereich Kulmriegel und Kirchau Hinter dieser Bezeichnung stecken geheimnisvolle mittelalterliche Wege, die in einer bestimmten Höhe den Hang entlang führen. Sie sind nur mehr andeutungsweise im Gelände erkennbar. Wozu sie dienten und wer sie angelegt haben könnte, ist nicht bekannt.

**Erasmuskapelle** in Krumbach Die gotische Friedhofskapelle wurde angeblich von (einem nie existierenden) Hans Christoph ☛ **Puchheim** als Sühne für den Totschlag an seinem (sehr wohl historischen) Bruder Erasmus gestiftet. Tatsächlich hat man sie 1530 zum Dank für die Befreiung von den Türken erbaut. Seit1825 steht sie als Friedhofskapelle in Verwendung.

**Erasmuskreuz** bei Bad Schönau Das halb im Boden versunkene Steinkreuz soll die Stelle bezeichnen, an der Erasmus von ☛ **Puchheim** von seinem Bruder Hans Christoph im Zweikampf erschlagen worden war.

**Erlach** an der Pitten (Bezirk Wiener Neustadt) Der ehemalige Sitz der Edlen von Erlach existiert nur mehr in alten Urkunden. Erlach war lange Zeit Teil der Grafschaft Pitten und wurde erst 1848, mit Aufhebung der Grundherrschaft, zur selbständigen Gemeinde.

**Erzherzog-Johann-Denkmal** in Thernberg *Für mich nichts, für die anderen alles,* lautete die Devise Erzherzog Johanns. *Hanns der Thernberger* war einer seiner volkstümlichen Namen, und er wird den Bewohnern dieses kleinen Ortes im Schlattental wohl ewig in Erinnerung bleiben.
Nicht nur, daß er Teile seines Besitztums an das Volk gab – etwa den Thernberger Riegel, den er den Bürgern geschenkt hat (für den Wirt, dessen Frau ihm gefiel, fiel ein größeres Stück ab) –, mit ihm zog auch der Fortschritt im armen Landstrich ein, indem er die Speisekartoffel einführte und den Bauern zeigte, wie man Bäume veredelt.
Und auch das soll nicht verschwiegen werden: Er hinterließ, zum Stolz so mancher schönen Thernbergerin, erzherzogliche Nachkommenschaft – doch ganz gewiß nur in der großmütigen Absicht, sein Erbe auch in Zukunft in guten Händen zu wissen.

**Felsenmuseum** in Bernstein Mit diesem hat der Weinviertler Künstler Otto Potsch, Spezialist für die Bearbeitung von Edelserpentin, ein einmaliges Kunstwerk geschaffen – ein Stollensystem, das unter anderem auch die diversen Abbau- und Bearbeitungsmethoden dieses Schmucksteins zeigt.
Geöffnet ist das stimmungsvolle Museum von März bis Dezember täglich von 9.00 bis 12.00 Uhr und von 13.30 bis 18.00 Uhr (Oktober bis Dezember 17.00 Uhr).

**Fernheizwerk** in Lichtenegg Es war eines der ersten Fernheizwerke in Österreich, die mit Hackschnitzeln betrieben wurden, also mit Biomasse aus dem Umland. Das einzige, mehr als kuriose Problem dabei: Hackschnitzel, die auch aus Holzabfällen gewonnen werden, waren zumindest damals in der Aufbringung teurer als fossile Brennstoffe.

**Forchtenstein** (Bezirk Mattersburg) Die Geschichte des Ortes hängt natürlich eng mit jener seiner Burg zusammen. Heute ist Forchtenstein als Heurigenort bekannt, vor allem aber durch seine reichen Obst-, Erdbeer- und Kastanienkulturen.

**Föhrenwald** bei Hollenthon Wer es nicht weiß, dem fällt an den Bäumen dieses Waldstückes nichts Besonderes auf. Sie sind von nicht sonderlich hohem Wuchs, obwohl die meisten von ihnen schon mehr als hundert Jahre zählen. Die älteren Leute im Dorf bezeugen, daß seit Menschengedenken diese Föhren gleich groß oder besser gesagt: gleich klein geblieben sind. Ihre geringe Größe verdanken sie dem Umstand, daß nur eine äußerst flache Humusschicht den felsige Untergrund bedeckt.

**Franzensmarterl** bei Eichbüchl Es ist dem heiligen Franz von Assisi geweiht und hat eine berührende Geschichte: Das Bild des Heiligen wurde von einem Flüchtlingsehepaar geschaffen, aus Dankbarkeit für dessen Aufnahme in Katzelsdorf. Die Wahl des Heiligen läßt sich damit erklären, daß der Bildstock 1992 von einem gewissen Pater Franz, der hier in der Nähe das *Haus des Friedens*, eine Missionsstation, leitet, und dem Pfarrer von Katzelsdorf, gleichfalls ein Franz, konsekriert wurde.

**Friedhof** von Scheiblingkirchen Der stattliche, auffällige Hügel mitten im Pittental läßt die Wissenschaft einiges an interessanten Funden vermuten. Er könnte der Standort der *Poutenhowe*, der Püttenau, eines frühen Wehrbaues, sein. Es gibt eine Skizze davon in einer Handschrift des 18. Jahrhunderts. Die Burg selbst hat zu dieser Zeit nicht mehr bestanden, der Zeichner hat uns nur die Kopie einer mittelalterlichen Vorlage überliefert, natürlich ohne verbindliche Orts- und Quellenangabe.

**Frohsdorf** (Gemeinde Lanzenkirchen) Froschdorf, auch Krottendorf (1153 *de Chrotendorf*), der Kriechtiere in den Leitha-Auen wegen, nach denen sich möglicherweise eine adelige Familie (Hartwich von Krottendorf) in aller Bescheidenheit genannt hat. In den Ungarn- und den Türkenkriegen hat Frohsdorf sein Schicksal mit Wiener Neustadt redlich geteilt.
Neben dem ☛ **Schloß Frohsdorf** ist das Kloster Santa Christiana der bedeutendste Bau dieser freundlichen Ansiedlung.

**Fuchsensteine** bei Wiesmath und Hochwolkersdorf Dunkle, zum Teil mächtige Gneisfelsen, unter denen Füchse und Dachse ihre Höhlensysteme gegraben haben.

**Galgenriegel** bei Hollenthon Über die letzte Hinrichtung wird eine höchst kuriose Geschichte berichtet: Der Delinquent, *Zertbauer Jogl* mit Namen, gab als seinen letzten Wunsch an, seiner Mutter die Nase abbeißen zu dürfen, weil sie angeblich an seinem Untergang schuld war.

**Gasthaus zur Dreiländerecke** (Hochneukirchen) Der Seniorwirt Alois Ringhofer ist Herrgottsschnitzer, der Ihnen bereitwillig seine Werke zeigt. Von ihm stammen nicht nur einige Wegkreuze, sondern auch die beachtenswerten Wegweiser von Hochneukirchen.

**Gleißenfeld** (Gemeinde Scheiblingkirchen) Der Name, „glitzerndes, gleißendes Feld“, leuchtet jedem sofort ein, der die breite Pittenau im sommerlichen Frühtau schon einmal erlebt hat. Ihre Burg, die heutige ☛ **Ruine Gleißenfeld**, scheint aber schon im 15. Jahrhundert verfallen gewesen zu sein. Weshalb wäre sonst in der *Relation* der Fluchtorte in Niederösterreich den Bürgern von Gleißenfeld Seebenstein als ein solcher

angegeben, *weillen selbige nirgendhin angewiesen.* Heute ist Gleißenfeld Ausgangspunkt für Klettertouren hinauf zum ☛ **Türkensturz.**

**Gloggnitz** (Bezirk Neunkirchen) Es wäre vermessen, diese Stadt zur Buckligen Welt zu rechnen. Es gibt da den Schneeberg, die Rax und den noblen Semmering, dagegen nimmt sich „unsere" Hügellandschaft wie der arme Bruder aus.

Aber Gloggnitz hat diese Verwandtschaft nie geleugnet. Auch nicht, als 1842 der erste Zug mit betuchten Herrschaften aus Wien ankam, die den Vorsatz gefaßt hatten, die Landschaft zu erobern. Wenn der Schneeberg gerade nicht gewillt war, die tatendurstige Gesellschaft auf seinen Gipfel zu lassen und sein Haupt grimmig verhüllte, ging's von Gloggnitz mit dem Lunchpaket im Ranzen eben „gegenüber ins Hochgebirg", nach Raach und auf die Rams. Ganz in dieser guten alten Tradition kann man es auch umgekehrt halten.

Als Ergänzung zu einem Ausflug in die Bucklige Welt bietet Gloggnitz dem an Kultur und Geschichte interessierten Wanderer an Sehenswertem: das Renner-Museum, die Semmeringbahn, das Bergbau- und Heimatmuseum Enzenreith sowie das Schloß Gloggnitz selbst.

**Gmoa** bei Kirchschlag Es handelt sich dabei um die Gemeindefelder, etwa 110 Hektar, die nach der Bauernbefreiung (1848) den Kirchschlager Bauern (113 Häuser) von der Herrschaft Palffy übereignet worden waren. Schon vor der Grundentlastung räumte ihnen der Graf das Recht auf jeweils drei Klafter Holz und auf eine Weidewiese ein.

Eine Geschichte, die uns ins 16. Jahrhundert führt, beschäftigt sich ebenfalls mit Grundübergaben von der Herrschaft an die Bauern:

Der flüchtige Erasmus von Puchheim (Herrschaft Krumbach) hatte sich im Kirchturm von Lichtenegg offenbar vor seinem gewalttätigen Bruder versteckt. Ein Schneider verriet das Versteck. Erasmus dürfte jedoch vor dem verhängnisvollen Zweikampf (man lese die Schauergeschichte unter ☛ **Puchheimer** nach) noch Gelegenheit gehabt haben, sich bei den hilfreichen Lichteneggern zu bedanken, indem er ihnen ein Waldstück schenkte. Verständlicherweise war der verräterische Schneider von dieser Zuteilung ausgenommen.

**Gotische Steinsäule** beim Eselberg Das Kapitell der Säule ist offensichtlich jüngeren Datums. Wahrscheinlich handelt es sich bei diesem Objekt um ein altes Grenzzeichen.

**Grabensee** bei Wartmannstetten Viel ist nicht mehr zu sehen. Was auch nicht verwundert, handelt es sich doch um eine „versunkene Burg". Sie lag einst an einem wichtigen Weg, der vom Schwarzatal über den Forst nach Haßbach führte, an einem ☛ **Entweg.**

Weil sie schon früh eine Ruine war und so einsam gelegen, konnte sie nicht recht geheuer sein. Von einem Grabensee-Schuster erzählt man sich, der an Sonntagen zur Meßzeit dort erschienen sein soll und in furchterregender Aufmachung die Leute schreckte. Seine Kleidung soll aus Lumpen bestanden haben, sein Haar war lang und zottelig, seine

Augen glichen wahren Teufelsaugen. Gebannt wurde der Spuk mit einem Muttergottesbild.

**Grafenkreuz** bei Pitten  Das solide Betonkreuz mit dem grau gestrichenen Herrgott aus Bronze trägt die Jahreszahl 1866. Es war vom damaligen Pittener Schloßherrn – Graf Chambord – errichtet worden, weil man an dieser Stelle den französischen Grafen Ferdinand von Ferronays nach einem Ausritt tot aufgefunden hatte. Chambor war Adjutant von Graf Ferronays, einem Prätendenten auf die Krone Frankreichs. Die Umstände seines Todes waren mysteriös, man vermutete ein Attentat im Auftrag Napoleons III.

**Graureiher**  In der Buckligen Welt findet sich dieser Vogel im Rabnitztal, in der Aulandschaft von Blumau. Die Unberührtheit dieses Streifen Landes, das durch Jahrhunderte die Grenze zu Ungarn bildete, bietet noch immer ideale Voraussetzungen für Brutkolonien.

**Greißlerei Diewald** in Raach am Hochgebirge  Alles ist darin noch so eingerichtet wie damals, als die Bauersleute aus der Umgebung am Sonntag nach der Messe ihre Einkäufe besorgten: die kleinen Regale aus Holz, die Gläser für die Zuckerln, die Flaschen, aus denen Petroleum, Öl und Essig abgefüllt wurde, und anderes mehr.

**Grenze im Bach** (Blumau-Geißmühle)  Die Rabnitz wurde vor nicht allzu langer Zeit „begradigt". Im Wiesenboden ist noch deutlich das alte Bachbett auszumachen. Mit seinen Mäandern hat das Bacherl seinerzeit den ganzen Talgrund in Anspruch genommen. Kurioserweise ist in der Monarchie die Grenze der österreichischen Reichshälfte getreulich jeder seiner Biegungen gefolgt.
Nacheinander wurden in das Bachbett die Grenzsteine gesetzt, in verschiedensten Größen, von kleinen, heute teilweise überwachsenen Stümpfen bis zu Steinquadern von ansehnlichem Volumen. Ehe sie 1921 obsolet wurden, zeigten sie den Schmugglern sicher an, daß die Grenze auf einem ihrer nächtlichen „Geschäftsgänge" einmal mehr erfolgreich überschritten war.

**Grenzstein** auf dem Heuberg  Der Stein mit der Aufschrift *MT 1755*, mit Krone und Bindenschild, bezeichnet den *Kaiserwald*. Königin Maria Theresia – sie war nie Kaiserin, hörte es aber gern – hatte eine kinderreiche Familie finanziell abzusichern und vergrößerte deshalb den Familienbesitz durch umfangreiche Waldkäufe. Heute ist das meiste davon im Bundesbesitz (Bundesforste).
Die zahlreichen Grenzsteine auf dem Gschaidweg bei Katzelsdorf erinnern noch an die Zeit, als über diese Höhe die österreichisch-ungarische Grenze verlief. Zwangsläufig endeten exakt hier die Eigentumsrechte der jeweiligen Waldbesitzer.

**Grimmenstein** (Bezirk Neunkirchen)  Grimmenstein, eine *Palffysche Constructions = und Conservationsmauth, wovon der Posten „am Treitl"* heißt. Maut einzuheben war noch im 19. Jahrhundert die Aufgabe dieses Ortes. Er wurde auch als *die Lände* bezeichnet und lieh sich erst im 20. Jahrhundert den klingenden Namen der ☛ **Burg Grimmenstein**.

**Großer Otter** (1358 m) Es handelt sich um einen dem Sonnwendstein vorgelagerten Kegelberg. Die Höhlen im Kalkgestein waren den Menschen früher (nur früher?) eher unheimlich, was auch in den Sagen zum Ausdruck kommt:
Inmitten des Plateaus öffnet sich ein tiefer Schlund, auf dessen tiefstem Grund König Otter mit seinen Getreuen schläft und wartet, bis seine Zeit anbricht.
Die Otterhöhle ist da schon etwas freundlicher:
Ein Mädchen, wie es heißt ein junges, frisches Bauerndirndl, begegnete dort einem ebenso jungen, feschen Holzknecht. Sie verriet ihm den Zugang zur Höhle, und gemeinsam bargen sie unermeßliche Schätze.
In manchen dieser Löcher soll es gar lustig zugehen: Da wird nämlich gekegelt – selbstverständlich mit Totenköpfen, und die Gebeine geben die Kegel ab.

**Grotte** am Kulmriegel Eine Marienstatue machte aus der kleinen Kalkhöhle (Kulmriegelhöhle, Länge: 45 m) eine Lourdesgrotte. Die Grotte liegt im größeren Höhlenverband des Kulmriegels (Grimmensteinhöhlen, nicht öffentlich zugänglich).

**Grüne Lacke** auf dem Römersteig zwischen Rosalia und Sieggraben Im Lehmboden, der das Wasser nicht versickern läßt, bilden sich hier Teiche und Lacken. Mittlerweile wurde die Grüne Lacke mit Schutt aufgefüllt, damit die Straße trocken bleibt.

**Gschaidt** (Gemeinde Hochneukirchen) Hier scheiden sich die Wasser zur Zöbern und zur Pinka. Die heilige Magdalena ist die Kirchenpatronin des 1468 als Filialkirche von Zöbern genau an dieser Wasserscheide errichteten Gotteshauses. Seit 1784 ist Gschaidt selbstständige Pfarre, aber seit 1970 (wesentlicher) Teil der Gemeinde Hochneukirchen.

**G'spitzter Riegel** (594 m) bei Katzelsdorf Viele haben schon vergeblich danach gesucht, einige aber haben ihn dann doch gefunden, wie die Eintragungen in das Gipfelbuch beweisen.
Auch dieses ist nicht auf den ersten Blick zu sehen – es verbirgt sich am Fuße einer mächtigen Fichte in einem dicht verschlossenen Nescaféglas. Gipfelsiege und deren Eintragung wollen schließlich verdient sein!

**Haarstube** am Eselberg und in Hochwolkersdorf In diesen Häusern wurde der Flachs bearbeitet, das heißt in kleinen Mengen auf dem Kachelofen getrocknet, gebrechelt, gehechelt, versponnen und zu grobem Leinen verarbeitet.

**Habich** bei Kirchschlag In der Apsis der Kirche wird gekocht, und die Bäuerin findet rein gar nichts daran. Ihr Bauernhaus ist nämlich der ehemaligen Kirche von Habich übergestülpt.
Möglicherweise handelt es sich dabei sogar um die älteste Kirche der Buckligen Welt. Ihrer Form nach zu schließen, könnte sie in der Zeit der Karolinger errichtet worden sein, das heißt im 9. Jahrhundert, bald nachdem die Franken zum erstenmal in das Awarenreich eingefallen waren. Geweiht war die Kirche der heiligen Radegunde, eine Patronin, die für

Historiker so etwas wie eine Faustregel darstellt: Radegunde, Martin, Petrus, Anna, Laurentius – sie alle lassen auf einen alten Sakralbau schließen. Kaiser Joseph II. hob die Kirche auf. Sie wurde verkauft und zum heutigen Bauernhaus umgebaut.
Der Grund für ihre Aufhebung mag in den übersinnlichen Fähigkeiten zu finden sein, die man dem Altarbild heute noch zuschreibt. Es war auf wunderbare Weise in einem Lindenbaum eingewachsen aufgefunden worden und machte so Habich zu einem Wallfahrtsort.
Joseph II. aber mochte nichts weniger als übertriebene Wallfahrerei und irrationalen Wunderglauben – das Bild wurde nach Schönau verbannt. Die Heilige erschien aber immer noch den Habichern, und zwar so lange, bis vier Bauern des Dorfes – sie sind scherzhaft als *die vier Evangelisten* bekannt – endlich eine Kapelle bauten und das Bild heimholten.

**Hanslstein** bei Hollenthon (Naturdenkmal) Die Spalte im Felsen ist mit einer furchterregenden Sage verbunden:
Die Umgebung, heute bemooste Steinbrocken, soll früher einmal die Viehweide gewesen sein, auf welcher der Hansl, ein *Fluchegern*, Kühe und Kälber hielt. Ein Jausenbrot wurde ihm zum Verhängnis. Es fiel in den Felsspalt und ließ sich nicht mehr bergen. Des Hansls Ausspruch: *Der Teufel soll's holen!* wurde wörtlich genommen: Der Böse persönlich packte den Hansl, ließ ihn zur Beglaubigung des Geschehens noch eine Zeitlang im Felsen wimmern und nahm ihn dann mit sich.

**Harmannsdorf** bei Hochneukirchen Das Dorf prangt im schönsten Blumenschmuck. Ein Leiterwagen, das Brunnenhäuschen – alles, alles quillt über von bunter (preisgekrönter) Blütenpracht. Man kann es sich kaum vorstellen, daß der Ort vor 160 Jahren so ausgesehen hat, wie Schweighardt ihn in seiner Topographie vom Land unter der Enns beschrieb: *Harrmannsdorf, der Zustand ist ärmlich, liegt nächst Habich und Hochneukirchen. Straßen sind nicht angelegt, sondern nur höchst beschwerliche Waldwege, die bei schlechtem Wetter gar nicht zu betreten sind.*

**Harrathof** bei Erlach Erwähnt wird dieser Hof 1406 (*Nicolai de Harreth*). Pest, Heuschreckenschwärme, Unwetter und, wie deren Wetterleuchten, die Türkengefahr – diese schrecklichen Geschwister verdüsterten im 14. Jahrhundert eine eher gute Zeit und prägten das Bild vom finsteren Mittelalter. Damals könnte es auch geschehen sein, daß hier ein Adelssitz verarmte und in einen Bauernhof rückverwandelt wurde.
Links des Weges, am Waldrand, liegt aus späterer Zeit das Grafengrab mit der Inschrift: *En Memoire de Comte Luis de Rosier Natif de St. Dominique en Amerique et mort ici a Harathof le 14. Oktober 1813.* Der Graf soll unter diesem Marterl, wie es gräflicher Würde entsprach, hoch zu Roß beigesetzt worden sein.

**Heiliges Bründl** auf dem Weg zwischen Thernberg und Innerschildgraben Durch den Straßenbau ist es teilweise versiegt. Ihm wurde besondere Heilkraft bei Augenleiden zugeschrieben. Als einst ein Bauer seinen Ochsen die Augen mit dem Wasser wusch, soll es jedoch seine Heilkraft verloren haben.

Um dieses Bründl rankt sich auch eine Thernberger Legende:
Eine sagenhafte Stadt stand einst an der Stelle des heutigen Thernberg. Das Heilige Bründl befand sich in der Mitte der Stadt und war ein monumentales Bauwerk. Die Spuren dieser Stadt wurden scheinbar so nachhaltig verwischt, daß man heute nicht einmal mehr weiß, weshalb diese Stadt verschwunden ist.

**Heimathaus** in Kobersdorf Bäuerliches Gerät, diverser Hausrat, Werkzeuge und Textilien zeigen das bescheidene Leben der Kobersdorfer im Schatten ihrer Herrschaft.

**Heimatmuseum** in Krumbach Dieses Freilichtmuseum gruppiert sich um das Bürgerspital, das 1571 von Erasmus von Puchheim gestiftet worden war.
Die Attraktion ist der Fuchsenhausstock. *1470* , so steht auf dem Balken in der Stube zu lesen. Seit damals nämlich befand sich das Wohnhaus in Zöbersdorf und war bis vor wenigen Jahren noch mit Leben erfüllt. Es stand also schon, als Matthias Corvinus das nahe Pitten belagerte. Von den Türkenhorden und den Kuruzzen wurde das Haus nicht entdeckt. (Man sagt immer so pauschal „Türkenhorden"; vielmehr waren es zum Großteil Vertriebene aus dem Osten, die wie eine Welle vor dem Türkensturm über die Bucklige Welt schwappten.)
Kein Feuer fraß Strohdach und hölzerne Wände. Leben und die Geschichte haben sich in diesem Haus voneinander nie getrennt, bis der letzte Bewohner vor einigen Jahren verstarb.
Danach wurde das Gebäude nach Krumbach gebracht. Dort steht es – in guter Gesellschaft mit einem Schüttboden, einem steinernen Türstock aus den Ruinen am Galgenberg und einer Bauernmühle mit Leinölstampf– einem interessierten Publikum zur Besichtigung offen.

**Heldendenkmal** in Kirchschlag Montag, 5. September 1921: Das Burgenland ist vom Völkerbund der jungen Republik Österreich zugesagt. Bei der Übergabe geht es jedoch nicht ohne Kampf ab. Einer der Schauplätze kriegerischer Auseinandersetzungen ist die Hofau, zwischen Kirchschlag und Pilgersdorf gelegen. Dort hat eine kleine österreichische Streitmacht – mehrere Kompanien Soldaten sowie Gendarmen – bereits ihre Stellungen bezogen: Ungarische Freischärler werden erwartet. Die Kämpfe dauern den ganzen Tag über an und fordern insgesamt 30 Tote, von denen die meisten in Steinbach und in Kirchschlag bestattet werden.
Ein Müller aus Kirchschlag soll besondere Zivilcourage bewiesen haben. Er war in diesen Tagen in der Hofau mit einer Fuhre Mehl unterwegs, als er den Anführer der ungarischen Freischärler erkannte. Mit der Peitsche holte er diesen vom Pferd, fesselte ihn und brachte ihn nach Kirchschlag. Für die Kirchschlager Kinder hatte diese Zeit der Wirren sogar ihr Gutes: Die österreichischen Soldaten und Gendarmen zogen nämlich das Essen in den Gasthäusern von Kirchschlag jenem aus der Gulaschkanone bei weitem vor. Somit blieb genug übrig, um die hungrigen Kindermägen zu füllen. Worum es bei dem Kampf an der nahen Grenze ging, war den kleinen Essern freilich egal.

**Hermannshöhle** mit Kyrlelabyrinth am Eulenberg bei Kirchberg am Wechsel Die Hermannshöhle ist die größte und meines Wissens auch die einzige Schauhöhle der Buckligen Welt. Sie weist die stolze Länge von 4277 Metern auf und kann von zwei Eingängen her betreten werden. Berühmt sind die traumhaft schönen Tropfsteingebilde in den beiden Höhlen. Ein Gnomentheater wird gegeben; Totenköpfe, zu einer Traube geordnet, gucken mit hohlen Augen von der Wand; ein Wasserfall ist zu Stein erstarrt. Die Gänge bieten einer Reihe von seltenen Fledermausarten ungestörten Lebensraum.
Den Winter über ist die Höhle geschlossen. Ende März bis Anfang November ist an Samstagen, Sonn- und Feiertagen geöffnet. In der Karwoche und vom 1. Mai bis 30. September kann man die Höhle sogar täglich besichtigen.

**Hochegg** (Gemeinde Grimmenstein) *Hochegg, das Klima, obgleich etwas rauh, ist sehr gesund, das Wasser vortrefflich. Gleichnamiger Berg.* Was so in einer Topographie aus dem Jahr 1831 festgehalten ist, besitzt heute noch Gültigkeit: Das Reizklima hat die Ansiedlung zu einem Höhenluftkurort gemacht. Das Sanatorium der Gebietskrankenkasse wurde 1916 als Lungenheilanstalt gegründet.

**Hochneukirchen** (Bezirk Wiener Neustadt), 1295 als *Hochniukirche* zum erstenmal urkundlich erwähnt, hat mittlerweile über die alte Kirche eine neue gebaut und vom Ursprünglichen gerade so viel übriggelassen, daß sich das Ganze harmonisch in das Ortsbild einfügt.
Bis hier herauf sind die Türken nicht gekommen, obwohl man gerüstet war, mit Wällen um die Kirche und Schanzen, wo heute der Höhwirt ist. Beim Kuruzzenrummel 1707 bewahrten nur mehr die dicken Mauern des Gotteshauses vor dem Schlimmsten: Wer nicht rechtzeitig dahinter Zuflucht gesucht hatte, wurde von den ungarischen Aufständischen ohne viel Federlesens niedergemacht.
Ähnlich hielten es die Räuberbanden in den Grenzwäldern, deren Raubzügen erst im ausklingenden 19. Jahrhundert von der Gendarmerie ein Ende bereitet werden konnte.

**Hochstraße** zwischen Seebenstein und dem Rehgartlkreuz Eine uralte Nord-Süd-Verbindung. Schon die Römer sollen sich hier oben wohler gefühlt haben als im Tal, was allerdings nicht erwiesen ist.

**Hochtann** wird die Grenzflur bei Maltern (Gemeinde Hochneukirchen) genannt. Römergräber wurden hier entdeckt und erforscht, die Grabungsstellen aber wieder geschlossen.

**Hochwolkersdorf** (Bezirk Wiener Neustadt) In kaum einer Gemeinde der Buckligen Welt begegnen sich Stadt und Land in so gegensätzlicher Weise wie in diesem Ort.
Es begann schon im vorigen Jahrhundert, als die Kleinhäusler, die Keuschler, in *d' Neustadt* zur Arbeit gingen, sich also von den Bauern losgesagt hatten, die ihnen bisher gegen Taglohn eine Zubuße zu ihrer Fechsung aus ein paar Quadratmetern Acker und bestenfalls einem Schwein ermöglichten.

Es kümmerte damals kaum jemanden, wem die Herrschaft und das Schloß Hochwolkersdorf gerade gehörten, welche Geschlechter und Besitzer über den kleinen Ort hinweggegangen sind, angefangen von den Lanzenkirchnern bis hin zu den Bourgeois.
Aus den Anfängen der Hochwolkersdorfer Geschichte ist uns sogar eine Entschließung des *pontifex maximus* der katholischen Kirche bekannt: 1279 veranlaßte Papst Nikolaus III. eine Untersuchung der Rechtsverhältnisse der *capella de Volfgerstorf*. 1590 ist aus *Volfgerstorf* bereits *Hohen Wolckherstorff* geworden und war einem *Ulrich von Königsperg* untertan.
In Erinnerung an die Türken kann Hochwolkersdorf gleich mit zwei Sagen aufwarten. Die eine berichtet von einem Schuster, der aus türkischer Gefangenschaft fliehen konnte und zum Dank dafür die *Türkenkapelle* stiftete. Die andere erklärt den Flurnamen *Im Totengraben:* Hochwolkersdorfer waren dort bis zum Hals eingegraben, und die Türken ritten so lange darüber hinweg, bis auch der letzte Schädel zertrümmert war.
Eine andere Geschichte erzählt vom Wetterzauberer im Bannwald:
Kein guter Regenmacher war es, sondern ein boshafter Unhold, der es im Mai frieren und den Schnee von den Dächern wehen ließ, sodaß er sich in hohen Wächten auf den Straßen sammelte und kein Mensch aus dem Haus konnte. Erst nach einigen erfolglosen Versuchen von seiten der Hochwolkersdorfer konnte der böse Zauberer von einem beherzten Schmied gefaßt werden. Dieser hatte ihn mit einem Eisenband geschlossen, hinterher besprengte er den Gefangenen vorsichtshalber noch mit Weihwasser. Der vorübergehend machtlose Zauberer wurde in einen Keller gesteckt, konnte sich aber des Nachts befreien. Erschienen ist er zwar niemandem mehr, als Andenken jedoch hat er die oben beschriebenen Wetterlaunen hinterlassen.
Auch die Geschichte Österreichs hat im Jahr 1945 hier Station gemacht: Man schrieb den 31. März, als die Rote Armee in Hochwolkersdorf einmarschierte. Die 9. sowjetische Gardearmee schlug in diesem Ort für kurze Zeit ihr Hauptquartier auf. Dort kontaktierte – über Oberfeldwebel Ferdinand Käs – die österreichische Widerstandsgruppe 05 die Repräsentaten der Roten Armee. Marschall Tolbuchin ließ über seinen Stellvertreter Generaloberst Zeltov den greisen Dr. Karl Renner aus dessen Bleibe in Gloggnitz holen und mit ihm in Hochwolkersdorf erste Verhandlungen über die Gründung einer Republik aufnehmen. Fortgesetzt wurden die Gespräche auf ☛ **Schloß Eichbüchl.**
Den Ereignissen dieser bewegten Tage ist unter dem Titel *1945 – Ende und Anfang* ein Gedenkraum gewidmet. Er kann nach Voranmeldung (Gemeindeamt ☎ 02645-8222) jederzeit besichtigt werden.

**Hofhaus mit Büstenwand** in Kirchschlag Als es oben – in der Burg – ungemütlich wurde und Graf Hans Christoph von Puchheim den Renaissanceherrscher in sich entdeckte, ließ er sich als bequemeres Domizil unten – im Ort – das Hofhaus bauen. Die Büstenwand dahinter ist der Rest des Festsaales, der 1657 vollendet wurde. Die Büsten stammen aus der Werkstatt des David Weise aus Wiener Neustadt und stellen unverkennbar Habsburger dar.

**Hohler Stein** oberhalb von Witzelsberg Vor 1,3 Millionen Jahren lag dieser Quarzitblock in einem Bächlein. Dessen Wasser hat mit Hilfe eines kleinen rotierenden Steines eine Höhle aus dem Stein gewaschen. So weiß man es heute. Früher fand man offenbar phantasievollere Erklärungen, wie die folgende Sage bezeugt:
Entweder war es das Jesukindlein, das von Maria in diesen hohlen Stein gebettet wurde, oder sie selbst – oder gar Christus? – saß in der Mulde. Zurück blieb jedenfalls ein Wasserlackerl, das auch im heißesten Sommer nicht austrocknen will.
Vor Aberglauben wird gewarnt – auch auf einer kleinen Tafel, die beim Hohlen Stein angebracht ist. Denn dieser ist weder eine heidnische Opferstätte noch ein frühchristlicher Taufstein, sondern schlicht ein Naturdenkmal, das im Jahr 1958 zu einem solchen erklärt wurde.

**Hollenthon** (Bezirk Wiener Neustadt) Wer sonst als die Gottesmutter und ihr Kind hätten die Menschen dazu bewegen können, sich auf den windigen Höhen der Buckligen Welt anzusiedeln. Sie ließen daher die ersten Ankömmlinge auf geheimnisvolle Art und Weise Bilder und Statuen von sich finden; in Bromberg in einem Dornenstrauch, in Wiesmath in der Wiese und in Hollenthon in einer hohlen Tanne.
Die Pfarrchronik hingegen äußert sich zur Herkunft des Ortsnamens weitaus nüchterner:
*Hohlentonn oder Hohlentann trägt seinen Namen von jener hohlen Tanne, in welche die damaligen Einwohner ihr verehrungswürdiges Frauenbild stellten, als sie sich zur öffentlichen Andacht versammelten.*
Im Jahr 1295 wurde der Ort von *ungesessenen* Rittern als eine Art Kontrollpunkt genannt. Was sich in der Folge abspielte, hing bis 1848 eng mit der Herrschaft in Stickelberg zusammen. Danach verzeichnet die Ortschronik einen bescheidenen Aufschwung: Man baute eine Schule, legte Straßen an und renovierte die Kirche. 1992 wurde Hollenthon das Gemeindewappen verliehen; es zeigt in Anspielung auf die Gründungslegende unter anderem eine goldene Tanne.

**Holzbrücken** in Katzelsdorf Katzelsdorf steht ganz im Zeichen seiner Brücken. Die eine, funkelnagelneue, überquert am Ortsausgang den Mühlbach; Pioniere des Bundesheeres haben sie gebaut. Über die Leitha aber führt die älteste noch erhaltene Holzbrücke Niederösterreichs.

**Holzknechtseppl** in Edlitz war Knecht und Räuberhauptmann in einer Person. Anfang des vorigen Jahrhunderts hat er im *Räuberwaldl* oberhalb der ☛ **Dermakapelle** sein Unwesen getrieben. Von ihm erzählt man sich noch heute, daß er einem Glaser, der sich vor ihm auf einen Baum geflüchtet hatte, die Glastafeln zerschoß, bevor er dann den Mann selbst „herunterpfefferte".

**Hotter(Hutter-)weg** Wie man mir versicherte, bedeutet das Dialektwort *Hotter* im burgenländischen Teil der Buckligen Welt soviel wie Grundstücks-, Landesgrenze oder überhaupt Gemeindegebiet.

**Höhlen** vor Innerschildgraben Die Mehlwurmhöhle befindet sich in einer Felswand im Schlattenbachtal. Durch eine schmale Kluft gelangt man in einen kleinen Raum, von dem ein niedriger Gang zu einer zweiten Talöffnung führt. Auf den Raum folgt nach einer Engstelle eine kleine Halle mit kurzen Fortsetzungen aus mächtigen Sedimenten.
In den mehlartigen Feinsanden stieß man auf zahlreiche fossile und rezente Knochenreste. Am interessantesten sind wohl die Fraßreste von Großsäugern aus dem Jungpleistozän: Wolf, Höhlenbär, Höhlenlöwe, Höhlenhyäne, Rothirsch, Riesenhirsch, Elch, Ur, Steppenwisent, Wollnashorn und Mammut.
Die Lämmerhöhle (Schildgrabenhöhle), ca. 100 Meter. östlich der Mehlwurmhöhle gelegen, ist von der Straße aus sichtbar. Sie hat zwei Eingänge. Durch den größeren gelangt man in einen 6 x 8 Meter großen Raum, der zur Einstellung landwirtschaftlicher Geräte benutzt wird. Der andere Eingang ist in 14 Metern Tiefe abgemauert. Man muß sich durch Gerümpel und Schutt den Weg zur Höhle bahnen.

**Höhwirt** bei Hochneukirchen Vor diesem Ausflugsgasthaus sind noch die Reste eines Schanzgrabens aus der Türkenzeit zu sehen.

**Hölle** bei Wiesmath Dieser Flurname leitet sich, so vermuten einige Heimatforscher, vom Wort *Helle* her und führt uns weit in vorchristliche Zeit zurück. Der Wallfahrtsort Annaberg könnte schon damals eine Kultstätte gewesen sein, denn von dort gesehen liegt die „Hölle“ ziemlich genau im Osten, also in Richtung der aufgehenden Sonne. Üblicherweise aber werden abgelegene, finstere Fluren als Hölle bezeichnet.

**Hubertuskapellen** finden sich überall in der Buckligen Welt. Seit einigen Jahren gehört auch jagdliches Brauchtum zur Ausbildung der Jägerschaft. Dieser Umstand und die Freude am Revier haben zum Bau der Hubertuskapellen geführt, die oft gut gelungen sind und sich harmonisch in die Waldlandschaft einfügen, mitunter aber auch protzig die Betuchtheit des Stifters zur Schau stellen.

**Hutwisch** (896 m.) Er erfreut sich des Rufes, der Buckligen Welt höchster Berg (im Sinne dieses Buches) zu sein. Ausgestattet ist er mit einer Kernstockwarte, 22 Meter hoch, erbaut 1979. Hutwisch bedeutet soviel wie Wachtberg, auf der Hut sein. Schon die Römer sollen hier einen Wachturm errichtet haben, um nach Norden hin ihr Siedlungsgebiet im Raum des heutigen Hochneukirchen besser schützen zu können.

**Judensteig** zwischen Kobersdorf und Landsee Kobersdorf besaß eine der bedeutendsten Judengemeinden des Burgenlandes. Anfang des 19. Jahrhunderts lebten hier fast ebenso viele Juden, wie es Christen gab. Den Nationalsozialismus überdauert haben die Synagoge, deren Renovierung man ins Auge faßt, und der jüdische Friedhof.

**Kalvarienberg** in Forchtenstein Im Jahr 1691 wurden auf dem Hausberg die ersten Kreuze aufgerichtet und ein gemauertes Einsiedlerhäuschen gebaut. 1693 ist dann von einem Kalvarienberg die Rede, der dem

Servitenkloster inkorporiert werden sollte. Es ging „ums G'schäft", um die Einnahmen nämlich, die man mit diesem Kalvarienberg zu erzielen hoffte.
Die Statuen müssen schwarz gewesen sein, denn der Maurer Hans Grämer begehrte vom Schloßherrn ein Pfund Kienruß *zur verpuzung der Neuen Statuen am Calfarr Berg*. Einmal war dies kaputt, dann jenes *möderisch*. So ging das 250 Jahre dahin, bis nichts mehr übriggeblieben war als auf dem Gipfel eine Steinbank mit drei Kreuzen sowie entlang den Wegen einige glatt verputzte Kapellen mit ziegelgedeckten Satteldächern und Gipsreliefs in den Rundbogennischen.

**Kart(h)** Der Name des Höhenrückens oberhalb von Witzelsberg leitet sich von *gehart*, dem harten Sand und Kiesboden ab.

**Katzelsdorf** (Bezirk Wiener Neustadt) 1183 wird ein *Cazelinisdorf* zum erstenmal urkundlich erwähnt. Aber schon lange vorher bestand an dieser Stelle eine Ortschaft. Funde, die im Heimatmuseum (im Gemeindegewölbe) zu sehen sind, belegen eine vorrömische Besiedlung. Berühmt ist ein trepanierter Schädel aus der Keltenzeit.
Mit der Eingemeindung von Eichbüchl im Jahr 1888 wuchs der Ort beträchtlich. Er ist heute durch den Weinbau eines der Heurigenziele der Bürger aus dem benachbarten Wiener Neustadt.

**Kellerhaus** Bemerkenswertes Gasthaus in Katzelsdorf. Angeblich wurde es 1585 erbaut, als Kellerhaus der Herrschaft Frohsdorf. Als Gasthaus wurde es 1901/02 eröffnet.

**Kienberg** (805 m) bei Bernstein Der Wald an den Hängen dieses Berges besteht fast ausschließlich aus Föhren. In den Zeiten, als die Räume der Bernsteiner Burg noch von qualmenden Kienspänen aus pechigem Föhrenholz beleuchtet waren, wurde dieser Föhrenberg möglicherweise zum Kienberg, *Keaberg* im Dialekt.

**Kirchau** (Gemeinde Warth) Vor 800 Jahren, 1194, wurde die Kirche an jener Stelle in der Au gebaut, an der einst ein gewisser *Chuno* eine Kapelle hatte errichten lassen.
Die Burg Gutenbrunn, wegen ihres hervorragenden Wassers so bezeichnet, war Sitz der Herrschaft. Im Handel um einen Waffenstillstand wurde die Veste 1474 geschleift; sie trug zu diesem Zeitpunkt bereits den Namen Stubenberg.
In den Waldungen südlich der Ruine führt in einer Höhe von etwa 560 Metern der ☛ **Entweg** aus dem Haßbach- in das Pittental.

**Kirchberg am Wechsel** (Bezirk Neunkirchen) Mit der Gründung eines Chorfrauenstiftes anno 1236 beginnt auch die Geschichte des Ortes. Zwei Kirchen (St. Jakob beim Kloster und die sagenumwobene ☛ **Wolfgangskirche** am Lienberg wechselten sich in ihren Pfarrechten ab, ein Problem, das im 18. Jahrhundert auf rigorose Art und Weise gelöst wurde: Kaiser Joseph II. ließ Kloster und Wolfgangskirche kurzerhand säkularisieren und die Klosterkirche zur Pfarrkirche erklären.

1990 hat sich im Kloster wieder ein Orden niedergelassen – die Herz-Jesu-Priester, welche die Pfarren der Umgebung betreuen.
Einen berühmten Österreicher reklamiert Kirchberg für sich, dessen bekanntestes Werk wohl die wenigsten von uns gelesen und noch weniger verstanden haben. Die Rede ist von dem Philosophen Ludwig ☛ **Wittgenstein** und seinem *Tractatus*. Wer sich näher mit dieser bizarren Persönlichkeit beschäftigen will, für den gibt es in Kirchberg eine auch für Normalsterbliche interessante Dokumentation zu sehen.

**Kirche** in Thernberg  Sie wurde wahrscheinlich umgedreht: Das bemerkenswerte romanische Portal war ursprünglich der Bogen zur Apsis. Die Fresken im Triumphbogen sind eine kunsthistorische Einmaligkeit und kaum zu deuten. Auf den ersten Blick vermeint man Sternzeichen zu erkennen, die in einem ovalen Rahmen dargestellt sind. Bei jedem zweiten handelt es sich aber zweifelsfrei um ein frühchristliches Symbol. Die übrigen haben ihr Geheimnis bis heute nicht preisgegeben.
Die Geschichte der Thernberger Madonna hingegen ist bekannt. Sie wurde 1320 von Friedrich I. dem Schönen gestiftet. Das Original dieser überaus wertvollen Plastik befindet sich im Wiener Diözesanmuseum.
In einem weiteren Sinne mit der Kirche in Zusammenhang steht auch die Person Gundackers von Thernberg. Bekannt wurde er als „Pfaff vom Kahlenberg". Er war mit seiner Schalkhaftigkeit und seinen Streichen eine Art Till Eulenspiegel unserer Lande.

**Kirchensteige**  Man ist erstaunt, wie steil und für unsere Begriffe unwegsam die Kirchensteige oft waren. Als Wanderer empfindet man solche Steige und Wege jedoch als Abwechslung, weil sie oft in direkter Linie durch einen Graben hindurchführen und somit der Trittsicherheit einiges abverlangen.
Wieviel vom Gehen man doch verlernt hat! Auf diesen Kirchensteigen ging 's alte Ehnl (die Großmutter wurde zu Lebzeiten schon als Ahnin angesprochen) gleich wie der Jüngste, der noch lange nicht die Schulbank drückte. Handweisen war unmöglich auf den schmalen Wegen. Auf das Wetter oder die Tageszeit konnte keine Rücksicht genommen werden. Im Advent wurde täglich zur Rorate gegangen, und waren die Steige auch noch so tief verschneit. Es war noch finster in der Früh, und finster war es auch, wenn die ganze Familie in der Christnacht zur Mette aufbrach – und möglicherweise schon tiefe Nacht, wenn der Bauer vom Dorfwirtshaus heimzu wankte. Am Kirchensteig kannte man jeden Stein, jede Wurzel. Dornenranken, die den Weg nicht freigeben wollten, wurden im Vorbeigehen abgebrochen und die Brennnesseln einfach niedergetreten; so blieb der Weg Generationen hindurch passierbar.

**Kirchschlag** (Bezirk Wiener Neustadt)  *König Ottokars Glück und Ende begann in Kirchschlag, und durch den Kampf um Kirchschlag im Jahre 1921 entschied sich, zum letzten Mal bisher, bei Kirchschlag das Schicksal Österreichs.*
Mit diesen Sätzen bringt Peter Baumgartner in seiner Liebeserklärung an die Kleine bucklige Welt die Geschichte dieses Ortes auf den kürzesten

Nenner. Hier war immer Grenzland, und dementsprechend war Kirchschlag befestigt. An seine einstige Wehrhaftigkeit wird man auch heute noch auf Schritt und Tritt erinnert, was einen Spaziergang durch den Ort zu einem geschichtlichen Erlebnis macht.
Die Kirche des Ortes könnte man als spätgotischen Musterbau vorführen. Besonders reizvoll ist der Malerwinkel, wie man sagt, ein Fotomotiv erster Güte, nämlich der Blick aus dem Turmdurchgang zum Schloßberg.
Die Sehenswürdigkeiten Kirchschlags, die Station für Station durch die örtliche Historie führen, werden in diesem Führer einzeln beschrieben.

**Kleinhäusler** Mit der Häuserzeile am Rosalienweg in Frohsdorf hat sich eine ursprüngliche Hausform dieser Gegend erhalten. Wie im Folgenden beschrieben, haben vor wenigen Jahrzehnten überall in der Buckligen Welt noch die Kleinhäusler gewohnt:
Der fast mannshohe Plankenzaun grenzt einen schmalen Hof ab, von dem man unmittelbar in die Küche gelangt. Eine halbverglaste und eine doppelte Balkentür schließen die Wohnräume nach draußen ab. Rechts von der Küche ist das Schlafzimmer, im Kabinett links wohnten früher entweder die Kinder oder die Großmutter, hinten, aus der Küche in den Hang hinein, hatte man den Keller.
Der Wirtschaftstrakt, bestehend aus einem Ziegen- und Hühnerstall sowie einem Stadel, befindet sich eigenartigerweise immer links von der Wohnung. Der Gedanke, die Häuser, auch die größeren Bauernhäuser, in die *Gstetten* hineinzustellen, war seiner Zeit weit voraus, für heutige Begriffe höchst ökologisch und praktisch. Es wurde wenig nutzbarer Grund verbaut, und durch die Lage tief im Hang konnte einiges an Heizenergie gespart werden. Denn Brennholz war mühsam zu beschaffen und mußte mit vielen Arbeitstagen dem Waldbesitzer abgegolten werden.

**Kloster** in Forchtenstein Es handelt sich um ein ehemaliges Kloster des Ordens Servitorum Mariae und dient jetzt als Pfarrhof. Den Entschluß zum Bau eines Klosters nach Art des Carolinum in Volders (Tirol) faßte Fürst Paul I. Esterházy 1692. Mit dem Bau beauftragt wurde der Wiener Neustädter Baumeister Jakob Tistelhofer. In der Chronik finden sich, bis auf jeden Gulden und jede Krone genau aufgelistet, die Kosten für Anschaffungen und durchgeführte Ausbesserungsarbeiten. Nach der Eingliederung des Burgenlandes in den österreichischen Staatsverband wurde das Kloster aus der ungarischen Servitenprovinz ausgeschieden. Am 1. September 1981 wurde es nach fast 300jährigem Bestehen aufgelöst.

**Klosterberg** bei Landsee Das Kamaldulenserkloster wurde schon in der Reformationszeit aufgelöst und ist fast zur Gänze verfallen. Das gesamte Ausmaß der Anlage ist nur mehr an der Geländeform zu erahnen.
*Der Kamaldulenserorden entstand aus der kirchlichen Reformbewegung des 11. Jahrhunderts auf der Grundlage der Benediktinerregel und verband Einsiedler- und Gemeinschaftsleben.* (Brockhaus.)

**Kobersdorf** im Burgenland Im Jahr 1222 wurde von Graf Pousa in der kleinen Ansiedlung am Pauliberg eine viereckige Wehranlage errichtet. Damit war Pousa auch Herr von Kobersdorf und verantwortlich für das Schicksal seiner Untertanen. Als im 18. Jahrhundert die Esterházy diese Herrschaft ihrem ständig wachsenden Besitz einverleibten, überließen sie das „unnötige“ Schloß einfach dem Verfall. 1963 erst fand sich ein Käufer, die Familie Bolldorf-Grazigna. Der herrschaftliche Rahmen wurde für Theateraufführungen adaptiert. Gemeinsam mit dem Ausbau des ☛ **Waldsauerbrunn** bescherten diese prominent besetzten Schloßspiele dem Ort Kobersdorf einen beachtlichen Aufschwung.

**Kreuzeichen** bei Wiesmath Ein Wiesmather Bauer, der über der Grenze gute Geschäfte getätigt hatte und mit dicker Brieftasche heimkehrte, wurde von Wegelagerern verfolgt. Er fand Zuflucht in einer hohlen Eiche. Zum Dank für seine Errettung stiftete er ein Marienbild, das an diesem Baum befestigt wurde.
Von der Eiche sind nur mehr ein paar kleine Nachkommen auf dieser Lichtung zu finden. Der ursprüngliche Bildbaum wurde durch ein Marterl aus Ziegeln ersetzt.

**Kreuzweg** in Kirchschlag Am 21. Juni 1729 richteten auf Initiative des Pfarrers Martin Godefried Schragl der Marktrichter und der Rat von Kirchschlag ein Schreiben an den Erzbischof von Salzburg *wegen Genehmigung eines kleinen Kalvarienberges auf der auf pfarrhöflichem Grund im hiesigen Vormarkt gelegenen Leite*. Entstanden ist eine prächtige Via Dolorosa mit zwölf Stationen, deren letzte zur Kreuzwegkirche ausgebaut wurde.

**Kreuzweg** von Schwarzenbach Es handelt sich hier um eine der jüngsten Kreuzweganlagen der Buckligen Welt. Anno 1989 wurde sie am Burgberg unterhalb der ☛ **Bründlkapelle** errichtet. Die Bilder der einzelnen Stationen wurden von Josef Binder aus Oggau geschnitzt.

**Krumbach** (Bezirk Wiener Neustadt) Die Zöbern muß einst in diesem Gebiet recht ordentliche Mäander gezogen haben. Wie sonst wäre Krumbach, das als solches schon 1291 in einem Siegel aufscheint, zu seinem Namen gekommen. Ab dem 8. Jahrhundert, als Karl der Große die Donau entlang marschierte, wird dieses Gebiet zunächst zwischen diversen Klöstern hin- und hergeschenkt, später dann wanderte es im „Schacherweg“ von einer weltlichen Herrschaft zur andern. Von diesen häufig wechselnden Herren zu Krumbach verdienen die ☛ **Puchheimer** besondere Erwähnung; sie haben dem Ort ein Bürgerspital (das heutige ☛ **Heimatmuseum**) und die ☛ **Erasmuskapelle** beschert.
Eine eher nur der Fachwelt bekannte Musikerpersönlichkeit hat in Krumbach als Lehrer gewirkt, Matthias Hauer, der Entdecker der Gesetze der Zwölftonmusik.

**Kulmriegel** (758 m) Mit seiner auffälligen, abgesetzten Kegelform bestimmt er von weitem das Panorama des Pittentales. An seinem Hang stehen die Überreste der ☛ **Burg Grimmenstein.** Einen Naturlehrpfad gibt es am Kulmriegel seit Herbst 1994.

**Kuruzzen** (Kurutzen, Kuruzen) In der Buckligen Welt haben sie im Fluch *Kruzzitürken* überlebt, und jedermann flucht drauflos, im guten Glauben, keine Gotteslästerung zu begehen. Oh doch, er tut es! Denn ursprünglich bezeichnete man mit *Kuruczok* die Teilnehmer an den Kreuzzügen (lat. *cruciatus*).
Sie waren in Ungarn allerdings nicht sonderlich willkommen. In reiner Notwehr hatte um 1100 der ungarische König Koloman ein paar Haufen von Kreuzfahrern, die plündernd und sengend in Richtung Heiliges Land zogen, aufgerieben. Von da zum Schimpfwort ist der Weg nicht mehr weit.
So nannte man eher intern die aufständischen Bauern im 16. Jahrhundert Kuruzzen, und wahrscheinlich glich es schon wieder einer Ehrenbezeichnung, als sich (oder wurden sie so genannt – das mögen Historiker entscheiden) die habsburgfeindlichen militanten Verfechter der ungarischen Unabhängigkeit im 17./18. Jahrhundert gleichfalls dieses Namens bedienten.
Will man gerecht sein, so stand diesen der Zorn gegen die ziemlich willkürlich waltenden Habsburger durchaus zu: Eine Erhebung der ungarischen Aristokratie war vom Kaiser in blutigen Urteilen geahndet worden. Unter unrühmlicher Beteiligung des Bischofs Kollonitz wurden in Ungarn die Protestanten grausam verfolgt. *Fürst Franz II. Rákóczi kämpfte daraufhin in erster Linie für die religiöse Freiheit und für die Sache der unterdrückten, unfreien Bauern, Magyaren sowie Nichtmagyaren.* (Robert A. Kann: *Geschichte des Habsburgerreiches.*)
Die Wut der ungarischen kleinen Leute bekamen leider auch die absolut unschuldigen kleinen Leute der Buckligen Welt zu spüren. *Audiatur et altera pars*, lautet ein lateinischer Rechtsgrundsatz: Es möge auch die andere Scite gehört werden" – was somit geschehen ist.
Den Menschen in Hochneukirchen und Schönau oder Kirchschlag lagen die Habsburger im fernen Wien ebensowenig am Herzen wie den Ungarn jenseits der Grenze. Die Falschen schlugen einander die Schädel ein, aber über den Zaun betrachtet, sieht alles anders aus, und wenn nicht zu reden ist, dann kann auch nicht geredet werden. Daraus resultieren die bekannten Greueltaten, von denen Orts- und Pfarrchroniken westlich der ehemaligen ungarischen Grenze berichten.

**Landsee** (Gemeinde Markt St. Martin) Das Dorf zur Burg, so könnte man Landsee bezeichnen. Seit die einst übermächtige Veste mehr und mehr zur Ruine verkommen ist, hat sich in diesem kleinen Ort Erstaunliches getan. Zwei Museen (☛ **Steinmuseum** und ☛ **Mida-Huber-Haus**) können besucht werden, zwei Ruinen und zwei Gasthäuser, die allerdings von nur einem Wirt betreut werden.

**Lanzenkirchen** (Bezirk Wiener Neustadt) Der Name der Gemeinde kommt möglicherweise von einem Priester *Anzo* oder *Lanzo*, der im 9. Jahrhundert in der Gegend eine Kirche hatte. 1130 wird Lanzenkirchen auch urkundlich erwähnt. Nach 1848, als ein Sammelsurium an Grundherrschaften aufgelöst worden war, konnte in diesem Ort endlich eine

funktionierende Infrastruktur aufgebaut werden, die bis heute ständig erweitert wurde.
Am 8. August des Jahres 1925, genau um 19.25 Uhr, gab es ein im wahrsten Sinne des Wortes eindrucksvolles Ereignis: Ein Meteorit hatte das Feld beim Schleinzer Kreuz als Landeplatz ausersehen.

**Lebenbrunn** (Gemeinde Pilgersdorf) 1608 wurde diese Rodungssiedlung mit deutscher Bevölkerung als *Leprun* zum erstenmal erwähnt. Lebenbrunn liegt paradoxerweise in einem wasserarmen Gebiet. Dazu ein kleiner Exkurs:
Wüstungen – abgekommene Orte – im Weinviertel leben häufig in Flurbezeichnungen weiter. Es finden sich darunter immer wieder Namen, die auf *-brunn* enden, obwohl der Grund für die Absiedlung gerade das Fehlen eines solchen Brunnens war.
Das könnte genausogut auch auf Lebenbrunn zutreffen. Die nächste Quelle (Leberbach) liegt etwa einen Kilometer entfernt. Die Frauen mußten an Waschtagen dorthin die Wäsche schleppen, und ebenso weit wurde täglich das Vieh zur Tränke getrieben. Deshalb gibt es hier schon seit den dreißiger Jahren eine Ortswasserleitung – eine absolute Besonderheit für die Bucklige Welt. Trotz des Wassermangels wurde allen Ernstes erwogen, ob Lebenbrunn nicht das berühmte *brunnaron* in der Schenkungsurkunde Ludwigs des Deutschen aus dem Jahr 844 sein könnte (☛ **Pilgersdorf**).

**Lehmgruben** auf dem Karth Auf den ersten Blick schen die Bodenwölbungen wie überwachsene kleine Burgruinen aus. Ein Wall aus dem Aushubmaterial umgibt eine flache Mulde mit einem Durchmesser von etwa 20 Metern. Unterbrochen ist der Wall durch einen Zufahrtsweg. Die Lehmgruben sind Bodendenkmale, die teilweise noch aus dem Mittelalter stammen, als in Neunkirchen und in Aspang bedeutende Töpfereien betrieben wurden. Aufzeichnungen darüber gibt es aus den Jahren 1420 und 1474.
Der Name des nahen Ortes Hafning dürfte sich ebenfalls davon ableiten, nämlich vom mittelhochdeutschen *havenaere*, also dem Hafner.

**Leitha** Seit jeher wurde dieser im Sommer oft zum Rinnsal verkommende Fluß als Grenzmarkierung mißbraucht. Der Babenberger Adalbert, seines Zeichens Markgraf, konnte nach erfolgreichen Kämpfen gegen die Magyaren die Ostgrenze seiner Mark 1043 endgültig bis an die Leitha und den Kamm über das Rosaliengebirge vorschieben. 1867 bis 1921 trennte der Fluß Zisleithanien von Transleithanien, also die österreichische von der ungarischen Reichshälfte der Donaumonarchie. Seine Quellen sind die Schwarza und die Pitten. Diese bilden gemeinsam ab Haderswörth die Leitha.
Ihre Hochwasser waren gefürchtet, und schon 1717 ließ die Herrschaft Frohsdorf am rechten Ufer einen Damm aufführen. Er sollte in erster Linie das Frohsdorfer Brauhaus schützen; ohne Erfolg, denn sechs Jahre später überflutete und zerstörte die Leitha Teile der Brauerei sowie Hausgärten und Wiesen von je einem Tagwerk Grund. Seit etwa 1850

schützten zweckentsprechende Bauten, sogenannte Steinsporne, die angrenzenden Ortschaften und gaben Land für Auen und Viehtriften frei.

**Lichtenegg** (Bezirk Wiener Neustadt) Zwischen den beiden Spratzbächen, dem heutigen Thalbach und dem eigentlichen Spratzbach, soll schon vor der Jahrtausendwende eine Kirche gestanden sein – ein Geschenk an Salzburg. Es fragt sich, weshalb gerade dieser Bergrücken jemandem zum Geschenk gemacht wurde.
Antwort auf diese Frage gibt es keine, nicht einmal den kleinsten Hinweis, wo man die Kirche lokalisieren könnte. Das heutige Gotteshaus hingegen, ein wuchtiger, düsterer Wehrbau, ist nicht zu übersehen. Als Wahrzeichen dieser hochgelegenen Ortschaft ziert sie das Wappen des Ortes, und überall im Gemeindegebiet sind Tafeln aufgestellt, die den jeweiligen Namen der Rotte angeben und dieses Wappen zeigen.

**Lutheranerbaum** bei Kirchschlag Wo einst eine mächtige Eiche stand, befindet sich heute ein schmuckloses Marterl (gegenüber dem Bauhof Kirchschlag). Mit diesem Bildbaum soll es folgende Bewandtnis gehabt haben:
In der Reformationszeit lagerte an dieser Stelle ein Treck (25 Ochsengespanne) von Lutheranern, die aus Oberösterreich vertrieben worden waren. Burgherr (ein Palffy) und Pfarrer (Kimberger mit Namen, ein gebürtiger Tiroler) waren den Reformierten wohlgesinnt und gestatteten diesen, dort einen Festgottesdienst zu feiern und Notbaracken aufzustellen. In ☛ **Redlschlag** wurden die Vertriebenen schließlich angesiedelt.

**Maltern,** tiefster Punkt der Gemeinde Hochneukirchen (487 m), war bis 1921 durch die österreichisch-ungarische Grenze zweigeteilt. Auffällig ist die Kirche, eine Filialkirche von Hochneukirchen. Sie scheint dem kleinen Ort um ein paar Schuhnummern zu groß zu sein. Was es damit wohl auf sich hat?
Gleich neben dieser Kirche entspringt eine Quelle, das Margaretenbründl, das als wundertätig galt und seine Heilkraft auch sehr drastisch demonstriert. Hier gibt es nämlich eine Pietà (um 1670) mit Wasseranschluß. Das Wunderwasser wird von hinten in die Statue eingeleitet und fließt durch die Brustwunde des Heilands wieder aus.
Wallfahrer kamen in Scharen und staunten, und auch das Opfergeld floß reichlich. Man entschloß sich daher, eine dem Andrang entsprechend große Kirche zu schaffen, und begann 1717, eine barocke Saalkirche zu bauen. Die Finanzen waren jedoch zu knapp kalkuliert. Das zuständige Stift Reichersberg versagte die Geldmittel, und zu allem Überdruß blieben auch die Wallfahrer aus. 1741 wurde das Gotteshaus zwar eingeweiht – als Patron hatte man den heilige Mauritius ausersehen –, aber bis auf den heutigen Tag macht die Kirche einen unfertigen Eindruck.
Sehenswert sind eine überaus ausdrucksstarke Anna Selbdritt und die kurios unproportionierte Figur des martialischen St. Mauritius am Hochaltar.
Den Schlüssel zur Kirche gibt es im Haus Nr. 26 bei Frau Antl.

**Maria Schnee** (Wallfahrtsort in Kaltenberg bei Lichtenegg) Es ist hier nicht kälter als anderswo in der Buckligen Welt, obwohl alles darauf hindeutet. Schon die Gründungslegende berichtet von einem argen Schneetreiben, dem ein armer Holzknecht nur mit Marias Hilfe entkommen konnte. Zu alledem ließ im vorigen Jahrhundert ein Ehepaar namens Winter die heutige Kirche erbauen.
Die ursprünglichen Patrone waren die heilige Radegunde, Nothelferin bei Aussatz, Kinderfieber und Geschwüren, und der für die Schnitter zuständige heilige Oswald. Bis nach dem Zweiten Weltkrieg wurden entsprechende Opfer gebracht – Gliedmaßen und Tiere aus Wachs.

**Marienquelle,** Sauerbründl bei Katzelsdorf Man kann davon kosten, wenn man im Dunkel einer kleinen Hütte ein paar Treppen hinunter zum Wasser steigt. Es schmeckt höchst eigenartig, aber man weiß ja: Medizin ist keine Delikatesse. Dennoch holten sich in früheren Zeiten, als es Sauerwasser noch nicht in jedem Lebensmittelgeschäft gab, die Leute aus Katzelsdorf von hier ihren Trunk.

**Markstein** an der Straße Forchtenstein – Hochwolkersdorf Bis 1921 verlief auch hier die Grenze zwischen Österreich und Ungarn. Mark (March) bedeutet nichts anderes als Grenze.
Die Grenzsteine von beachtlicher Größe haben jedoch die Phantasie beflügelt. So geht die Mär, daß einst ein prächtiges Schloß an dieser Stelle gestanden sein soll. Die Schloßherrin war eine gute, hilfsbereite Frau, die allen Vorüberkommenden zu helfen trachtete. Eine räuberische Bande belagerte aber das Schloß, eroberte es, und weil die Halunken nichts Wertvolles fanden, zerstörten sie das Schloß bis auf die Grundmauern, von denen nur die drei Marksteine übriggeblieben sind.

**Marterl** bei Schönau Eine Tafel an einem Baumstumpf gibt Auskunft: *Im Jahre 1945 wurde durch dieses Stammes Schutz gerettet Ehr' und Leben, der man in der Taufe den Namen der Unbefleckten gegeben.*
Beim Einmarsch der Roten Armee hatte ein fünfzehnjähriges Mädchen hinter einem Baum vor marodierenden Soldaten Zuflucht gesucht – und gefunden. Als Jahre später ihre Taufpatin verstarb, brach auch dieser Baum zusammen. Ein Stück von seinem Stamm wurde aufbewahrt und zum dankbaren Gedenken an diese Begebenheit neben dem Marterl aufgestellt.

**Martinibründl** (Kirchschlag) Das Martinsbründl war in Vorzeiten als Heilquelle bekannt. Heute fließt im kleinen hölzernen Brunnenhäuschen kein Wasser mehr. Bemerkenswert sind allerdings das Sonnensymbol auf der Dachspitze und eine Figurengruppe: der heilige Johannes Nepomuk, flankiert von zwei Engeln. Die große Kapelle, dem heiligen Florian geweiht, wurde 1962 renoviert. Die Statuen, neben anderen die Heiligen Martin und Antonius, sind ungemein ausdrucksstarke bäuerliche Arbeiten. Es wird auch erzählt, daß ein Eremit dort gehaust haben soll.
Nach wie vor ist es das Ziel von Wallfahrern, zum Beispiel aus Lembach und Kirchschlag, und, o Wunder, immer am Tag dieser Wallfahrten erwacht der längst trockene Brunnen zu neuem Leben.

*Annakirche in Wiesmath*

Wie solche „Wunder“ geschehen, hat mir ein älterer Kirchschlager erzählt:
Er sei damals Ministrant gewesen, als der *Kirchnvoda*, der Mesner, sich bei ihm beklagt hatte, daß er am Florianitag früh aus den Federn müsse, um das Bründl mit Bachwasser zu füllen, auf daß das „Wunder“ für heuer nicht ausbleibe.

**Meisterschuß** Eine Sage aus Wiesmath weiß dieses zu berichten:
Es waren wieder einmal die Kuruzzen, die den Wiesmathern das Leben schwermachten. Sie belagerten den Ort, ließen sich dabei aber nicht hetzen. Einer ihrer Führer hatte sogar Muße, sich ein gebratenes Hendl servieren zu lassen. Er hatte jedoch nicht damit gerechnet, daß vom Kirchturm aus ein Wiesmather Bürger ihm gerade dieses Hendl mit einem Armbrustpfeil aus der Hand schoß. Der Kuruzze war darob so erstaunt, daß er nachfragen ließ, wer denn die Wiesmather anführe. Er erhielt zur Antwort: „Petrus und Paulus, unsere Kirchenpatrone!“ Das genügte, um die Wiesmather derart zu ermutigen, daß sie den Kuruzzenhaufen in die Flucht schlagen konnten.

**Michaelskirche** in Kirchschlag In diesem einfachen gotischen Bauwerk vermutet eine Gründungslegende von Kirchschlag die erste Kirche des Ortes. Ein Relief mit einem Hirsch, einem kleineren Tier und einer Palme hat den Ausschlag gegeben: Wegen *Feindeswut* hätten erste Christen sich hierher geflüchtet *und in einem vorher gemachten Holzschlage die Kirche, welche jetzt zur Einsetzung der Todten dient, erbauet.*
Es handelt sich um einen Bau aus dem 15. Jahrhundert. Auf dem romanische Relief aus einer älteren Kirche sind Taufsymbole abgebildet, wobei nicht klar ist, welches Tier neben dem Hirsch dargestellt ist: wirklich ein Löwe – oder nur ein Hase?

**Mida-Huber-Haus** in Landsee Mida Huber (1880–1974) war Malerin, Schriftstellerin und Komponistin. Sie hat in diesem Haus gelebt, und es kann hier ein Großteil ihrer Werke, das Klavier, der Schreibtisch und die Staffelei bewundert werden. Hauptanliegen ihres Schaffens war „ihr“ Burgenland, dessen sie sich bildnerisch und in ihren Schriften immer wieder in humorvoller Weise angenommen hat.

**Mitterriegel** (506 m) bei Katzelsdorf Man war im Rosaliengebirge, insbesondere auf dem Mitterriegel, offensichtlich seit jeher bemüht, dem Touristen das hehre Gefühl eines Gipfelsieges zu vermitteln. Früher gab es hier eine Aussichtswarte, von der noch die Fundamente zu sehen sind. Uns Heutigen bietet sich nur mehr das Gipfelbuch (sic!) für eine möglichst witzige Eintragung an.

**Museum am Bauernhof** in Schwarzenberg Private Sammlung von Frau Adolfine Beisteiner. Neben bäuerlichem Hausrat wie dem wunderschönen alten Küchenherd mit dem Backofen, in welchen immer noch Brot „eingeschossen“ wird, sind hier auch Bücher und Andachtsgegenstände zu bewundern, wie sie seinerzeit in den Bauernkästen verwahrt wurden. Als Besucher ist man von der Unmittelbarkeit dieses Museums berührt. Es ist Teil des Lebens seiner gastfreundlichen Besitzerin geblieben.

**Museum** von Seebenstein Neben dem ehemaligen Maierhof der Burg aus dem Jahr 1599, Seebenstein 3 (die Burg hat die Hausnummer 1) steht das Museumsgebäude, Seebenstein 2. Die Hausummern sind hier Zeugen der Geschichte, so alt sind diese Gebäude. Das Waldhaus (Nr. 3) war früher eine Schule, schon 1735 wird sie erwähnt. Schulschwestern haben hier Mädchen im Handarbeiten unterwiesen.
Jetzt wird das Gebäude als Museum genützt. Zu sehen sind dort neben einer original eingerichteten alten Küche aus Seebenstein und dem Werkzeug der örtlichen Handwerker auch eine Dokumentation zur Geschichte von Seebenstein von dessen Erstnennung bis herauf in unsere Tage, eine Schau über die Papierfabrik Hamburger sowie Sonderausstellungen.

**Mühle** bei Haßbach Neben dem Weg, durch Büsche verdeckt, steht eine kleine Mühle. Das Mühlrad ist teilweise zerbrochen, die Dachrinne ist aus Holz, um das Haus verstreut liegen noch die ausgehöhlten Baumstämme vom Wasserzulauf.
Die Mühle dürfte einen neuen Besitzer haben, denn zumindest die Eingangstür ist erneuert und gut verschlossen. Der Boden ringsum ist wunderbar vermoost und bietet sich vor allem im Hochsommer als schattiger, angenehm kühler Rastplatz an.

**Mühlen** in der Willersdorfer Schlucht Drei Mühlen wurden seinerzeit in diesem Tal betrieben. Zwei davon sind noch zu finden: Die Valtlmühle, die zwar bewohnt ist, deren Nebengebäude aber nach und nach verfallen, und die Patrizlmühle. Sie ist bereits Ruine. In den Mauerresten sieht man aber noch Details, die einem das Herz schwer machen. Es sind dies Teile des Holzgetriebes, die liebevoll mit Schnitzereien verziert wurden und nun langsam vermodern.

**Naturlehrpfad Bernstein** (zwischen Redlschlag und Bernstein in einem lichten Föhrenwald) Hin und wieder stehen am Wegrand im Lauf der Zeit verblaßte Schautafeln. Vorgestellt werden Tiere, Pflanzen und Steine aus den Bernsteiner Wäldern. Von praktischem Wert sind die Tafeln mit den Pilzen. Sie bedeuten an Ort und Stelle einen Sicherheitscheck im Schwammerlkorb, der sich in diesem Wald mühelos mit den schönsten Exemplaren füllen läßt.
Der Weg lädt zum Spazierengehen geradezu ein und bietet sogar einem Kinderwagen Platz. Einer Angabe der örtlichen Tourismusinformation zufolge sind bei Redlschlag ein ehemaliges Schwefelkiesbergwerk und Teile der alten Straße mit Brückengewölbe zu sehen.

**Naturlehrpfad „Willersdorfer Schlucht"** Eröffnet wurde er 1984. Er führt in einer Länge von etwa 5 Kilometern über die Bergloipe Hochleiten Richtung Aschau und auf einem parallel dazu verlaufenden Weg retour. Ausgestattet ist er mit 60 Lehrtafeln, die den deutschen Namen des jeweiligen Baumes oder Busches angeben.
Nicht bezeichnet ist die häufigste Pflanze der Au, das Ausdauernde Silberblatt oder Mondviole, ein Kreuzblütler. Im Herbst ist die Blume leicht an ihren Früchten zu erkennen: Längliche Silbertaler sitzen auf den

vertrockneten, überhängenden Stielen. Sie blüht im Frühsommer – die Farbe der Blüten ist meistens Rotviolett, seltener Weiß – und ist vor allem auf Kalkböden im Gebirge und in feuchten Hangwäldern anzutreffen.
Eine aufschlußreiche Begleitbroschüre ist sowohl im Kulturzentrum Oberschützen (☎ 03353-6680-0) als auch in der Landwirtschaftlichen Bildungsstätte Oberwart (☎ 03352-32308) erhältlich.

**Naturpark „Seebenstein-Türkensturz"** Ein 367,25 Hektar großes Landschaftsschutzgebiet erstreckt sich zwischen den Orten Seebenstein, Gleißenfeld, Außerschildgraben und Schiltern. Um wenigstens einen Teil der Wunder an pflanzlicher und tierischer Vielfalt erkennen zu können, wäre es gut, Biologe zu sein. Aber wer ist das schon?! Deshalb gibt es eine kleine Hilfe mit auf den Weg, eine Broschüre, die ich Ihnen ans Herz legen möchte: *Seebenstein. Ein Führer durch den Naturpark und den Ort.* Erhältlich im Gemeindeamt.

**Naturpark „Türkensturz"** Er umfaßt 84 Hektar und ist mit einem Rastplatz in Gleißenfeld ausgestattet. Betreut wird er von der Marktgemeinde Scheiblingkirchen-Thernberg. In einem eigenen Abschnitt führen Klettersteige zum ☛ **Türkensturz**. Umgeben ist der Naturpark von einem Landschaftsschutzgebiet (400 ha) mit den Orten Sollgraben, Außerschildgraben, Weingart, Neustift, Innerschildgraben und Scheiblingkirchen.
Falls es Sie interessiert: Der Naturpark liegt im Baltisch-pontischen Lebenskreis. Die geologischen Gegebenheiten im Park sind die Voraussetzung für eine interessante Fauna und Flora.
Der weiße Diptam: Nicht nur der Blütenstand selbst, vor allem die den Blüten entströmenden Düfte haben einen besonderen Reiz für den Naturliebhaber. Weiße Orchideen sind zahlreich vertreten, aber auch das Knabenkraut, mehrere Arten der Stendelwurz, die nach Vanille riecht, rotes und weißes Waldvögelein und mehrere Sumpfwurzelarten, die Kuhschellen, Aurikel, Petergstamm usw.
Die Fauna ist mit Gemsen, dem Uhu sowie mit vielen Eidechsen- und Schlangenarten vertreten.
Die Gemsen sind überhaupt nicht scheu und lassen den Wanderer bis auf wenige Meter an sich herankommen.

**Nepomukkapelle** in Katzelsdorf Es handelt sich um einen barockisierten Bau aus dem vorigen Jahrhundert, der dem Patron der Flößer und Schiffer geweiht ist. Hierorts wird Johannes Nepomuk vor allem als Brückenheiliger und als Nothelfer bei Wassergefahr verehrt.
Wenn man im Sommer durch das staubtrockene Flußbett derLeitha wandert, kann man es sich kaum vorstellen, daß nach einem Gewitter oder nach andauernden Regenfällen das Wasser des Flusses so sehr anschwillt, daß die Leitha aus ihren Ufern tritt und die Ortschaften überschwemmt.

**Neudörfl** (Bezirk Mattersburg) An den Ausläufern des Rosaliengebirges und mitten in der Ödenburger Pforte liegt an einem uralten Ver-

kehrsweg Neudörfl an der Leitha. Die Römer lebten hier am Rande der Provinz Pannonien, Hunnen und Awaren brausten über das Land, und Karl der Große versuchte es mit Kolonisten; vielleicht nicht mit dem Erfolg, den er sich wünschte, aber die Magyaren ließen die bairisch-fränkischen Siedler unbehelligt. Sie stellten daneben ihren Wachturm, *Röjtök* genannt, auf und scherten sich genausowenig wie die von der anderen Seite um die *Warther*; so hieß nämlich der Ort ursprünglich.
1644 wurden die Neudörfler von Graf Ladislaus Esterházy überredet, den Warthberg zu verlassen und sich in der Ebene anzusiedeln. Das neue Dörfl trug zunächst den Namen *Sankt Nikolaus an der Leytha.*
Die angenehmste Brücke in die Gegenwart läßt sich mit dem Wein schlagen. Immer schon befürchtete man in Wiener Neustadt, daß ihre Bürger ins nahe Neudörfl ausweichen könnten, um dort den Wein wohlfeiler zu trinken. Mit Recht, denn bis auf den heutigen Tag zieht es die Wiener Neustädter in die burgenländische Nachbarschaft zum Heurigen.

**Ofenbach** bei Lanzenkirchen Seit 1157 gibt es ein *Quenbach,* das wahrscheinlich auf das Wort *oven*, Ofen, zurückzuführen ist.
Gesichert ist wenig, auch nicht das Entstehungsdatum der Vituskirche. Im Kern ist sie romanisch, der Priesterraum, die Sakristei und das Seitenschiff sind gotisch. Die Kirche war, wie es der Tradition in der Buckligen Welt entspricht, wehrhaft aufgerüstet. Der kleine Ort selbst hat sich wie Frohsdorf, Föhrenau und Kleinwolkersdorf der Gemeinde Lanzenkirchen angeschlossen

**Ofenberg** bei Scheiblingkirchen Für den Namen gibt es verschiedene Interpretationen. Die eine führt ihn ganz schlicht auf den Ofen in unserem Sinn zurück, auf eine Kalkbrennerei, was in diesem Kalkgestein recht wahrscheinlich klingt. Eine andere, eher sagenhafte Deutung vermutet im Wort Ofen eine keltische Wurzel – Ofen in der Bedeutung von Festplatz, Kultstätte.

**Ottertal** Am Otterbach – später die Feistritz –, an der Straße nach Kirchberg, ist noch eine alte Schmiede zu bewundern. In der Volksschule dort hat niemand Geringerer als Ludwig ☛ **Wittgenstein**, der berühmte Philosoph, unterrichtet.

**ÖBIOGEN** Genossenschaft zur Förderung der Erzeugung und des Absatzes von Produkten aus biologischem Anbau. Die Verarbeitungsanlage der Bio-Bauern, mit Hofladen und Büros, ist im ehemaligen Gutshof des Schlosses Ziegersberg untergebracht. Mit bestens kontrollierten, einwandfrei biologischen Landprodukten kann man sich jeweils von Montag bis Donnerstag 8.00 bis 16.00 Uhr und freitags von 8.00 bis 13.00 Uhr eindecken.
In den letzten Jahren haben sich immer mehr Landwirte der ÖBIOGEN angeschlossen, die Mitte der achtziger Jahre gegründet worden war. Kein leichtes Unterfangen, denn rigorose Kontrollen, auch durch die Konsumenten, und jahrelange einschneidende Ertragseinbußen muß ein Bauer auf sich nehmen, um in diese Genossenschaft aufgenommen zu werden.

Was das bedeutet, kann man sogar als Wanderer im Vorbeigehen ermessen: Immer wieder trifft man auf Felder der Umstellungsbetriebe, erkennbar am wild wuchernden Unkraut und an den dürftigen Feldfrüchten. Die Felder sind jedoch keineswegs verwahrlost, es wurde lediglich kein Unkrautvertilgungsmittel verspritzt. Erst nach mehreren Anbauperioden hat sich der Bodenhaushalt so weit erholt, daß eine Ernte eingefahren werden kann, die man auch als solche bezeichnen kann. Dann allerdings gibt es nur mehr positive Unterschiede – und vor allem wieder die Natur in ihrer ganzen Vielfalt.

**Ödenkirchen** (Gemeinde Warth, 859 m) Auf der *Schneid,* zwischen dem Haßbach- und dem Feistritztal, stehen heute ein Bauernhof und ein Ausflugsgasthaus. Von der *öden Kirche* aber, von der schon 1295 die Rede ist, ist (außer für Spezialisten) nichts mehr zu sehen.

**Ödes Kircherl** (Rabnitztal, nach Blumau), auch Röder-, Rederkircherl Es handelt sich hiebei um eine Kirchenruine. Die Mulde vor der Apsis war wahrscheinlich ein Brunnen.
Die Öde Kirche war bis 1921 ein Schmugglerzentrum und 1945 ein sicheres Versteck für gestohlenes Vieh, das hier geschlachtet und aufgearbeitet wurde. In diesem Jahr gab es genug Rinder, die herrenlos durch die Gegend irrten. Die einmarschierenden Soldaten der Roten Armee nahmen sich von den Bauern, was sie gerade brauchten. Was an Vieh zuviel war, wurde einfach aus den Ställen herausgelassen und in die Wälder getrieben.

**Ödes Schlößl** Oberhalb des Rabnitztales, nach Blumau, ist auf einem Bergvorsprung der nicht näher bezeichnete Ringwall eines *festen Hauses* zu sehen.

**Paln-Kreuz** auf der ☛ **Züggenhöh** bei Hochneukirchen Heute verläuft nahe dieser Stelle die Landesgrenze zwischen Niederösterreich und dem Burgenland. Früher wurde hier – wie überall an dieser Grenze – geschmuggelt. Aber nicht nur Schmuggler, auch Wegelagerer, durch und durch unromantische Räuber, hatten an den Schmugglerpfaden ihr Lager aufgeschlagen. Sie waren in der Wahl ihrer Mittel nicht gerade zimperlich; ein Raubmord bedeutete nichts Außergewöhnliches. Einer, der ihren Überfall überlebt hatte, stiftete zum Dank dieses Kreuz.

**Passionsspiele** in Kirchschlag Sie wurden 1932 ins Leben gerufen, durch den Zweiten Weltkrieg unterbrochen und 1950 wieder aufgenommen. Ende der fünfziger Jahre errichtete man die Passionsspielhalle. Gespielt wird alle fünf Jahre, wobei das Wort „spielen" unzureichend ist. Für die Kirchschlager ist es nämlich eine ernste Angelegenheit, und so sollen es auch die Besucher sehen. Beinahe die ganze Ortsbevölkerung ist daran beteiligt. Vom Jesus über den Petrus und den Judas bis zu den Kindern im Volk – jede Rolle wird von einem Einheimischen verkörpert und zumindest für dieses eine Jahr samt Haar- und Barttracht auch ins Privatleben mit übernommen.

**Patriziuskapelle** beim Eselberg Es handelt sich hiebei um die Hauskapelle der Familie Ressler. Sie wurde 1994 renoviert und neu einge-

weiht. Jährlich soll hier eine Maiandacht gehalten werden. Der originale Bau wurde von den Vorfahren anläßlich einer überstandenen Rinderseuche gestiftet. Auf dem Bild am Giebel ist, wie mir der Besitzer der Kapelle versicherte, der heilige Patrizius zu sehen; im Bischofsgewand, jedoch mit Pferd, Ochs und Schaf, den Attributen des St. Leonhard.
Auf einem Tafelbild des Altares, das mit seiner halbrunden Form ursprünglich für einen Platz in der Apsis bestimmt war, ist in rustikaler Deutlichkeit das Fegefeuer dargestellt. Der Spruch auf dem Bild wendet sich an den Wanderer:
*Vorüberziehende Personnen* (sic!) *betet für die armen Seelen im Fegefeuer, damit sie Gott erlöse von ihrer Pein und sie führe baldig in den Himmel hinauf.*

**Pauliberg** bei Landsee (781 m) Der erloschene Vulkan aus dem Jungtertiär hatte an die fünf Austrittsstellen. Die einheitliche Basaltmasse, die dabei entstanden ist, wird hauptsächlich als Straßenschotter abgebaut. Auffällig sind die *Basaltbomben* (ein Exemplar befindet sich im Steinmuseum zu Landsee) mit Einschlüssen verschiedener Mineralien, wie Olivin und Amphibol. Die Vorkommen am Pauliberg stellen mit einem Gesamtvorrat von 80 bis100 Millionen Kubikmetern das größte Basaltwerk des Burgenlandes dar.

**Pfarrerkreuz** bei Hollenthon An dieser Stelle, so weiß es die Überlieferung, hat vor etwa hundert Jahren einen Pfarrer aus Hollenthon bei einem Versehgang der Schlag getroffen. Die Leute waren von diesem Vorfall derart betroffen, daß sie dieses wunderschöne Holzkreuz mit dem bemerkenswerten geschnitzten Corpus aufgestellt haben. Der Wald dahinter wird heute als das *Pfarrerwaldl* bezeichnet.

**Pfarrkirche Pitten** Die Grenzen der Pfarre Pitten reichten einst (nach ihrer um 1050 vermuteten Gründung) von Hartberg bis zur Schwarza. Die „Töchter"pfarren Bromberg und Edlitz und wiederum deren „Töchter" nahmen sich ihren Teil an der *Waldmark*, wie die Bucklige Welt damals hieß, und beschränkten die Mutterpfarre nach und nach auf das heutige Gebiet.
Um das Seelenheil der Pittener sorgen sich seit 1456 die Reichersberger. Um solche „Nebensächlichkeiten" wie Rodung und Zivilisation in unserem Gebiet hatten sich die Geistlichen dieses oberösterreichischen Stiftes schon seit 1149 gekümmert.
Die barocke Pfarrkirche – sie beherrscht den Schloßberg –, ist dem heiligen Georg geweiht. Ein Tip: Wenn Sie sich nach dem Pfarrer erkundigen, fragen Sie nicht nach einem Pater – die Reichersberger sind „Herren", Augustiner-Chorherren.
Dementsprechend „residieren" die Pfarrer von Pitten auch in einem schloßartigen Pfarrhof, der ein Schmuckstück ist zweier Stilepochen: der Renaissance und des Barock. Der Mund bleibt einem vor Staunen offen beim Anblick des ehrwürdigen Arkadenhofes, der Sala terrena mit Landschaftsmalereien aus dem Rokoko, der Bibliothek und des Festsaales, wo

sich in Fresken von leuchtender Farbe der griechische Götterhimmel ein Stelldichein gibt.
Nichtsdestoweniger ist für den heutigen Pfarrer sein Hof auch eine Last, weil eines solches Gebäude auch erhalten sein will.
Den Einsiedler, der in der Grotte hinter der Pfarrkirche gehaust haben soll, plagten bestimmt andere Sorgen. Die Höhle ist nicht unbedingt wohnlich, dennoch dürfte sie die erste christliche Kultstätte in dieser Gegend gewesen sein. In späterer Zeit war sie der Karner für den kleinen Friedhof vor der Pfarrkirche.

**Pflanzsteige** sind in der Buckligen Welt noch in ☛ **Wiesmath** zu sehen. Es waren besonders fruchtbare Felder, die in winzige Parzellen aufgeteilt wurden, auf denen die Bäuerinnen vor allem Kraut und Rüben zum späteren Aussetzen angebaut haben. Bedingt durch besondere klimatische Verhältnisse waren sie das Treibhaus der Gemeinde.
In Wiesmath ist der Pflanzsteig in windgeschützter Lage genau nach Süden ausgerichtet. Mit Pflöcken und *Koranken* (Ästen) sind im steilen Hang die kleinen, mit nährstoffreicher Erde gefüllten Beete vor dem Abrutschen und Auswaschen durch Regengüsse gesichert.

**Pichl** bei Zöbern  Wer bisher aus finanziellen Gründen den Golfschläger gescheut hat, kann sich hier an dem Nobelsport versuchen, denn kräftig ist der Preisabschlag. Der Golf-Club Lechner (Seehöhe 700 m) verfügt über einen 9-Loch-Platz auf einem rund 40 Hektar großen land- und forstwirtschaftlichen Areal. Es mußte für den Bau dieser Anlage kaum in die Natur eingegriffen werden, was dem Golfer gerade deshalb einiges abverlangt.

**Pilgersdorf** (Bezirk Oberpullendorf)  1225 wird der Ort in einer Schenkungsurkunde unter dem Namen *villa Pylgrim* zum erstenmal erwähnt. Die Besiedlung reicht aber viel weiter zurück: Römische Bestattungen wurden nachgewiesen, und 844 schenkte Kaiser Ludwig der Deutsche einem Priester Dominikus mehrere Besitzungen *ad brunnaron* (bei den Brunnen) *am Zöbernbach, dort wo die Grafschaften Radpots und Rihharis zusammenstoßen.* Es gilt als einigermaßen sicher, daß damit der Platz des heutigen Pilgersdorf gemeint ist. Die Brunnen sind (waren) vorhanden, die Grenze zwischen den Grafschaften verlief an der Via Magna, dem alten Höhenweg, heute der ☛ **Römerweg,** aber es fand sich auch die entsprechende Kirchenruine, die *ecclesia minigonis* eines gewissen Dominikus, die am 20. November 860 dem Bistum Salzburg bestätigt wird.
Sie wurde 1975 entdeckt, als man die alte Volksschule abriß. Unter den Grundmauern einer romanischen Pfarrkirche (um 1200) kamen die Reste dieser karolingischen Kirche zum Vorschein. Damit besitzt Pilgersdorf, wenn auch nur in wenigen Mauerresten, die älteste Kirche Ostösterreichs. Beim Amt der Burgenländischen Landesregierung Abteilung XII/3, Landesmuseum, ☎ 02682-62652-0, kann man sich zu Führungen durch das Gelände anmelden.

**Pitten** (Bezirk Neunkirchen) *Ad Putinnu* lautet die erste Erwähnung des Ortes in einer Schenkungsurkunde des Jahres 869. Erst tausend Jahre später, 1855, wurde *Pitten* amtlich festgelegt.
Hergeleitet wird der Name vom Schilfgras, dem *buda*, wie es in vorrömischer Zeit geheißen hat. Seit gut dreieinhalbtausend Jahren hat es auf diesem Stück Land nachgewiesenermaßen Siedler gegeben. Bronzenadeln, Zierscheiben in der Form eines Malteserkreuzes, Fingerringe mit Drahtspiralen – das waren die Ergebnisse erster Grabungen. Ein für Österreich einmaliges Diadem aus Bronzeblech war der Sensationsfund schlechthin.
Selbstverständlich siedelten sich hier auch die Römer an. Ein römisches Haus wird zurzeit in Sautern neben der Kirche ergraben.
Mit der Veste Pitten wird das geschichtliche Bild allmählich klarer, und bald nach der ersten urkundlichen Erwähnung bietet sich Pitten die einmalige Chance, Österreichs Hauptstadt zu werden. Im Jahr 1143 waren die Großen des Reiches auf der Burg versammelt, Heinrich Jasomirgott erhielt bei dieser Gelegenheit das hiesige Besitztum des Grafen Eckbert, seines Freundes, als Erbe, und er überlegte ernsthaft, seinen Sitz hierher zu verlegen. Daß nichts daraus geworden ist, zeigt die Geschichte. Heute ist das Schloß im Besitz der Familie Habsburg-Lothringen.
Die Zeit dazwischen war wie überall von Eroberungen und Rückeroberungen geprägt.
Das schönste Andenken an eine Belagerung ist der Corvinusbecher. Matthias Corvinus, König von Ungarn, schenkte als Zeichen seines Großmuts dieses prächtige Gefäß in Form einer Eichel dem Burghauptmann Wolfgang Teufel dafür, daß er ihm auf dieser kleinen Veste Jahre hindurch erbitterten Widerstand geleistet hatte.
Der Ort Pitten wurde immer wieder unter seinem Wert geschlagen, auch auf technischem Gebiet. Man grub recht erfolgreich nach Erz und versuchte als erster (1799) auf dem Kontinent, den Hochofen mit Koks zu betreiben. Die Kohle aus der Buckligen Welt eignete sich allerdings nicht zum Verkoksen, sodaß das Verfahren wieder eingestellt wurde.
Eine Generation später – 1873 – wurde auch der Bergbau vorübergehend eingestellt. Was folgte, waren bloß verzweifelte Versuche einer Wiederbelebung, zum Beispiel in der Zeit der Ersten Republik und im Zweiten Weltkrieg, als weit mehr Eisen verbraucht wurde, als das Tausendjährige Reich an Erz im Boden hatte.
Freundlicher gestaltete sich die Entwicklung des Ortes auf touristischem Gebiet. Noch immer ist die reizende Architektur der Sommerfrische zu bewundern. Diese entstand, als sich im Gefolge des Hofes Bourbon-Parma Offiziere und höhere Beamte hier ansiedelten, und verleiht Pitten einen Hauch von Noblesse, wie er sonst nur in traditionsreichen Kurorten zu spüren ist.

**Prägart** (Gemeinde Edlitz) Sehenswert sind der Ladenhof, ein strohgedecktes Stöckel, eine Lourdesgrotte aus Stein und, ein Stück weiter rechts am Wanderweg, eine altertümliche, aber sehr stimmungsvolle Holzkapelle.

**Puchheim, Puchheimer** (Herrschaftsgeschlecht in Kirchschlag und Krumbach) Um zwei Brüder, von denen der eine, ein Bösewicht, nie existiert hat, geht es in der Erzählung vom Frauenkäfig.
Anfang des 16. Jahrhunderts hielten die Brüder Erasmus und Hans Christoph die Herrschaften Kirchschlag und Krumbach. Es kam zum Streit, und Erasmus – er war Herr zu Krumbach – unterlag seinem Bruder in einem Zweikampf. Ein Kreuz, das ☛ **Erasmuskreuz**, erinnert noch daran. Der freilich nie existente Hans Christoph dürfte ein rechter Raufbold gewesen sein, denn er nahm auch an den Kämpfen gegen die Türken teil, nachdem er, wie berichtet wird, in all den Jahren vorher seiner Frau das Leben zur Hölle gemacht hatte.
Die Sage erzählt weiters, ein Bote wäre nach Kirchschlag gekommen und hätte berichtet, mit eigenen Augen gesehen zu haben, wie ein Türke den Herrn von Puchheim vom Pferd geschlagen habe und dieser tot darniedergelegen sei.
Ein junger Edelmann sah seine Chance gekommen und versuchte, die Frau des Puchheimers zu verführen. Es dürfte ihm gelungen sein, denn gemäß der Mär geriet sie aus Gewissensnöten an den Rand des Irrsinns. Als Folge dieser geistigen Zerrüttung warf sie sich ihrem Mann, der überraschenderweise doch heimgekehrt war, zu Füßen und bat ihn um Vergebung.
Dessen Art der Vergebung bestand darin, daß er seine Frau in einem eisernen Käfig aus dem Fenster der Kirchschlager Burg hing, bis daß der Tod eintrat. Den unglückseligen Galan seiner Frau aber ließ er mit Fangschnüren vom Pferd reißen und an Ort und Stelle töten.
Zum weiteren Verlauf seines – nie gelebten – Lebens ist zu berichten, daß der Puchheimer dem Kirchenbann verfiel und sich daraus nur lösen konnte, indem er etliche Gotteshäuser bauen ließ. Unter anderem soll auch die ☛ **Erasmuskapelle** in Krumbach von ihm gestiftet worden sein – als Sühne für den Brudermord.
Eine historische Gestalt ist hingegen der Bruder, Erasmus. Als er 1571 starb, hinterließ er ein ausführliches Tagebuch, in dem er sein Leben als Landedelmann der Renaissance in allen seinen Facetten beschreibt.

**Raach am Hochgebirge** Wie das klingt: „am Hochgebirge“. Es läßt die Biedermeierzeit wiedererstehen, als die Umgebung Wiens erobert und bald ein Hügel zum schaurig-romantischen Gebirge hochstilisiert wurde. Immerhin liegt Raach 813 Meter hoch und nächst dem Großen Otter (1358 m), einem eindrucksvollen Kalkkegel im Wechselgebiet. Der Raachberg, den man über die Ansiedlung mit dem bezeichnenden Namen *Auf der Höh'* erreicht, mißt stolze 908 Meter, ist also ebenfalls höher als der höchste Berg der Region, der ☛ **Hutwisch.**
Es gibt Meinungen, für die zählt der Hochwechsel (1743 m) noch zur Buckligen Welt. Aber das würde zu weit führen. Dort oben, über der Baumgrenze, kann man wirklich nicht mehr von Buckeln reden. Der Wechsel ist, wie man so schön sagt, „eine eigene Geschichte“.
An Sehenswürdigkeiten gibt es die Burg Wartenstein Richtung Gloggnitz, die gotische Pfarrkirche und die ☛ **Greißlerei Diewald.**

**Radigundenstein** bei Kirchschlag Dieser mächtige Stein ist mit einer Teufelssage verbunden. Offenbar wurde hier ein alter Kult- und Opferplatz schlichtweg verteufelt.
Daß die heilige Radegunde zu Patronatsehren kam, hängt wahrscheinlich mit der ältesten Kirche Ostösterreichs, die in ☛ **Pilgersdorf** steht, zusammen: Der in einer Urkunde bezeugte Priester Dominikus hat diesen Stein mit der Patronin seiner Kirche wieder dem Teufel entzogen und „christianisiert".

**Rainfarn** (Korbblütler) In der zirka einen Meter hohen, gelb blühenden Pflanze würde man kaum eine Chrysantheme vermuten. Gesammelt werden die kleinen Blütenpölsterchen und die Blätter. Sie enthalten ätherische Öle mit dem giftigen Thujon, einem Insektenvertilgungsmittel.
Zu den Insekten dürfte auch der Wurm im Leibe gezählt werden, da gegen ihn diese Bitterstoffe eingesetzt werden. In einschlägigen Büchern wird jedoch vor Kurpfuscherei gewarnt. Das Mittel sollte also nur unter ärztlicher Aufsicht Anwendung finden.

**Rams** Sattel zwischen Kirchberg und Gloggnitz am ☛ **Weinweg.**

**Redlschlag** (ursprünglich Erlenschlag) liegt an der burgenländischen Grenze, bei Bernstein. Die ersten Bewohner – genau zwölf sollen es einer örtlichen Überlieferung zufolge gewesen sein – siedelten sich um den Brunnen an dieser Stelle an.
Nach einer anderen Version waren es Protestanten, die 1626 aus der Gegend um den Attersee vertrieben worden waren und hier, im reformationsfreundlichen Ungarn, eine neue Heimat fanden. Ihnen sollte alles gehören, was sie in einem Jahr roden konnten. Ihr Anführer hieß Sepp Redl. Noch heute ist Redlschlag fast rein protestantisch.
Am Ortsrand wurde Kupferkies abgebaut. Der Eingang zum Stollen, neben dem letzten Haus von Redlschlag am Naturlehrpfad, ist noch zu sehen.

**Rehgartlkreuz** zwischen Wartmanstetten und Warth An dieser Kreuzung uralter Wege wurden seit jeher Grenzen deutlich gemacht.1529 wird das Rehgartl als Markierung der Gleißenfelder Freiheit genannt. Ob der Bildstock damals schon sein heutiges Aussehen hatte, ist ungewiß; man schließt aber aus seiner Form – ein massiver Pfeiler mit überdachter Laterne –, daß er um 1480/90, in der Spätgotik also, errichtet wurde.

**Reitersberg,** in der Gemeinde Scheiblingkirchen gelegen, war, wie man ursprünglich vermutete, kein römisches Reiterlager, dessen Wachturm am Fuße des Romathskropfes die Burg Gleißenfeld flankiert haben soll. Nach einer Urkunde aus dem Jahr 1189 soll der Ort nach einem Manne namens Richer *Richersberg* geheißen haben.
Terrassen links oben im Feldweg von Reitersberg nach Weingart, weit voneinander abstehende Bodenstufen, die nach einer alten Administrativkarte offenbar zum Arzberg gehörten, stammen entweder vom Weinbau oder vom Erzschurf.

Die Kapelle in Reitersberg wurde am Sonntag, dem 11. September 1994 konsekriert. Die Ortsgemeinschaft hat sie auf den Grundfesten der alten Kapelle neu aufgebaut. Geweiht ist sie Mariae Geburt.

**Redemptoristenkloster** in Katzelsdorf Das ursprüngliche Franziskanerkloster wurde von Joseph II. aufgehoben und danach als Seiden- und Samtfabrik genutzt. Nur die Klosterkirche blieb von der Säkularisierung verschont, sie dient als Pfarrkirche.
Aus der Zeit der Seidenmanufaktur stammen noch die Maulbeerbäume in der Au vor dem Kloster; sie zeugen von dem unzulänglichen Versuch, eine jahrtausendealte chinesische Kunstfertigkeit nachahmen zu wollen. Bereits im Jahr 2800 v. Chr. soll die Kaiserin Si-lung schi das Volk die Feinheiten der Seidenraupenzucht gelehrt haben. Die Tierchen müssen über zwei Monate jede volle Stunde mit feingeschnittenen Pflanzen gefüttert werden. Die Nahrung darf aber weder zu naß noch zu trocken sein. Nur dann nämlich spinnt dieser kleine Gourmet einen regelmäßigen, festen Kokon.
Die weitere Pflege grenzt ebenfalls an eine beinahe schon lächerliche Hingabe: Als Betreuer konnten nur junge und gesunde Menschen eingesetzt werden, denen sogar stark gewürzte und blähende Speisen untersagt waren; kein „falscher“ Wind durfte die empfindlichen Winzlinge irritieren. Die „Pfleger“ mußten sich täglich mehrmals ausziehen, um so mit bloßer Haut die Temperatur des Raumes erfühlen zu können – ein gewöhnliches Thermometer wäre viel zu ungenau gewesen. Konnte man in unseren Breiten überhaupt diese Sorgfalt und Gemütsruhe aufbringen?
Es war aber nicht eine Frage der Qualität, die zum Zusperren der europäischen Seidenmanufakturen führte. Schuld daran waren unglückliche Konstellationen des weltweiten Textilhandels während der Napoleonischen Kriege und nicht, wie man meinen könnte, die Erfindung der Kunstseide. Darauf mußten die Menschen noch fast hundert Jahre warten.
Das Kloster in Katzelsdorf wurde schließlich als Gastwirtschaft genutzt, bis Graf Heinrich von Chambord, Herr von Katzelsdorf, 1857 das Haus neuerlich einem Orden, den Redemptoristen, übergab, die seit dieser Zeit ein Privatgymnasium unterhalten.

**Rettenbach** (von Röthenbach, der Farbe Rot) bei Bernstein Am Haus Nr. 14, gegenüber dem Kriegerdenkmal, ist neben der Garage ein römischer Reliefstein eingemauert. Er wurde am sogenannten Mitterfeld oberhalb des Ortes gefunden.

**Rosalienkapelle** am Heuberg bei Forchtenstein Die Fürstin Rosalia hatte während einer längeren, kriegsbedingten Abwesenheit ihres Gatten Giletus allzu grausam geherrscht. Ihre Untaten wurden dem Heimkehrenden berichtet, und dieser ließ, in edlem Zorn ergrimmt, seine Gattin in den finsteren Turm werfen. Sie erschien daraufhin als Geist und konnte ihren Frieden erst finden, als Giletus auf der Kuppe des Heuberges eine Kapelle errichten ließ.
Soweit die Sage. Jetzt zur Vermutung:

Diese der heiligen Rosalia, der Patronin der Pestkranken, geweihte Kapelle soll 1679 nach einer Pestepidemie von Fürst Esterházy aus Dankbarkeit errichtet worden sein. Es handelt sich also um eine Pestkapelle. Von Freunden des Fürsten wurde das kleine Heiligtum mit Reliquien und bescheidenen Kunstschätzen ausgestattet. Nach wie vor ist „die Rosalia“, wie die Kapelle allgemein genannt wird, ein volkstümliches Wallfahrtsziel.
Eine Seitentür ist tagsüber offen, durch ein Gitter kann man einen Blick in das Kircheninnere werfen. Zu einer kleinen Führung melde man sich vis-à-vis vom Gasthaus bei der Familie Rohmeis an.

**Rotes Kreuz** bei Kirchschlag  Eindrucksvolle Steinsäule an der Bundesstraße nach Pilgersdorf, die an Kriegswirren erinnert: Ein Haufen **Kuruzzen** konnte von den Kirchschlagern überwältigt werden. Die Überlebenden wurden nach Ungarn zurückgejagt, die Toten hier bestattet.

**Römergrab** bei Katzelsdorf  Dieses Grab aus der römischen Kaiserzeit wurde 1951 zwischen Katzelsdorf und Neudörfl gefunden. Es war einem Bauprojekt im Wege, also transportierte man die Grabstätte einfach ab und stellte sie beim Ortsausgang Richtung Wiener Neustadt neben der Straße wieder auf.

**Römergräber** in Bernstein  In 640 Metern Höhe finden sich diese eigentlich norisch-pannonischen Hügelgräber. Der Text auf der Schautafel gibt Auskunft:
*Im Grenzbereich der ehemaligen römischen Provinzen Noricum und Pannonien (Burgenland, Niederösterreich und Westungarn) finden sich vor allem in Waldgebieten viel tausend von Grabhügeln. Es sind die Grabstätten der einheimischen romanisierten Bevölkerung des ersten und zweiten Jahrhunderts nach Christus. Die Grabhügel lagen meist an Wegen und Straßen und spiegeln neben dem antiken Bestattungbrauchtum die damalige Besiedlungsdichte und das Verkehrsnetz wider. Die meisten Hügel wurden bereits im vorigen Jahrhundert bzw. 1932/33 und 1955/57 archäologisch untersucht. Die Grabstellen im Inneren der Erd- und Steinhügel bestanden aus Steinkisten, wie hier in den Sieben Hölzern, hufeisenförmigen Steinsetzungen, kuppelförmigen Steinpakkungen oder einfacher Brandschüttung. Die Asche der nach damaliger Sitte auf dem Scheiterhaufen verbrannten Toten wurde in Urnen beigesetzt. Neben die Urne stellte man Gefäße, die Speise und Trank für das Jenseits enthielten. Mitgegeben wurden den Verstorbenen auch bescheidener Schmuck und ein Geldstück, die Charonsmünze, zur Bezahlung der Überfahrt ins Totenreich.*

**Römersteig** ist die volkstümliche Bezeichnung für eine uralte Wegverbindung vom Rosaliengebirge nach Kobersdorf.

**Römerweg** zwischen Kirchschlag und Pilgersdorf  Er stellt die Fortsetzung eines der alten Höhenwege der Buckligen Welt dar. In frühen Urkunden wird er *Via Magna* genannt und bildete die Grenze zwischen den Grafschaften *Radpots* und *Rihharis*.

Von Kaltenberg im Westen über Sonnberg, Prägart, Winterhof, Weghof, Ransdorf, Purgstall, Straß, Gehring und Stang kann man ohne nennenswertes Auf und Ab die Bucklige Welt durchqueren. Sogar die Rote Armee soll 1945 auf dem Römerweg einmarschiert sein. Auf ihren Karten ist er als hauptsächliche Verkehrsverbindung eingezeichnet.

**Ruine der Burg Haßbach** Oberhalb des Ortes Haßbach sind noch einige wenige Reste dieser Veste zu sehen. Sie zählte ursprünglich zu einer Burgenkette, die einen im Mittelalter bedeutenden Straßenzug von Neunkirchen über Wartmannstetten zum Wanghof im Pittental sicherte. Im Streit zwischen Kaiser Friedrich III. und Matthias Corvinus, König von Ungarn, wurde die Burg stark in Mitleidenschaft gezogen; zu Ende des 15. Jahrhunderts war sie bereits verfallen.

**Ruine Gleißenfeld** (Glitzenfeld bei Scheiblingkirchen) *Am Romatskropf, zwischen Scheiblingkirchen und Gleißenfeld, springt ein hoher, schroffer Felsen ins Pittental vor, der wenige Reste einer kleinen Feste trägt. Diese war im Osten durch einen noch sichtbaren künstlichen Halsgraben von dem steilen Berghang abgeschnitten. Während sie im Süden, Westen und teilweise im Norden wegen des tiefen, fast lotrechten Absturzes des Burgfelsens unzugänglich war.*
Diese Beschreibung datiert aus früheren Jahren, ist aber immer noch zutreffend. Wenngleich kaum jemand heute über die Ruine Bescheid weiß: eine Eckmauer und Grundfesten an den Felsen, die hier tatsächlich senkrecht abfallen, das ist alles. Dennoch ist sie ein Geheimtip unter den Ruinenfreunden.

**Ruine Landsee** Die größte Burganlage Mitteleuropas hat glücklicherweise idealistische Freunde gefunden. Mit geringsten Mitteln wird versucht, diese mächtige Ruine wenigstens in ihrem jetzigen Zustand zu erhalten und soweit zu sichern, daß keinem der Besucher ein Stein auf den Kopf fällt. Deshalb werden auch ein paar Schillinge Eintritt verlangt und eine Broschüre in deutscher und ungarischer Sprache zum Kauf angeboten.

**Ruine Stickelberg** In Traditionsnotizen der zweiten Hälfte des 12. Jahrhunderts wird mehrmals ein *Pertholdus de Stege* genannt, möglicherweise als Namensgeber, und wenig später ein Berthold von Treun, der sein *castrum in Steckilberge* dem Böhmenkönig Ottokar übergibt. Stickelberg ist von jetzt an landesfürstlich.
Als Lehensträger gab es noch einmal eine Familie von Stickelperg; sie wurde abgelöst von den Freiherren von Weißpriach, den Grafen von Neideck und 1571 von den Grafen von Wurmbrand.

**Ruine Thernberg** Der *Stockzahn der Buckligen Welt* war seinerzeit Sitz der Herrschaft Thernberg. Sie bestand aus der alten Veste, die von den Herren von *Terenberg* erbaut worden ist – *tarniperc* bedeutet dunkel, versteckt –, und dem Schloß. Dieses wurde 1517 von Wolfgang I. aus dem Geschlecht der Thonradl vollendet.
Einer ihrer Besitzer war Erzherzog Johann. Er ließ das Schloß renovieren, den riesenhaften Turm mit einer Stiege versehen und einen Fahrweg

zur Burg anlegen. 1828 verkauft er die Herrschaft an die Liechtensteiner, die kaum mehr hier wohnten und Schloß und Ruine dem gänzlichen Verfall überließen. Seit 1916 ist die Ruine im Privatbesitz.
Es soll auch eine Höhle auf der Ruine geben, die unter dem Bergfried zugänglich ist.

**Ruine Ziegersberg** *Romanischer, kreisrunder Berchfrit, im 15. Jh. an die Königsberger gelangt, umgebaut, im 18. Jh. verlassen und verfallen* ist auf der Tafel *Kulturweg Bucklige Welt* zu lesen. Weil der Bau erst relativ spät aufgegeben wurde, ist noch einiges erhalten – zum Beispiel die Küche mit dem mächtigen Rauchfang. Mit Leitern sind die Etagen zugänglich gemacht. Vorsicht aber mit Kindern, da keine entsprechende Sicherung vorhanden ist!

**Rundkirche** von Scheiblingkirchen Es gibt in Österreich nur sehr wenige Rundkirchen. Hier in Scheiblingkirchen umschließen glatte Steinquader (darunter ein Grabstein, der lange Zeit als römisch angesehen wurde) kreisförmig und wuchtig einen christlichen Kultplatz, mit einem Hochaltar, dessen Strahlung jede Wünschelrute wie verrückt ausschlagen läßt. All das gestattet ein – wenn auch ganz und gar unwissenschaftliches – Träumen von der heidnischen Orakelstätte: Aus dem Rund der Mauern, das nach oben hin offen war, konnten die Priester den Vogelflug deuten und den Lauf der Gestirne beobachten.
Diese Annahme ist nicht nur eine Frucht der Phantasie: Grabungen ein Stück weiter nördlich, in Sautern bei Pitten, haben ein römisches Haus zutage gefördert – unmittelbar neben einer uralten christlichen Kirche.
Für eine andere, nicht weniger faszinierende Version sprechen meßbare Tatsachen: Die Herren von Gleißenfeld – der erwähnte Grabstein war einer Dame aus diesem Geschlecht zugedacht, was sich aus der Inschrift erklärt – ließen 1147/49 die Kirche als sogenannte Eigenkirche erbauen. Dabei wurde kein Aufwand gescheut, und offenbar waren große Baumeister bei Planung und Ausführung am Werk. Die damaligen Architekten verstanden sich bestens darauf, die Lebenseinstellung ihrer grundherrschaftlichen Kunden in Stein auszudrücken.
Der Kirchenraum mit der Kuppel symbolisiert einen Thronsaal sowie die Weltherrschaft Christi unter dem ausgespannten Firmament. Eingeweihte konnten sogar den Einfall des Lichtes in den Kirchenraum und die Abmessungen des Gebäudes als Kalender verwenden.
Soviel sei von dieser Geheimwissenschaft verraten: Die Achse der Kirche liegt nicht genau in Ost-West-Richtung, sie weicht um 20 Grad nach Norden ab. Das bewirkt an den beiden Namenstagen von Maria Magdalena bei Sonnenaufgang einen besonderen Lichteinfall. Darüber hinaus ergibt die Seitenlänge eines Zeitquadrates um das Rund der Kirche die Tagesanzahl eines Jahres. Mit dieser Zahl wird weitergerechnet. Man erhält aus der Bogenlänge des Kreises die Summe von 24 Stunden, und eine Stunde entspricht wiederum der Stärke der Ringmauern. Sie messen ganze zwei(!) Meter und erfüllten so auch eine sehr profane Funktion, nämlich jene der Verteidigung. Die Stiegenaufgänge zu den Wehrgängen wurden in die Mauern verlegt, und bei einer längeren Belagerung

sorgte – ganz ohne höhere Mathematik – ein Brunnen in der Kirche für frisches Wasser.

**Sachsenbrunn** bei Kirchberg am Wechsel *Semen cecidit in terram bonam* – der Samen fiel auf gutes Erdreich – steht in schmiedeeisernen Lettern als Motto am Tor des ehemaligen Knabenseminars der Erzdiözese Wien, das hier jahrelang bestand. Sachsenbrunn war damit das geistige und auch das geistliche Zentrum der Buckligen Welt. Das Internat wurde schließlich aufgelassen, die Lehranstalt aber, ein humanistisches Gymnasium, blieb bestehen.
Sehenswert ist die Kapelle des Hauses mit einem Glasfenster von Lydia Roppolt und einem Seitenaltar mit einem riesigen, rund geschliffenen Bergkristall als Verkörperung des Heiligen Brotes.
Ursprünglich stand an dieser Stelle ein wehrhafter Bauernhof, von dem noch der Turm – allerdings überbaut – erhalten ist.

**Sandwerk** im Haßbachtal Jedem Häuslbauer in der Buckligen Welt ist der feine *Haßbacher* ein Begriff. Es ist Quarzitsand, der hier abgebaut wird. Das Werk selbst darf man natürlich nicht betreten. Aber in riesigen Schütten am Weg sind die verschiedenen Körnungen zu sehen.

**St. Corona** (Bezirk Neunkirchen) Im 15. Jahrhundert wurde in einem hohlen Baume auf wunderbare Weise eine Statue der heiligen Corona aufgefunden; Grund genug, die Stätte zur Wallfahrt „freizugeben".
Der Ort hieß bis vor wenigen Jahrzehnten *Heiligenstatt*. Über gedankliche Umwege schließen einige Historiker daraus, daß es sich um eine Wirkungsstätte des heiligen Wolfgang handeln könnte.
St. Corona hat sich zum Fremdenverkehrsort entwickelt, mit Schiliften und – als Attraktion – einer Sommerrodelbahn.

**St. Wolfgang bei Kirchschlag** Die Kirche wurde von Joseph II. aufgehoben, verkauft und vom neuen Besitzer abgerissen. Der Flurname und eine Sage haben sich jedoch erhalten:
In Stang hätte zu Zeiten, als noch die Wölfe durch unser Gebiet streiften, ein Siedler gelebt, der aus Dankbarkeit für seinen Wohlstand eine Wallfahrtskirche erbauen wollte. Der Teufel stellte sich gegen dieses Vorhaben und schloß mit dem Herrgott einen Vertrag: Wenn es ihm von Mitternacht bis zum Frühläuten gelänge, einen Felsbrocken über den Hügel zu schaffen, fiele ihm die Seele des frommen Siedlers zu. Der allwissende Herrgott willigte ein und sah lächelnd zu, wie sich der Teufel abrakkerte – und es nicht schaffte. Der Stein soll noch heute im Mühlbachgraben liegen.

**Sauerbrunnen** bei Maltern Unter allen Quellen Österreichs wurde im Wasser des Sauerbrunnens der höchste Anteil an Magnesium festgestellt.

**Scheiblingkirchen** (Bezirk Neunkirchen) Man braucht kein Linguist zu sein, um den Zusammenhang zwischen der Kirche und dem heutigen Ortsnamen rasch herzustellen. *Puechperg* – später wurde Puchberg daraus – war der ursprüngliche Name des Ortes. P(B)uchberg gibt es mehrere in der Gegend, eine scheibenförmige Kirche jedoch nicht. Also entschied man sich für Scheiblingkirchen, vorerst *Scheyblkirchen*, das sich schon in einem *panteding* von Gleißenfeld anno 1529 findet.

**Schlag** bei Zöbern   Bis in die vierziger Jahre unseres Jahrhunderts war Schlag mehr oder weniger das Zentrum von Zöbern. Die damals schon moderne Landwirtschaft der Gutsverwaltung war Arbeitgeber für 30 bis 40 Leute. Erst als kein Gesinde mehr gebraucht wurde, wanderten die Leute ab. Die meisten fanden im Kaolinwerk von Ausschlag-Zöbern neue Arbeit.

**Schloß Frohsdorf**   *Froschdorf ist der gewöhnliche Sommeraufenthalt des Grafen Hoyos, der hier einen sehr geschmackvollen Park* (mit barockem Grottentheater) *und ein sehr freundliches Schlößchen hat. Er sieht sein Schloß Eichbüchl zur Rechten im Osten, seine Veste Pitten zur Linken und seinen Schneeberg und die ganze Alpenkette, deren Alleinbesitzer er ist, hier vor seinem Park ausgebreitet.* (J. A. Schultes, *Ausflüge zum Schneeberge.*)
Schöner und kürzer kann man das Schloß und dessen einmalige Lage nicht beschreiben.
Das Schloß stammt aus dem 13. Jahrhundert, wurde von Graf Hoyos umgebaut, war ab 1844 Sitz der exilierten Bourbonen und beherbergt heute Schüler der Post.

**Schloß Katzelsdorf**   Im Jahr 1250 war *Chezelinisdorf by Wiener Newstad* Schauplatz eines Prominententurniers, ausgerichtet vom Minnesänger Ulrich von Lichtenstein. Wer gewonnen hat, wissen wir leider nicht.

**Schloß Kranichberg**   Die Kranichberger Friedhofskirche besteht zum Teil noch aus den Mauern des alten Bergfrieds der ursprünglichen Veste, als deren Herr 1071 ein *Otto de Cranichperch* genannt wird. Mitte des 13. Jahrhunderts dürfte ein Hermann von Kranichberg das Schloß in seiner heutigen – so beeindruckenden – Form errichtet haben. Über das gar unfromme Verhalten eines der Herren schreibt der Reimchronist Ottokar:

*Herr Hademar von Falkenberg*
*und Herr Ortl von Kranichberg*
*dy waren so unversunnen,*
*daz sy Glokhniz gewunnen,*
*dy Munich sy ausstießen;*
*was sy mochten genießen,*
*er wer Hunt oder Gast,*
*der was ja als ein Past.*

Heute sind Pfarrkirche und Schloß feinsäuberlich durch verschiedene Eingänge getrennt. Der jetzige Besitzer, Dr. Johann Hübner, ließ das Schloß renovieren und in der Vorburg einen stattlichen Hotelbetrieb einrichten.
In einem Museum gegenüber vom Hotel sind Burgenmodelle aus Österreich und Südtirol zu sehen. Es wurden vor allem Burgen nachgebaut, die

heute nur mehr als Ruinen bestehen. Ab fünf Personen kann man sich an der Hotelrezeption zu einer Führung anmelden.

**Schloß Krumbach** Gerhard von Krumbach war beauftragt worden, das Gebiet seiner Herrschaft zu roden und Ansiedler für die frei werdenden Flächen zu finden. Diese Siedler waren demnach keine Leibeigenen, sondern freiwillige Untertanen, deren Verhältnis zur Obrigkeit genau geregelt war. Die Herren hatten ihre eigene Wirtschaft und waren verantwortlich für die ihnen zwar untergeordneten, aber selbständigen Höfen. Von diesen war wiederum deren Gesinde abhängig.
Im genossenschaftlichen *Taiding* steht der *Grundholde* der Grundherrschaft gegenüber. Im Burgenland war dieses Verhältnis etwas strenger. Die Grundherrschaft wurde auch als Gutsherrschaft bezeichnet, und die Untertanen waren nicht mehr Landarbeiter. Der Grundherr besaß zwar die Gerichtsbarkeit, *Gewere* über Grund und Boden, konnte Naturalleistungen wie die berühmte Martinigans fordern und seine Grundholden in den Krieg schicken, aber er war auch verpflichtet, diesen Schutz zu gewähren und Recht für seine Untertanen durchzusetzen.
Damit kehren wir wieder ins Schloß Krumbach zurück. Es gibt dort innerhalb der Mauern große freie Plätze, die an Turnierstätten erinnern. In Wahrheit aber waren es Lagerflächen für die vor den Ungarn, Türken oder Kuruzzen in die Burg flüchtenden Untertanen.
Von allen den Burgherren ist Erasmus von ☛ **Puchheim** den Aufgaben eines adeligen Hausvaters in besonderer Weise gerecht geworden: Er gründete das Bürgerspital, stiftete Kirchen und führte Neuerungen in der Wirtschaftsgebarung ein.
Schloß Krumbach hat aber auch viele nachlässige Eigentümer gesehen, vor allem in jüngerer Zeit, und stand zuletzt am Rande des Verfalls. Bis sich eine Hotelkette, deren Ziel die Erhaltung historischen Kulturgutes ist, des gewaltigen „Kastens" angenommen hat. In den alten Mauern wurde behutsam und stilvoll ein Schloßhotel eingerichtet und damit ein Teil der alten Pracht aus der Vergangenheit wieder zurückgeholt.

**Schloß Steyersberg** bei Haßbach ist im Privatbesitz derer von Wurmbrand und der Öffentlichkeit nicht zugänglich. Es war ursprünglich Glied einer Kette von Burgen (Stubenberg, Haßbach), die zur Sicherung des Haßbachtales angelegt worden waren.

**Schloß Ziegersberg** (auch Schloß Schlag, Gemeinde Zöbern) Ein typischer Landsitz des späten 19. Jahrhunderts. Bauherr war ein gewisser Dr. Jakob Singer, dem auch die Burg Ziegersberg gehörte.

**Schloßhansl** in der Willersdorfer Schlucht Es handelt sich dabei um die Reste einer Burg, die aus dem 12. oder 13. Jahrhundert stammt. 1645 ist allerdings schon von einem *öden* Schloß die Rede. In Erinnerung geblieben ist nur einer ihrer Besitzer, der Schloßhansl. Er war Raubritter und Wohltäter in einer Person:
Mit grünem Wams, roter Kappe und langen, spitzen Schuhe wandelte er unerkannt unter den Leuten. Er raubte durchziehende Kaufleute aus und lebte nicht schlecht davon. Informationen bezahlte er gut. Seine Verfol-

ger schüttelte er mit dem alten Trick ab, seinem Pferd die Hufeisen verkehrt aufzunageln. Ein Hirte – er hatte den Räuberhansl angestänkert und war daraufhin von diesem niedergeschlagen worden – verriet schließlich seine Identität. Die Knechte aus Bernstein aber fanden ihn nicht mehr, und noch weniger von der Beute, sodaß sie aus Zorn darüber die Burg verwüsteten.

**Schmerzensmann** von Spratzeck  Die eindrucksvolle, beinahe lebensgroße Darstellung des leidenden Christus ist ein Werk des Thomas Strayff aus dem Jahr 1479 und wurde 1967 bei Renovierungsarbeiten entdeckt. Den Schlüssel zur Kapelle, die selbstverständlich mit einer Alarmanlage ausgerüstet ist, erhält man bei Familie Handler, Hausname Reisner, in Spratzeck 11.

**Schmiedrait** im Burgenland, an der Grenze bei Hochneukirchen  Als Gründungsjahr wird 1388 angegeben. Auffällig ist der überdimensionale kirchenartige Bau, dem aber der Turm fehlt. Über den Grund seines Fehlens erzählt man sich auf niederösterreichischer Seite hinter vorgehaltener Hand folgende Geschichte:
In Maltern wurde früher immer ein großer Viehmarkt abgehalten. Die Schmiedraiter erstanden dort eine Kuh. Da es Brauch ist, einen erfolgreichen Kuhhandel entsprechend zu begießen, kehrten sie auf dem Heimweg in Aschau ein. Einer der Gäste im Wirtshaus hatte einen Sack voll Germ gekauft und hängte diesen der Kuh vors Maul. Das Rindvieh fraß die Germ, „ging auf" wie Brotteig und wurde so groß und stark, daß sie mit ihrem Schwanz den Kirchturm umwerfen konnte, der nie mehr aufgebaut wurde.
In Wahrheit aber dürfte Großmannssucht dahinterstecken: Ein Grundherr hatte offenbar den Ehrgeiz, eine Miniaturausgabe des Petersdoms ausgerechnet auf diese Höhe zu stellen. Als ihm das Geld ausging, verschwand er und hinterließ den Schmiedraitern diesen monströsen Torso. Sie haben das Beste daraus gemacht – der Bau dient heute als Schule und Bethaus der Evangelischen.

**Schwarzenbach** (Bezirk Wiener Neustadt)  Funde auf dem ☛ **Burgberg** bestätigen erste Spuren einer Besiedlung um 1000 vor Christus und eine keltische Befestigung aus dem letzten vorchristlichen Jahrhundert.
Die Burg selbst – sie ist heute eine Ruine – lag am Schloßberg, genau über dem Schnittpunkt der Wege, die von Hochwolkersdorf und Wiesmath durchs Tal führen, zu dessen Sicherung die Veste angelegt worden war. Mit der ersten Nennung sollte das *castrum Suarchumpah* an Ungarn fallen, blieb aber, von kurzen Unterbrechungen abgesehen, österreichisch. Den letzten Besitzerwechsel gab es 1686, als Fürst Paul Esterházy Herrschaft und Burg erwarb.

**Schwarzenberg** (Gemeinde Wiesmath):  Früher befanden sich hier eine Zollstation, und ein für heutige Begriffe ungemein stark besetzter Gendarmerieposten sorgte für Ordnung. Auch Weinbau wurde betrieben, wovon noch die Terrassenfelder neben dem Ort zeugen.

**Seebenstein** (Bezirk Neunkirchen) Zusammen mit einem Rapoto und einem Gerhard von Puten (Pitten) war 1170 auch ein *Chadelhoh de Sewenstaine* als Zeuge in einem Prozeß in Hartberg zugegen. Das ist die früheste Nennung dieses Namens. 1432 gibt es ein Kirchenlehen zum See, und ein Kopialbuch des Stiftes Admont nennt die Seebensteiner Pfarrkirche St. Andreas im See, von dem heute bestenfalls noch der Teich im Naturpark übriggeblieben ist.
Im Neunkirchner Heimatbuch wird Seebenstein als die *Perle des Pittentales* bezeichnet. Es war in all den Wirren der Geschichte stets glimpflich davongekommen. Wer besaß auch schon eine so starke Burg, die von vornherein die meisten Eindringlinge abschreckte? Böse Zungen behaupten, einige der Burgherren hätten sich bloß rechtzeitig auf die richtige Seite geschlagen.
Die Gegenwart ist vom „sanften“ Tourismus geprägt, welcher der gepflegten und geschützten Natur (☛ **Naturpark, Waldlehrpfad**) einen besonderen Stellenwert einräumt.

**Serpentin** wird in der Umgebung von Bernstein abgebaut. Es wird dabei zwischen Edelserpentin und Gemeinem Serpentin unterschieden. Beide zeichnet die dunkelgrüne Farbe aus, sonst aber haben sie wenig gemeinsam. Der Edelserpentin verbirgt sich in Linsen und Adern im Serpentingestein (vorwiegend Chrysotil und Antigorit) und wird zu Schmuck verarbeitet, der Gemeine Serpentin hingegen zu Schotter zerrieben.

**Sieggraben** im Burgenland Aus diesem Ort stammte der „Retter der Mütter“, Dr. Ignaz Semmelweiß. Damals lag Sieggraben noch in Ungarn. 1222 wird es als *Sykrinpatak* in der Weppersdorfer *Kleinen Marktbeschreibung* urkundlich erwähnt. Es gehörte den Grafen von Mattersdorf, kam später zu Forchtenstein und schließlich zur Herrschaft Kobersdorf.

**Sommerfrische** Ende des vorigen Jahrhunderts kamen die Sommerfrischler ins Land. Frauen und Kinder höherer Beamter und Wirtschaftstreibender wurden mit der neu erbauten Aspangbahn über die Sommermonate hierher geschickt. Die Männer kamen an den Wochenenden nach.
Diese Menschen brachten natürlich das Stadtleben mit, das hier mit dem bis dahin unberührten Land eine Symbiose einging: Aus den Dörfern wurden Erholungsorte, das Kabinett am Bauernhof wurde zum Fremdenzimmer. Neue Häuser konnten ebenfalls nicht mehr in der alten, einfachen Art gebaut werden. Ein spezifischer Baustil entstand, mit verspielten Holzveranden und eleganten, feingeschnitzten Balkonen.

**Speckkammerl** bei Bernstein Diese gewaltige, düstere Felsformation *muß* zu einer Sage inspirieren:
Es hat hier einst die Kienberghexe gehaust. Sie hat vorübergehende Kinder mit Steinen beworfen, sie auf diese Weise ums Leben gebracht und sie sodann verspeist. Bis ihr eines Tages ein verhängnisvoller Fehler unterlief: Siewarf auch nach dem Jesukindlein, das den Stein offenbar gut gezielt retournierte und die Hexe damit totschlug.

Bei ihren grausigen Mahlzeiten hat die Hexe Knochen zurückgelassen, und dasjenige Sonntagskind, das einen bestimmten Fingerknochen eines der verspeisten Kinder findet, kann das Speckkammerl damit aufsperren und so zu den unermeßlichen Schätzen gelangen, welche die Kienberghexe im Laufe ihres verworfenen Lebens angesammelt hatte.

**Stanghof** bei Thernberg Von fern gleicht dieses Anwesen eher einer Burg als einem Bauernhaus. So soll denn auch der Stanghof 1147 Sammelstelle der Kreuzritter gewesen sein. Ein Bild in der romanischen Pfarrkirche von Thernberg, das Zeichen des Trommlers, ließe sich damit in Verbindung bringen.
Einer der Herren des Stanghofs war Erzherzog Johann, der Ahnherr aller alternativen Agrarier. Er ließ hier eine Schafzucht einrichten.
Die Villa oberhalb des Bauernhauses ist das Herrenhaus.

**Stanglhof** (ehemaliges Gasthaus in Witzelsberg) Schon 1662 ist in einem Taufbuch der Name Sta*ngl* für dieses Anwesen nachgewiesen; er hat sich bis heute in ununterbrochener Folge erhalten.

**Staurothek** in Wiesmath Ein gotisches Kreuzreliquiar, das vor einigen Jahrzehnten im Pfarrhof entdeckt wurde. Ausgestellt ist freilich nur eine Kopie. Das kostbare Original bewahrt das Wiener Dom- und Diözesanmuseum.

**Steinbach** (Gemeinde Pilgersdorf) Der Name scheint in dieser Form erstmals 1773 auf. Ältere Ortsbezeichnungen lauten *Stambach, Stanpakk* und *Steinpoch.* Eine Mühle an dieser Stelle wird schon 1608 erwähnt. Eine Kapelle (1774) war dem heiligen Antonius geweiht. 1889 wurde die heutige Filialkirche gebaut. Der Kirchenpatron ist derselbe geblieben.

**Steiner Wald** oder **Im Steinern** In diesem Waldstück bei Witzelsberg liegen auffällig viele sonderbar rund geschliffene Kieselbrocken. Wissenschaftlich ausgedrückt, handelt es sich dabei um terrestrisch pliozäne Sedimente, bestehend aus Permoskythquarzit, Glimmerschiefer, Porphyroid, dunklen Kalken und Grobgneisgeröllen.

**Steinkreis** (Keltenkreis) bei Krumbach (Naturdenkmal) Auf der Tafel *Kulturweg* steht: *10 Steine aus Granitgneis.* Dem aber ist nicht so. Einige davon bestehen, auch für den Laien erkennbar, aus Quarzit. Weiter heißt es: *Von Menschenhand in einem Kreis angeordnet.* Das kann als sicher angenommen werden. Weniger sicher ist die hier angegebene Deutung: *Vorchristliche astronomische Beobachtungsstätte.* Denn es stellt sich die Frage, wann die Steine in dieser Form aufgelegt worden sind.
Nicht weit davon entfernt befinden sich – vom Ausgangsstein exakt nach Osten ausgerichtet – im Wald ein geöffnetes Grab, eine Steinformation, die einen Grabhügel vermuten läßt, und der Peilstein.

**Steinmuseum** in Landsee (Freilichtmuseum) Es bietet einen guten Überblick über die Mineralien und den geologischen Aufbau der Buckligen Welt. Zu sehen sind Graphit-Quarzitstücke, eine Basaltbombe, Serpentinbrocken und anderes mehr.

**Straßhof** bei Wartmannstetten Der Überlieferung nach soll hier einst eine stolze Veste gestanden sein. Heute allerdings ist, wie der Lokalhistoriker Wolfgang Haider-Berky im Heimatbuch von Wartmannstetten schreibt, ihr Zustand erbärmlich.
Besser erhalten ist die Filialkirche St. Bartholomäus, die zum Teil in die damals bereits im Verfall begriffene Wehranlage eingefügt wurde; man hat sie aus den Spolien dieser Burg errichtet.
Erhalten blieb auch ein sogenanntes *Banntaiding* mit Personenregister aus dem Jahr 1499. In einem solchen Taiding wurde das Hofrecht, ein Gewohnheitsrecht, in Anwesenheit eines Vertreters des Grundherrn verhandelt und festgestellt. Vereinzelt wurden die Ergebnisse aus diesem Frage-und-Antwort-Spiel in *Weistümern* schriftlich festgehalten, wie hier in Straßhof.
Das Banntaiding von Straßhof befindet sich im Niederösterreichischen Landesarchiv. Hierorts kann nur der Gerichtsplatz, die *Schranne*, bestaunt werden, zumindest die beiden Steher für die Gerichtsbank beim Aufgang zur Kirchentür.

**Stuben** bei Bernstein Der Name kommt von der geheizten Stube, die für die ungarischen Grenzposten hier eingerichtet worden war. In der Nähe des Ortes entspringen einige Sauerquellen. Eine davon wurde gefaßt und mit einem kleinen Steg über den Stubenbach zugänglich gemacht. Das Wasser ist stark eisenhältig.

**Stupfenreith** (zwischen Bromberg und Erlach) Der Name, 1480 zum erstenmal erwähnt, soll von *Stuepfenreicher rain* kommen, was soviel wie Stutenpferch bedeutet. Es war von jeher eine Mostwirtschaft – zum Beweis findet sich im Wirtshaus noch ein Mostbehälter aus Ton.

**Tafelbuche** bei Kirchschlag Diese archaisch anmutende Andachtsstätte ist noch immer aktuell, wovon gerahmte fromme Drucke, Rosenkränze als Votivgaben und die bei solchen Heiligtümern unvermeidliche PVC-Colaflasche als improvisierte Blumenvase, mit den ewig haltbaren Plastikblumen darin, Zeugnis ablegen.

**Teufelsschlößl** bei Ofenbach Am Abhang des Heuberges, unterhalb der Rosalienkapelle, ragt ein imposantes Felsgebilde aus dem Waldboden. Waldarbeiter im Kaiserwald schworen, daß am hellichten Tag der Böse in Jägerkleidung auf diesem Felsen saß und ihnen in der Nacht dann die Decken wegzog, um sie aufeinander zu hetzen.
Unser Teufel dürfte eine recht fidele Person gewesen sein. So stellte er sich beim nächtlichen Kartenspiel bereitwillig als Dritter zur Verfügung, knöpfte seinen Partnern das Geld ab und wollte, als diese keines mehr hatten, als letzten Spieleinsatz deren Seelen. Erst als einer den Pferdefuß bemerkte und vor lauter Schreck *Jesus, Maria, der Teufel!* rief, setzte sich der „Unbekannte" mit einem furchtbaren Knall in seine Hölle ab.

**Teufelsstein** bei Wiesmath Wie ein von Menschenhand geformter Gedenkstein ragt eine dreieckige Steintafel aus dem Waldboden. Ihrer son-

derbaren Gestalt wegen hat man sie sogleich mit dem Teufel in Verbindung gebracht:
Ein gotteslästerlicher Fluch hat einst den Teufel veranlaßt, ein Kind zu sich in die Hölle zu holen. Als Ersatz für dieses Kind setzte er auf Erden diesen Stein.
Der pädagogische Wert eines solchen Felsens ist nicht von der Hand zu weisen. Welches Kind erschaudert nicht, wenn ihm schon die Folgen eines harmlosen Fluches (*Kruzzifix, Kreizteifieininoamol*) so drastisch vor Augen geführt werden.
Da aber der Mensch, auch der kleine, aus Gründen der Seelenreinigung fluchen muß, hat man in der Buckligen Welt eine probate Lösung gefunden, die im Himmel und in der Hölle gleichermaßen gnädige Aufnahme finden konnte: *Kruzzitürken*. Die ersten beiden Silben befriedigen den Teufel, weil das Kreuz darin anklingt, die letzten beiden aber den Himmel, weil sie die Feinde des Christentums bezeichnen, die in diesem Landstrich so arg gewütet haben, daß sie in diesem Fluch bis heute weiterleben (müssen).

**Templerhöhle** bei Seebenstein Im Felsabsturz an der großen Kehre des alten Schloßweges geht es zehn Meter tief in den Berg hinein. Entstanden ist diese Höhle in der Trias, im warmen Meer des Erdmittelalters.
Von dieser Höhle erzählt man sich natürlich auch gar Düsteres:
Nach der Auflösung des Templerordens auf dem Konzil zu Vienne im Jahre 1312 fand eine kleine Schar von Tempelrittern in dieser Höhle Zuflucht. Nach Einbruch der Dunkelheit schlichen sie in die Dörfer der Umgebung, um sich Lebensmittel zu besorgen, und als einer von ihnen, der riesengroße Ritter Jörg, an der Reihe war, begegnete ihm der Jäger Markus, ein aus dem Kriegsdienst entlassener Bogenschütze. Er schöpfte angesichts dieses auffälligen Fremden Verdacht, er ging ihm nach und belauschte die Ahnungslosen.
Im Morgengrauen erschien er mit einer großen Schar bewaffneter Seebensteiner vor der Höhle, um die Templer gefangenzunehmen. Die Templer aber verteidigten tapfer ihre Stellung, bis das Abendrot den Himmel vergoldete. Dann war auch der letzte von ihnen, der Ritter Jörg, gefallen.
Das unschuldig vergossene Blut der Tempelritter ist bis heute nicht vertrocknet. Es soll auf dem feuchten Grund der Höhle noch zu sehen sein.

**Thernberg** (Gemeinde Scheiblingkirchen) Die Entwicklung dieses Dorfes hing Jahrhunderte hindurch eng mit der Herrschaft auf der Burg bzw. im Schloß zusammen. Eine Blütezeit erlebte der Ort unter Erzherzog Johann.
Sehenswert sind die romanische Kirche, das Mesnerhaus mit einer Ausstellung zur Person Erzherzog Johanns und das schloßartige Amtshaus vis-à-vis von der Kirche; es war ursprünglich das Verwaltungsgebäude der Herrschaft.
Hinter dem Amtshaus befinden sich pomologische (obstkundliche) Versuchsgärten, die jedoch nicht öffentlich zugänglich sind, und eine

Dreifaltigkeitssäule, die anläßlich der Markterhebung gestiftet wurde, wie die Inschrift bezeugt: *Dies Seilen hat machen lassen der Herr H. Wohlgeporne Franz Wilderich von Mnohez* (Menshengen) *der Herrschaft Thernperg, Reichshofrat, den 7. Aug. 1714.*
Der einst so stolze Markt Thernberg hat allerdings sehr an Bedeutung verloren und ist heute Teil der Gemeinde Scheiblingkirchen.

**Thomasberg** (Bezirk Neunkirchen) Eine Ortschaft, die hauptsächlich aus ihrer Umgebung besteht. Das Gemeindeamt befindet sich in Edlitz, der Bahnhof von Edlitz-Grimmenstein dagegen auf Thomasberger Gebiet.
Thomasberg besitzt eine neugotische Kapelle und, alles überragend, eine Ruine gleichen Namens, mit einer noch intakten Zugbrücke, die jedoch vor allzu neugierig Besuchern hochgezogen werden kann, denn das Gemäuer ist im Privatbesitz.

**Tiefenbach** (Krumbach) Seit nunmehr sechs Generationen führt hier die Familie Buchegger ein Gasthaus. Die Seniorchefin zeigt Ihnen auf Wunsch gerne die Unterlagen, die sie zur Geschichte ihrer Familie gesammelt hat; unter anderem einen Kalender aus dem vorigen Jahrhundert, worin die Zechschulden derer eingetragen sind, die damals zur Herrschaft Palffy nach Krumbach wanderten, um ihre Quartalszahlungen zu entrichten.
Die Leute mußten zwangsläufig hier vorbei – und haben das Beste draus gemacht: Sie haben Rast gehalten im Gasthaus Buchegger und getanzt, wenn ihnen danach zumute war. Wer hier übernachtete, auf Stroh natürlich, wurde fallweise von der Gendarmerie kontrolliert. Jede dieser amtlichen Visiten ist in einem Beherbergungsbuch vermerkt.
In den Zeiten, als die Sommerfrischler hier abgestiegen sind, gab es auch ein Schwimmbecken, allerdings gespeist vom eher kühlen Wasser des Tiefenbaches. Der Flurname *Badwiese* zeugt davon.
Ein Jungbrunnen mit aphrodisischer Wirkung, so versichert der Seniorwirt, ein Säuerling, für den erst kürzlich ein neues Brunnenhaus geschaffen wurde, sprudelt vor dem Haus. Das Kohlendioxyd tritt an etlichen Stellen ungeniert aus, sogar im Keller des Gasthauses – Kohlegas, das ein paar Kilometer weiter, in Bad Schönau, für verschiedenste Therapien genutzt wird. Auf Grund wirtschaftlicher Überlegungen der Wirtsleute blieb dem Ort Tiefenbach eine vergleichbare Kurhalle erspart.
Hinter dem Gasthaus können sich die Kinder bei einem Wildgehege und einer Pferdekoppel mit Fohlen die Zeit vertreiben.
Auch wenn man sich an den Anblick von Marterln in der Buckligen Welt längst gewöhnt hat, das Marterl beim Gasthaus Buchegger aber ist einen Seitenblick wert. Es stammt aus dem Jahr 1904, die Herz-Jesu-Statue wurde von einem meisterlichen und frommen Tiroler Schnitzer geschaffen.

**Tobelburg** bei Wartmannstetten Von der Burg sind nur mehr Erdwälle, die Gräben und Reste der Motte (hügelartige Aufschüttung des Kernwerkes mit Turm) zu sehen.

**Tobiaskreuz** *Der kleine Tobias hatte sich verlaufen, und kaiserliche* (österreichische) *sowie fürstliche* (Estherházy-)*Förster haben ihn mit Gottes Hilfe hier gefunden.* So steht's zu lesen, und etwas unbeholfen wird das Geschehene auch auf einem Ölbild festgehalten. Es galt seitdem als Denkmal der Freundschaft zwischen den benachbarten Forstleuten.
Eine Sage weiß jedoch einen noch älteren Grund für dieses Kreuz am *Gschaid* anzugeben:
Ein Mann mit schlechtem Gewissens – hatte er gestohlen, hatte er geschmuggelt? – war an dieser Stelle plötzlich in die Erde versunken, als ob diese Wasser sei.

**Torstüberl** von Kirchschlag Das kleine Gebäude an der Brücke über die Zöbern vor der Pfarrkirche diente bis 1861 dem Torwächter des Brükkentorturms als Unterstand; danach war es der Gemeindekotter.

**Tropfsteinhöhle** in Erlach In einem Kalkbruch in Hinterbrühl befindet sich der Eingang zu einer Tropfsteinhöhle, deren Deckenschmuck allerdings stark beschädigt wurde und, wahrscheinlich durch Fackelruß geschwärzt, unansehnlich geworden ist. Daher hat man die Höhle für Besucher gesperrt.
60 Meter davon entfernt befindet sich ein Naturwunder par excellence: die Excentriqueshöhle mit Tropfsteinen, die bei ihrer Entstehung scheinbar nicht der Schwerkraft gehorchten und in alle möglichen Richtungen wuchsen. Auch diese Höhle ist nicht öffentlich zugänglich.

**Tschudihof** bei Lichtenegg Im 19. Jahrhundert fand ein Schweizer Arzt, Diplomat, Naturforscher und überhaupt Universalgelehrter namens Jakob von Tschudi hierher in diese Gegend. Weil er dem Kreis um Erzherzog Johann angehört hatte, war es ihm angelegen, im Revolutionsjahr 1848 aus Wien zu verschwinden. Er erwarb einen Bauernhof, führte dort pomologische (obstkundliche) Versuche durch und pflanzte eine Reihe exotischer Bäume.
In seiner Jugend hatte er Südamerika durchstreift. Als Erinnerung daran ziert dieses Bauernhaus heute noch ein schmucker Balkon, eine Mischung aus schweizerischem Alpen- und peruanischem Andenstil.

**Türkenhöhle** bei Hollenthon (Naturdenkmal) In der Türkenzeit war sie mit ihren etwa 10 Metern Länge und 2,5 bis 3 Metern Breite den Hollenthonern ein zwar enges, doch recht sicheres Versteck.

**Türkenkreuz** bei Kirchschlag Nach einem Kampf, so heißt es, wurden an dieser Stelle so viele gefallenene Türken verscharrt, daß sich noch lange Zeit danach immer wieder das Erdreich senkte.
Manche sollen nicht einmal noch tot gewesen sein. Deshalb war den Leuten dieser Platz unheimlich. Mit einem Kreuz, an dem ein Halbmond angebracht wurde, gab man sich und den Toten den Frieden zurück.

**Türkensturz** bei Seebenstein *Türkisches Schloß, das mit dem aufgesteckten Zeichen der Sonne und des Mondes abenteuerlich prangt. Dieser schauerliche Felsen wird der Türkensturz genannt.* So beschreibt

Dr. Schweickhardt Ritter von Sickingen in seiner *Darstellung des Erzherzogthums Oesterreich unter der Ens* (sic!) diese künstliche Ruine oberhalb von Gleißenfeld.
Eine ausführlichere Beschreibung findet sich unmittelbar vor der Ruine. Auf einer Tafel an einer Rasthütte ist das Wesentliche über den Türkensturz in eine Holztafel eingebrannt: *Der Türkensturz, 610 m, ist eine mesozoische Kalkklippe der Semmeringzone, die auf kristallinem Urgestein schwimmt.*
Die historische Tatsache: Im September 1532 haben die Kaiserlichen ein Türkenheer bei Enzersfeld/Fischau vernichtend geschlagen. Eine kleine Schar *Akindschi* (leichte türkische Reiter), die in das Pittental versprengt wurde, soll von erbitterten Bauern auf den Bergrücken zwischen Seebenstein und Gleißenfeld gehetzt worden und sodann über den steilen Felsen gestürzt sein. Zur Erinnerung ließ Fürst Johann von Liechtenstein 1824/25 hier eine künstliche Ruine (Landschaftsschmuck der Romantik) errichten.
Der Sagenschatz:
a) Ein oder zwei Mädchen wurden von den Türken verfolgt. Sie huschten vor zur Felswand und versteckten sich urplötzlich seitlich im Gebüsch. Die Türken aber hatten keinerlei Ahnung von der Felswand, konnten die galoppierenden Pferde nicht mehr anhalten und stürzten in den Abgrund.
b) Nach einer anderen Version spannten die Mädchen Regenschirme (?!) auf und segelten an diesen zu Tal, während die Türken in den Tod stürzten.
c) Ein vornehmer Türke befand sich auf der Flucht. Durch einen wagemutigen Sprung zu Pferde über die Felswand versuchte er, sich vor seinen Verfolgern zu retten.
d) Auch ein religiöses Motiv liegt der Namensdeutung zugrunde: Der Anführer einer versprengten Türkenschar hoffte, alle seine Leute auf versteckten Pfaden in Sicherheit zu bringen. Da gewahrten die Krieger in einiger Entfernung die lichte Erscheinung einer Frauengestalt, auf die sie lüstern lossprengten – und im Galopp in die schaurige Tiefe stürzten.

**Ulrichskirche** in Erlach   Nach außen hin ist sie eine unscheinbare Friedhofskapelle respektablen Alters (aus dem 13. Jahrhundert). In den letzten Jahren wurde jedoch nachgegraben: Es fanden sich darunter die Grundmauern eines römischen Hauses und – sensationell – eine Lanzenspitze aus vorrömischer Zeit. Geweiht ist sie, wie der Name schon sagt, dem heiligen Ulrich, dem streitbaren Bischof von Augsburg.

**Ungerbach** (Gemeinde Kirchschlag)   Bis 1920 gehörte der Ort zu Schönau, war dann jahrzehntelang selbständige Gemeinde und kam 1970 zu Kirchschlag.

**Universität für Bodenkultur, Lehrforstzentrum** am Heuberg   Im Wald sieht man neben dem Weg die Anlagen zur Messung der Niederschlagsmenge und der Bodenfeuchte, die an der Erdoberberfläche und in vier verschiedenen Tiefen abgelesen wird. Am Heuberg selbst gibt es eine Klimastation und Ozontürme, deren Meßergebnisse jedoch unter Verschluß bleiben.

**Unterhaus** in Krumbach Die Häuser unterhalb der Burg. An einem der verfallenden Gebäude kann man noch den Reiz erahnen, den diese Häuser einst besaßen: An der Vorderfront sind noch die Schnitzereien vorhanden, die verblaßte Aufschrift *Fremdenzimmer pro Tag und Monat* erinnert an bessere Zeiten. Ein wunderschöner hölzerner Hausstock, der Stall war gemauert, die Wohnstube aus Balken gezimmert – alles sieht ganz so aus, als hätte das nahe ☛ **Heimatmuseum** hier seine Fortsetzung gefunden.

**Urbankapelle** (Gemeinde Warth) Sie befindet sich an einem stark frequentierten Kreuzungspunkt von Straßen und Gemeindegrenzen unmittelbar neben dem Erholungswaldgebiet Feistritz.
Zum Patron: Urban ist an und für sich Schutzheiliger der Winzer. Wenn auch bis 1800 selbst in den unmöglichsten Lagen noch Weinbau betrieben wurde, hier heroben (855 m) wäre dies aber doch unvorstellbar. Über Wallfahrten oder bestimmte Meßtermine gibt es keine Nachrichten. Die Kapelle wurde 1835 und 1896 renoviert. Es soll, so erzählen die Eigentümer (Familie Stocker vom Urbanhof), ein Waldarbeiter an dieser Stelle verunglückt sein.
*Beschreiben der Kapelle verboten*, ordnet streng eine Tafel an. Dennoch wage ich den Versuch: Es ist ein niedriges Gebäude mit dicken Mauern. Durch ein breites Gitter kann man in den düsteren Innenraum schauen, dessen Apsis über und über mit Bildern behangen ist.

**Verlassenes Haus** auf dem Hohenberg bei Haßbach Ein ehemals prächtiger Bauernhof mit liebevoll geschnitzten Holzrahmen an den kleinen Fenstern, einer längst morschen Holztramdecke und einem „gesetzten" Ofen in der Stube ist hier dem langsamen, aber sicheren Verfall preisgegeben. Die Wirtschaftgebäude sind bereits zur Ruine verkommen, der Hausstock, also das Wohnhaus, ist noch mit Blechplatten gedeckt.

**Waldkapelle** bei Gleißenfeld Auf einer Marmortafel beim Eingang wird die Gründungslegende erzählt. Es handelt sich um das geheimnisvolle Wiederauftauchen eines Marienbildes just an diesem Platz – und wo sonst als an einem Baum. Sogleich wurde ein kleines Heiligtum errichtet, mit entsprechender Widmung:
*Wir empfehlen diese Kapelle dem Schutze aller Gläubigen und hoffen, daß keine frevelnde Hand sich zur Zerstörung dieser Kapelle und der lieben Mutter Gottes erheben werde. Carlo und Helene Karniel, 1899.*
Vis-à-vis wird auf einer Tafel in reinstem Politkauderwelsch angegeben, weshalb die Kapelle 1966 neu gebaut wurde. Das Landesamt VI/12 – von dort stammen die Pläne – darf dafür gelobt werden, weil sich das moderne Gebäude ausgesprochen gut in diesen Platz einfügt.
Die Bilder drinnen sind großteils noch die alten – die unvermeidlichen Massendrucke, die man nahezu in jeder Kapelle der Buckligen Welt findet. Bemerkenswert hingegen ist die Madonnenstatue rechts neben dem Altar. Ihretwegen dürfte die Kapelle auch versperrt sein.

**Waldlehrpfad in Kirchschlag** Angelegt ist er am Hang des Hutkogels, bezeichnet mit D 13. Sein Ausgangspunkt ist die Venedigstadt. Gestaltet ist er mit Schautafeln am Wegrand und deutlich sichtbaren Namensschildern vor den jeweiligen Bäumen. Zwischen Fichten und Föhren hat auch ein Exote Platz gefunden, ein Mammutbaum, der allerdings hinsichtlich seines Ausmaßes mit den mächtigen Brüdern auf dem nordamerikanischen Kontinent nicht mithalten kann.

**Waldlehrpfad in Schwarzenbach** Ein Lehrpfad, der zuallererst forstliches Grundwissen vermittelt, aber auch über die besondere Flora des Burgberges berichtet. Ausgestattet ist er mit guten Schautafeln, die über die botanische Vielfalt dieses Platzes berichten.

**Waldlehrpfad in Seebenstein** Er wurde in den Jahren 1985/86 am Hampeweg am Fuße des Schloßberges zwischen Schiltern und Seebenstein angelegt.
Die einzelnen Stationen beschreiben nicht nur die wesentlichen Baum- und Straucharten, sondern geben auch Einblick in die Bedeutung der Waldwirtschaft und die Verwendungsmöglichkeiten des Nutzholzes.
Diese Beschreibung im Führer durch den Naturpark trifft im wesentlichen auf den derzeitigen Zustand des Waldlehrpfades zu.

**Waldmühle** bei Kobersdorf Sie muß einst eine bedeutende Mühle gewesen sein, das erkennt man noch am prächtigen Portal. Die Hausnummer stammt noch aus ungarischer Zeit, der Name der Mühle ist deutsch, und der letzte Müller war – der Firmenaufschrift nach – Kroate.

**Waldsauerbrunn** in Kobersdorf Ursprünglich hat man das Mineralwasser aus der Quelle geschöpft und auf diese schlichte Art und Weise bis 1986 15 Millionen Liter Wasser abgesetzt. In diesem Jahr wurde schließlich ein Abfüllbetrieb nach modernsten technischen Gesichtspunkten errichtet, und jährlich können nun an die 90 Millionen Liter Mineralwasser abgefüllt werden. Die derzeitige *Waldquelle* ist ein artesischer Brunnen, der aus 200 Metern Tiefe einen Calcium-Natrium-Hydrogencarbonat-Mineral-Säuerling heraufholt.
Zur Ergänzung des Allgemeinwissens:
*Tafelwasser* ist jedes Grund- oder Quellwasser, das den Reinheitsvorschriften des Lebensmittelgesetzes entspricht und weniger als 1000 mg Mineralstoffe enthält.
*Mineralwässer* sind Quellwässer mit mehr als 1000 mg an gelösten Stoffen. Die Bestandteile sind auf dem Etikett in einer Analyse darzustellen.
Die Heilkraft von *Heilwässern* muß von der Landesregierung per Dekret bestätigt werden.
*Säuerlinge* sind Mineralwässer, die über quelleigene Kohlensäure verfügen.

**Walpersbach** (Bezirk Wiener Neustadt) besteht aus den Orten Walpersbach, Schleinz und Klingfurth. In Schleinz steht noch das Schloß aus dem 18. Jahrhundert. Über das wesentlich ältere Herrschaftsgebäude im

Gemeindegebiet, eine Burg Lanzenkirchen, weiß man nur, was aus einigen Bodenfunden geschlossen werden kann.
Wenige wissen, daß Walpersbach auch ein Wallfahrtsort ist. Ein „Blutwunder" brachte im 17. und 18. Jahrhundert so viele Wallfahrer hierher, daß eine neue, größere Kirche gebaut werden mußte. Es gibt Augenzeugenberichte von den Wundern: Von Zeit zu Zeit floß aus einem Loch oberhalb der Kanzel Blut, oft so reichlich, daß der Boden befleckt wurde. Die äußerst praktische Bestätigung des Wunders erfolgte durch Maurer, die mit Kalk den Flecken zu Leibe rückten, die Blutspuren aber nicht beseitigen konnten.
Einen kurzen Besuch ist auch das Schleinzer Kreuz wert. Es wurde im Jahr 1800 von Graf Hoyos errichtet und ist eine vielbesuchte Wallfahrtsstätte – inmitten einer stark befahrenen Straßenkreuzung.

**Warth** (Bezirk Neunkirchen) *Item wird in der Maut in Warth kein Bürger für sein Tuch irgend etwas geben, beim Rückweg nur zwei Denare und einen Denar zum Wochenrecht. Für ein Pferd sechs Denare, für ein Rind einen Denar und einen Obulus zum Wochenrecht … geschrieben ist dies in Starchemberg im Jahre der Menschwerdung unseres Herrn 1244 am 28. Mai der zweiten Indiktion.*
Die Gebühren, die damals eingehoben wurden, lesen sich heute wie die Bilanz eines Beutelschneiders. Trotzdem dürfte das Geschäft floriert haben, weil sich andernfalls für die *Cheufeler* (Kaufleute) und die Ochsentreiber mit ihrem *Saum* (Ladung) eine Fahrt auf der Hartbergstraße kaum ausgezahlt hätte. Wer Richtung Süden unterwegs war, mußte durch Warth, bis in die jüngste Zeit. Man erinnere sich an die endlosen Autokolonnen, die an Sonntagnachmittagen die Bundesstraße verstopften. Erst seitdem die Autobahn darüber hinweg gebaut wurde, sind auch in der Warth die wirklich schönen Tage angebrochen, und die Gemeinde kann endlich um Gäste werben.
1994 also feierte man 750 Jahre Warth und ist stolz darauf, *über die ganze lange Zeit von der Natur behütet und bewahrt* worden zu sein, wie es im örtlichen Prospekt heißt.

**Wegverbindung Kirchschlag – Bernstein** Nach Auskunft einer Frau aus Redlschlag war der Weg über Ungerbach, Rotleiten und Redlschlag die ursprüngliche Hauptverbindung von Bernstein nach Kirchschlag. Er zeichnet sich vor allem zwischen Rotleiten und Redlschlag durch seine ebene Führung aus. In früheren Zeiten, als noch Fuhrwerke unterwegs waren, wurde darauf natürlich weit mehr Wert gelegt als heute, wo man auf der neuen Straße im Auto nur einen Gang zurückzuschalten braucht.

**Wehrkirche** von Wiesmath (Station der ☛ **Wehrkirchenstraße**) Im befestigten *Viehhof* unterhalb der Kirche barg man während der Belagerungen die wertvollen Viehbestände. Er verdient besondere Aufmerksamkeit, weil in ganz Niederösterreich nur drei solcher Anlagen bekannt sind.

**Wehrkirchenstraße** Die Kirchen der Buckligen Welt waren nicht ausschließlich für das Seelenheil ihrer Gläubigen bestimmt. Sie boten ganz profanen Schutz gegen Eindringlinge wie die Türken und die ☛ **Kuruzzen**. Die Befestigungseinrichtungen sind teilweise bis heute erhalten (Pechnasen, Wehrgänge, Schießscharten). Die meisten dieser „aufgerüsteten" Sakralbauten können nun im Zuge einer Wehrkirchenstraße besichtigt werden. In Edlitz wird eine ausführliche Einstiegsdokumentation geboten. Informationen dazu gibt es beim Tourismusverband Bucklige Welt, ☎ 02646-2213.

**Weinberg** bei Pitten Weinberg besteht heute aus einem Bauernhof, an dem die alte Ortstafel belassen wurde, die von der Zugehörigkeit zum *K.u.k. Ergänzungsbezirkskommando Nr. 84* berichtet. Im Obstgarten hinter dem Bauernhaus sind noch die Reste verlassener Gehöfte zu sehen. Der Weinbau wurde schon vor Jahrhunderten eingestellt. Heute wird hier Most gepreßt.
Ein pikantes Detail am Rande: Die Herkunft einer Weinberger Familie wird stolz auf einen der zahlreichen Seitensprünge des im wahrsten Sinne volksverbundenen Erzherzogs Johann zurückgeführt.

**Weingart** (Gemeinde Scheiblingkirchen) Markant ist der Kreuzkapellen-Bildstock, errichtet 1865 von Florian und Maria Scherleitner. Das Marterl an dieser Stelle könnte man sich nicht wegdenken. Es steht an der alten Dreierkreuzung zwischen Burg Gleißenfeld, Thernberg und Schiltern und war in frühester Zeit nichts anderes als eine Orientierungshilfe.

**Weingraben** im Burgenland Diese deutsch-kroatische Siedlung wurde im Jahr 1588 als *Bayngra(o)b* erstmals erwähnt. Durch fast drei Jahrhunderte ist wenig Berichtenswertes vorgefallen, sieht man von den Türken und Franzosen ab, die hier wie anderswo auch gewütet haben. Bekannt werden die Weingrabener ab der Mitte des vorigen Jahrhunderts, als sich Ödenburg im Schweinehandel eine Art Monopol sichern kann, im Zuge dessen die Weingrabener mit „Borstenvieh und Schweinespeck" auf den Märkten der Monarchie vertreten sind.
Knapp hundert Jahre später werden die Weingrabener noch einmal für ihr „Schwein" berühmt, als sie nämlich vier Lkw-Ladungen Schwammerln nach Wien liefern.
So ganz nebenbei hat man auch auf ein anderes Haustier gesetzt, auf die Gans, deren Federn an langen Winterabenden geschlissen wurden und die, in Tuchenten gefüllt, heute noch einen der Haupterwerbszweige der Ortsbewohner ausmachen.

**Weinweg** Mittelalterliche Wegverbindung und Schmugglerweg, der von Neunkirchen über die Rams und den Kummerbauer Stadel in die Steiermark führt.
In einem Formbacher Register wird der Weinweg 1343 zum erstenmal urkundlich genannt. Seinen Namen hat er vom Weintransport: Auf diesem beschwerlichen Bergweg hoffte man, Kontrollen und somit den hohen Abgaben, die auf dem Weinhandel lasteten, zu entgehen.

**Weißer Hirsch** (Kreuz nahe der Rosalia) Ein Bild, das erst in jüngster Zeit entfernt wurde, zeigte einen weißen Hirsch mit einem Kreuz zwi-

schen den Geweihstangen, vor dem in Hubertusmanier ein Jäger kniet. Die Albinos im Rotwildbestand waren den Waidmännern nie recht geheuer. Ob weißes Reh oder weißer Hirsch – sie durften nicht geschossen werden, weil sonst der Schütze noch im selben Jahr sterben müßte.
Belegt ist kein derartiger Fall, wohl aber – keineswegs Jägerlatein – ein von den Jägern mit Schaudern wiedergegebener Abschußbericht. So mußte in Hochwolkersdorf ein weißes Reh dreimal tödlich getroffen werden, bis es endlich erlegt war. Dieser Vorfall wird sowohl durch Zeugen als auch durch Fotos bestätigt.

**Weißes Kreuz** oder **Kelchkreuz** in Katzelsdorf  Es erinnert an die Zeit der Glaubenskämpfe. Im 16. Jahrhundert gab es in Wiener Neustadt zahlreiche Anhänger des reformierten Glaubens. Aufrufe ergingen, sich *alles Schmähens und ungebührlichen Benehmens gegen geistliche Personen* zu enthalten. Um für den alten Glauben zu retten, was noch zu retten war, erließ Papst Pius IV. eine Bulle, in der er den Bürgern von Wiener Neustadt den Utraquismus, also den Empfang der Kommunion in beiderlei Gestalt, gestattete. Von daher rührt auch der Name Kelchkreuz.

**Wetterkreuze**  Mit diesen werden die höheren Mächte beschworen. Beinahe drohend ragen meist drei Kreuze, am Waldbauernriegel auch nur eines, zum Himmel auf. An exponierten Stellen sind sie *gegen das Wetter* aufgestellt, das heißt in der Richtung, aus der die meisten Unwetter kommen. Um ihre Wirksamkeit zu erhöhen, hat man sie mit den Leidenswerkzeugen Christi, zum Beispiel mit der Lanze samt dem aufgespießten Schwamm, der Leiter und der vierschwänzigen Geißel, bestückt.
Eindrucksvoll sind die Wetterkreuze am ☛ **Hutwisch** beim *Schneidersimon* (in den Karten *Schneidersimmerl*). Sie wurden in den dreißiger Jahren wegen verheerender Hagelunwetter aufgestellt und haben auch in unserer Zeit nichts von ihrer Bedeutung eingebüßt; warum sonst würde dort nach wie vor am letzten Sonntag im Juli unter großer Beteiligung der Bevölkerung ein eigenes Fest veranstaltet.
Ursprünglich stand in der Nähe eine Wetterfichte. An deren Stelle befindet sich heute ein Bildstock.

**Wiesen** (Bezirk Mattersburg)  Die *Bumabia* reifen nirgends süßer als hier, behaupten die Ortsbewohner und leben recht gut von ihren Erdbeerfeldern. Ihre „Bescheidenheit" geht noch ein Stück weiter, wenn sie diese herrlichen Früchte ihrer Größe wegen als Ananas bezeichnen.
Weil es aber doch nur ein Saisongeschäft ist und der Mensch auch die übrige Zeit etwas verdienen will, waren oder sind viele Wieser zur Winterszeit zum Pendeln in die Großstadt genötigt.
Alles das ist noch ein Relikt aus der Zeit, als der Weinort Wiesen von der Reblaus heimgesucht worden war. Die Weingärten wurden nach diesem Schock in Obstgärten, Wiesen und in die besagten Erdbeerfelder umgewandelt. Es hat sich gelohnt, denn schon 1912 ist in einem F*ührer durch Ödenburg und die ungarischen Alpen* zu lesen: *Wiesen ist die schönstgelegene Ortschaft des Komitates Ödenburg.*

**Wiesmath** (Bezirk Wiener Neustadt) *Wiesmarcht* lautet die erste Erwähnung 1295. Der Ort wurde damals an einen Kuenringer verkauft. Um einige Jahrzehnte früher (1146) wird eine Rotte, Geretschlag, als *Novale Gerichi militis cum silva pertinente* genannt und 1268 der Hof *Goldenarius*, der Gollnerhof. Von den Kämpfen mit den Kuruzzen erzählt die Sage vom ☛ **Meisterschuß.**
Im Laufe der Jahrhunderte etablierte sich in der Marktgemeinde allerdings ein blühendes Gewerbe mit Fahne, Zunfttruhe und einem mehr als deutlich sichtbaren Zeichen, dem Gewerbebaum.

**Willersdorf** (Bezirk Oberwart, Gemeinde Oberschützen) Gräberfunde haben ergeben, daß dieser Ort schon in der Römerzeit besiedelt war. 1289 wird er in der *Continuatio Vindobonensis Chronicom Austriacom Anonymi* als *Wilamstorf* zum erstenmal genannt. Der Ortsname leitet sich wahrscheinlich von einem Besitzer namens *Willehalm* (deutsch), *Viljan* (altwindisch) oder *Vilianus* (lateinisch) her.

**Wittgenstein** *Mein Leben ist eigentlich glücklich! Bis auf die Zeiten, wo es verflucht unglücklich ist.* Nur einer konnte in einem solchen Paradoxon eine Einheit sehen: Ludwig Wittgenstein (1889–1951). Eher aus einer Laune heraus – er wollte mit sich selber ins reine kommen – war der später hochberühmte Philosoph Dorfschullehrer in Trattenbach und Ottertal geworden. Er hatte seinen *Tractatus* längst abgeschlossen, war vom Krieg heimgekehrt und hatte im Schnellverfahren die Lehrerausbildung absolviert. Ausdrücklich wünschte er einen Dienstort in *gänzlich ländlichen Verhältnissen*. Damit konnte man ihm Anfang der zwanziger Jahre hier freilich dienen.
Selbstverständlich haben nur wenige seiner Schüler gespürt, daß es sich bei ihrem Lehrer um eine außergewöhnliche Persönlichkeit handelte. Ehemalige Schüler haben erzählt, daß Wittgenstein für die damalige Zeit eher ungewöhnliche Unterrichtsmethoden einführen wollte – zum Beispiel nächtliche Exkursionen, um den Sternenhimmel zu besprechen. Das *Schul' gehen* war bei den Leuten nicht so sehr gefragt, die Kinder wurden in der Landwirtschaft gebraucht; durchaus verständlich, wenn man die Bauernarbeit in dieser Gegend damals in Betracht zieht.
Wittgenstein, so scheint es, hat sich damit abgefunden – und hat vor allem die Begabten gefördert. Das Vorbild war er selbst. Er war ein Allroundtalent, war technisch sehr versiert – Wittgenstein erfand verschiedene Flugmotoren –, versuchte sich als Bildhauer und als Architekt und war zu allem Überfluß überaus musikalisch. Sein Instrument war die Klarinette.
In Trattenbach, seinem ersten Lehrerposten, gab es natürlich auch eine Blaskapelle. Es wird erzählt, daß Wittgenstein eine Probe besuchte, den Musikanten sein persönliches Notenmaterial auf die Budel legte und allen Ernstes diese Stücke probieren wollte. Nach wenigen Takten winkte er jedoch ab, schüttelte den Kopf, murmelte *Krautfleisch, Krautfleisch*!, packte Noten und Klarinette wieder ein und verschwand aus dem Wirtshaus.

**Witzelsberg** (Gemeinde Scheiblingkirchen) Die Witzmannsberger, ein Herrschaftsgeschlecht, werden im Banntaiding von Aichhof erwähnt. Möglicherweise aber ist die Ortschaft noch um vieles älter, denn schon im Jahr 860 (!) scheint in dieser Gegend eine Ortschaft *Withanesberg* auf.
Durch volle tausend Jahre bleibt dieses Witzelsberg ein *schlichtes Bauerndörfchen* (Schweighardt). Erst um die Jahrhundertwende wird dieser Ort für die Sommerfrische entdeckt. Zwar ist die Bahnstation nicht weit entfernt, aber der Ort selbst liegt doch etwas abseits des verkehrsgünstigeren Pittentales.
Das Ortsbild wird immer noch von den Zeugen dieses nur kurz währenden Aufschwungs geprägt: den charakteristischen, verspielten Fassaden und Holzbalkonen. Sie bewähren sich als stimmungsvolles Bindeglied zwischen ein paar liebevoll erhaltenen alten bäuerlichen Gebäuden und der unvermeidlichen Stilmischkulanz neuer und neuester Einfamilienhäuser.

**Wolfgangskirche** in Kirchberg am Wechsel Ob der heilige Wolfgang höchstpersönlich vor Ort war, dafür würde kein Historiker die Hand ins Feuer legen. Deshalb regiert auch die Sage:
Vom Kampstein herab hatte St. Wolfgang sein Beil geschleudert und dabei so mächtig in den Felsen getreten, daß man heute noch seinen beachtlichen Fußabdruck bewundern kann. Die Hacke blieb jenseits des Tales in einer Fichte stecken und legte damit den Platz für Wolfgangs nächste Kirchengründung fest.
Der Mönch Wolfgang war damals, Ende des 10 Jahrhunderts, im Ungarland unterwegs, um *das Buschwerk der alten Irrtümer auszurotten, den unfruchtbaren Boden der wüsten Herzen mit dem Pflug des Evangeliums zu durchfurchen und die Frucht des Glaubens darein zu säen,* wie Otloh um 1050 schreibt.
Es war nicht so einfach, weil der Teufel seine Hand im Spiel hatte. Er war begierig auf *Seelen-Beuth* und nahm dafür sogar in Kauf, die Kirche zu bauen. Versprochen war ihm der erste Pilger, der hier ankam. Es war dies – ein Wolf, und der erfüllte mitnichten die Vorstellungen des Bösen.

**Wulka** Dieser kleine burgenländische Fluß entspringt unterhalb der Rosalienhäuser und ist der einzige Zufluß des Neusiedler Sees.

**Ziegelöfen** bei Erlach An der Bromberger Straße steht der älteste und letzte von elf Ziegelöfen in Erlach. Von hier – und nicht vom näher gelegenen Wienerberg – wurden handgeschlagene Ziegel zum Bau der Wiener Rotunde geliefert.

**Zöbern** (Bezirk Neunkirchen) Der Name rührt her vom milchfarbenen Fluß (*sanaria, savaris, soborja;* aus dem Illyrischen). Die Gegend war aber schon in urgeschichtlicher Zeit besiedelt, wie eine Steinaxt und eine Lappenaxt aus der Bronzezeit bestätigen.
Das uns vertraute Zöbern war das Dorf zur Burg, der heutigen ☛ **Ruine Ziegersberg.** Mit dem Sitz der Herren verlagerte sich der Schwerpunkt des

Wirtschaftslebens nach Schlag. Zöbern hat sich aber wieder als Zentrum der Gemeinde durchgesetzt und steht heute vor allem in Umweltbelangen an führender Stelle.

**Züggenhöh** bei Hochneukirchen Der Fund eines Steinhammers läßt auf ein frühes Siedlungsgebiet auf diesem Höhenrücken im Süden der Buckligen Welt schließen.

# Literaturhinweise


Attems, Franz; Koren, Johannes: *Schutzheilige Österreichs. Als Bewahrer und Helfer*. Pinguin-Verlag, Innsbruck 1992.

Baumgartner, Harry: *Seebenstein. Ein Führer durch den Naturpark und den Ort*. Science Press, Seebenstein 1988.

Baumgartner, Peter: *Kleine bucklige Welt. Monographie einer Landschaft*. Science Press, Wien 1984.

Bichler, Josef, u. a.: *Burg Forchtenstein*. Kolorit-Verlag, Wien 1993.

Bouterweg, Friedrich: *Aspekte der Dialektveränderung. Die Grundlagen einer empirischen Untersuchung in der Buckligen Welt in Niederösterreich*. Phil. Diss. der Universität Wien 1988.

Brauneder, Wilhelm: *Österreichische Verfassungsgeschichte*. Verlag Manz, Wien 1980.

Dehio Niederösterreich: *Die Kunstdenkmäler Österreichs*. Verlag Anton Schroll, Wien 1973.

Döbler, Hansferdinand: *Kultur- und Sittengeschichte der Welt. Kleidung, Mode, Schmuck*. Verlagsgruppe Bertelsmann GmbH., München–Gütersloh–Wien 1972.

Eichert, Wilhelm: *Die Bucklige Welt. Eine geographisch-touristische Skizze*. Hg. Verein der Naturfreunde zu Mödling, Mödling 1884.

Fischer, Wolfgang, u. a.: *1100 Jahre Pitten. Neuausgabe 1992*. Hg. Marktgemeinde Pitten, Pitten 1992.

Haider-Berky, Wolfgang: *Der heilige Wolfgang in Kirchberg am Wechsel*. Beilage zum Amtsblatt der BH Neunkirchen, 1976.

Haider-Berky, Wolfgang: *Sagen aus dem niederösterreichischen Wechselgebiet*. Neunkirchen o. J.

Haider-Berky, Wolfgang: *Sagen aus der Buckligen Welt*. Neunkirchen o. J.

Haider-Berky, Wolfgang; Pölzelbauer, Karl: *800 Jahre Wartmannstetten. 1192–1992. Heimatbuch*. Gemeinde Wartmannstetten, Wartmannstetten 1992.

Hammer, Michael: *Bromberg*. Hg. Pfarramt Bromberg, Bromberg o. J.

Hammer, Michael: *Wegkreuze, Marterl, Bildstöcke in der Pfarre Bromberg*. Hg. Pfarramt Bromberg, Bromberg o. J.

Handler, Hannelore: *Katzelsdorf. Wanderwege–Sehenswürdigkeiten*. Kulturausschuß der Gemeinde Katzelsdorf, Katzelsdorf 1992.

Hartmann, Helga und Wilhelm: *Die Höhlen Niederösterreichs,* Bd. 4. Hg. Landesverein für Höhlenkunde in Wien und Niederösterreich, Wien 1990.

Hattenhofer, Patriz: *750 Jahre Warth. 1244–1994*. Hg. Gemeinde Warth, Warth 1994.

Hoschopf, Franz: *400 Jahre Weingraben. 1588–1988*. Hg. Gemeindeamt Weingraben, Weingraben 1988.

Hübner, Adolf; Wuchterl, Kurt: *Wittgenstein*. Rowohlt Taschenbuch Verlag, Reinbeck bei Hamburg 1979.

Hübner, Johannes: *Kranichberg. Auszüge aus „Waldmark Geschichtsblätter"*. Hg. Schloßhotel Kranichberg, Kranichberg 1987.

Jobst, Vinzenz: *Sieggraben, ein schönes Stück Burgenland*. Hg. Gemeinde Sieggraben, Sieggraben 1994.

Kacal, Andreas: *Bauernmuseum Lanzenkirchen. Mehr als 3000 Ausstellungsgegenstände geben einen Einblick in das bäuerliche und handwerkliche Leben von einst*. Hg. Museumsverein Lanzenkirchen, Lanzenkirchen 1994.

Kann, Robert: *Geschichte des Habsburgerreiches. 1526–1918*. Verlag Böhlau, Wien 1993.

Krenn, Josef: *Bad Schönau. Kurze Geschichte des Ortes und der Pfarre*. Hg. Pfarre Bad Schönau, Bad Schönau 1978.

Lechner, Josef: *Wegkreuze, Marterl, Bildstöcke in der Pfarre Scheiblingkirchen.* Hg. Marktgemeinde Scheiblingkirchen-Thernberg.
Lechner, Karl; Klaar, Adalbert: *Eine Kirche aus der Karolingerzeit.* Beitrag in: Südostforschungen, Bd. XXII, München 1963.
Lechner, Roman: *Maria Schnee und Lichtenegg.* Hg. Pfarramt Lichtenegg, Lichtenegg.
Lechner, Roman: *Wehrkirchenstraße.* Hg. Tourismusverband Bucklige Welt, Kirchschlag 1992.
Lehmann, Johannes: *Die Kreuzfahrer. Abenteurer Gottes.* Verlag C. Bertelsmann, München 1985.
Luger, Josef, u. a.: *Heimatbuch der Marktgemeinde Lanzenkirchen.* Hg: Marktgemeinde Lanzenkirchen, Lanzenkirchen 1985.
Mühl, Karl: *Festbroschüre anläßlich der Feierlichkeiten zum 26. Mai 1991 in Wiesmath.* Hg. Marktgemeinde Wiesmath, Wiesmath 1991.
Müller, Peter: *Kulturspaziergänge in Niederösterreich.* Verlag Jugend und Volk, Wien 1993.
*Österreichische Kunsttopographie, Bezirk Mattersburg.* Anton Schroll Verlag, Wien 1993.
Peciar, Vojtech, u. a.: *Unsere Natur. Pflanzenreich und Gesteine.* Prisma Verlag, Gütersloh 1981.
Peisteiner, Josef: *Ungerbach.* Beitrag in der Heimatkunde für den Verwaltungsbezirk Wiener Neustadt, Bd. 1, Ortskunde. Touristik-Verlag, Wien o. J.
Pertl, Siegfried: *700 Jahre Willersdorf. 1289–1989. Festschrift.* Hg. Fremdenverkehrs- und Verschönerungsverein Willersdorf, Willersdorf 1989.
Pfarre Kirchau: *800 Jahre Pfarre Kirchau. 1194–1994.* Hg. Pfarramt Kirchau, Warth 1994.
Resch-Rauter, Inge: *Unsere keltisches Erbe. Flurnamen, Sagen, Märchen und Brauchtum als Brücken in die Vergangenheit.* Eigenverlag, Wien 1992.
Richter, Joachim: *Pilzführer. Sicher bestimmen, gefahrlos genießen.* Mosaik-Verlag, München 1980.
Ronniger, Karl: *Försters Touristenführer. In Wiens Umgebung.* Verlag Alfred Hölder, Wien 1914.
Schimetschek, Bruno: *700 Jahre Pfarre Kirchschlag.* Hg. Pfarramt Kirchschlag/Bucklige Welt, Kirchschlag 1982.
Schimetschek, Bruno: *800 Jahre Thomasberg. Jubiläumsschrift. 1192–1992.* Hg. Gemeinde Thomasberg, Thomasberg 1992.
Schimetschek, Bruno: *Die Burgruine Kirchschlag.* Hg. Burgen- und Schlössererhaltungsverein Kirchschlag/Bucklige Welt, Kirchschlag.
Schimetschek, Bruno: *Schloß Krumbach. Seine Herren und seine Geschichte.* Hg. Baufirma Handler (Kirchschlag) und Meta-Hotel GmbH. (Graz), Kirchschlag 1994.
Schimetschek, Bruno: *Vergangene Zeiten. Geschichtliche Bilder aus der Buckligen Welt.* Hg. Verein zur Förderung für den Bezirk Kirchschlag, Kirchschlag 1979.
Schultes, Joseph August: *Ausflüge nach dem Schneeberge in Unterösterreich. Ein Taschenbuch auf Reisen nach demselben.* Hg. Rotary-Club Wiener Neustadt, Wien 1802, Wiener Neustadt 1982.
Schweighart, E. Rolf: *Betrachtungen zum romanischen Sakralbau in Scheiblingkirchen.* Scheiblingkirchner Pfarrbrief, Nr. 1, 1994.
Schweickhardt, Ritter von Sickingen: *Darstellung des Erzherzogthums Oesterreich unter der Ens* (sic!). *Durch umfassende Beschreibung aller Burgen, Schlösser, Herrschaften, Städte, Märkte, Dörfer, Rotten u. u. Wien.* 1831.
Stangl, Karl: *Hanns, der Thernberger. Festschrift anläßlich der Ausstellung zum 200. Geburtstag Erzherzog Johanns 1992.* Hg. Marktgemeinde Scheiblingkirchen-Thernberg, Scheiblingkirchen 1994.
Stangl, Karl: *Naturpark Türkensturz.* Hg. Marktgemeinde Scheiblingkirchen-Thernberg, Scheiblingkirchen 1992.

Stundner, Franz: *Der niederösterreichische Bezirk Wiener Neustadt und seine Gemeinden. Historisches, Aktuelles, Wissenswertes, Statistisches.* NÖ-Verlag, Wiener Neustadt 1992.
Szupper, Akos: *Wiesen. Historisches und Aktuelles.* Hg. Großgemeinde Wiesen, Wiesen.
Tasch, Walter: *Kulturwanderweg Erlach.* Hg. Fremdenverkehrs- und Verschönerungsverein Erlach, Erlach 1984.
Tourismusverband Kobersdorf: *Kobersdorf.* Hg. Fremdenverkehrsgemeinde Kobersdorf, Kobersdorf 1994.
Tourismusverband Pittental-Hochwechsel: *Tourismusverband Pittental-Hochwechsel. Komm und fühl dich wohl!* Hg. Tourismusverband Pittental-Hochwechsel, Aspang 1994.
Tschirk, Roman; Schachinger, Franz: *Neudörfl. Geschichte und Geschichten.* Neudörfler Jahrbücher, Hg. Marktgemeinde Neudörfl, Neudörfl 1982.
Urban, Otto, u. a.: *Urgeschichtlicher Wanderweg Schwarzenbach.* Hg. Gemeindeamt Schwarzenbach, Schwarzenbach 1994.
Wallner, Alois: *Burgruine Landsee.* Hg. Verschönerungsverein Landsee, Landsee 1994.
Weimann, Theodor: *Der Spiritismus.* In: T. Pakraduny: Welt der geheimen Mächte. Vollmer Verlag, Miesbach/Obb.
Weinzettl, Josef: *Natur und Umwelt.* In: 700 Jahre Willersdorf. Festschrift. Hg. Fremdenverkehrs- und Verschönerungsverein Willersdorf, Willersdorf 1989.
Wieser, Markus: *Hochneukirchen-Gschaid.* Heimatbuch. Hg. Gemeinde Hochneukirchen-Gschaidt, Hochneukirchen 1985.
Wiesinger, Josef: *Die drei Kirchen von Pilgersdorf.* Beitrag im Pfarrblatt des röm.-kath. Pfarramtes Pilgersdorf-Kogl, Nr. 9, 1994.
Wiesinger, Josef: *Festschrift. 750 Jahre Pilgersdorf.* Hg. Gemeinde Pilgersdorf, Pilgersdorf 1975.
Zaubek, Othmar: *Edlitz, unsere Heimatgemeinde. 800 Jahre Ort und Pfarre.* Bd. 1, Hg. Marktgemeinde Edlitz, Edlitz 1992.

# Topographisches Register

## Bildnachweis

Otmar Kaufmann, Wien: Umschlagfoto, Seiten 51, 52, 101, 137, 138, 156.

Roman Lechner, Lichtenegg: Seiten 34, 119, 120, 155.

Kurt Neulinger, Bad Schönau: Seiten 33, 102.

# Zu Gast in der Bucklingen Welt

# Hallo,

**Tourismusverband**
**Bucklige Welt**

**A-2680 Kirchschlag in der Buckligen Welt**

**Tel. 02646 / 22 13 – Fax 02646 / 22 13 20**

*Ehe Sie zu einer Wanderung aufbrechen, denken Sie daran:*

*Topaktuelle Informationen bestimmen den Erfolg einer Tour. Fordern Sie die alljährlich aktualisierten Informationen an:*

***„Daten, Fakten, Preise“** gibt Ihnen Auskunft über Land und Leute, Betriebszeiten, Ruhetage und Kapazitäten unserer Beherbergungs- und Verpflegungsbetriebe – vom Schloßhotel bis zum Dorfwirtshaus.*

*Der **„Veranstaltungskalender“** unterrichtet Sie über jede nur erdenkliche Art von Veranstaltungen und besonders auch über die Ausschanktermine der Mostheurigen.*

*Die **„Radwanderkarte Bucklige Welt“** beschreibt neben örtlichen Touren zwei große Touren von Bahnhof zu Bahnhof in erstklassiger Technik und macht damit Buckelbiken auf einer Länge von 500 km zum Erlebnis der Saison.*

*Sollten Sie Mängel auf Ihrer Tour feststellen, teilen Sie uns diese mit, damit diese beseitigt werden können.*
*Wir und die nachfolgenden Wanderer danken Ihnen dafür sehr herzlich!*

# Marktgemeinde Bernstein

## Edelserpentin

Bernstein ist der weltweit einzige Fundort dieses edlen hell- bis dunkelgrünen, durchscheinenden Minerals, das zu kunstvollen Schmuck-, Zier- und Gebrauchsgegenständen verarbeitet wird.
Das edle Material wird im Steinbruch von den Edelserpentinschleifern und Künstlern ausgesucht. Auf der Drehbank wird es zu Vasen, Schalen, Kerzenleuchtern usw. verarbeitet und die interessantesten Stücke kommen als Schmucksteine auf Broschen, Anhänger, Armbänder und Ketten. Unter der Hand des Bildhauers entstehen mit Hammer und Meißel wertvolle Skulpturen.
In den Verkaufsausstellungen der ortsansässigen Betriebe können Sie diese gediegenen Erzeugnisse täglich, auch an Sonn- und Feiertagen, bewundern und erwerben. Für Gruppen sind Führungen in einer Schleiferei möglich.

## Felsenmuseum

In unterirdischen Stollengängen findet der Besucher alles Interessante über die Gewinnung und Bearbeitung des Edelserpentins. Eine 150 Jahre alte Drechslerwerkstätte veranschaulicht die einstigen Arbeitsvorgänge. Eine Tonbildschau demonstriert die auch heute noch mühevolle Arbeit in der Werkstätte.
Ein geschichtlicher Querschnitt informiert über den Bergbau und die Kulturentwicklung des Ortes Bernstein und seiner Umgebung. Dem 1991 eingestellten Antimonerz-Bergwerk Schlaining ist eine große Sonderschau gewidmet.

## Kulinarisches

Gepflegte Gastlichkeit erwartet Sie in unseren Fremdenverkehrsbetrieben mit ca. 150 Betten und vorzüglicher pannonischer und internationaler Küche.

## Auskunft

**Tourismusverband:** **Tel. 03354 / 65 04, 65 06**
**Gemeindeamt:** **Tel. 03354 / 65 02**